기업실무자를 위한

이전가격 방법론

기업실무자를 위한

이전가격 방법론

1판 1쇄 발행 · 2025년 1월 20일

지은이 임재광
발행처 세화미디어
발행인 방세화
등록 2013년 1월 4일(제315-2013-004호)
주소 서울특별시 강서구 양천로7길15 시원빌딩 2층
전화 0507-1394-9593
팩스 02-6280-4124
전자우편 bang9592@naver.com

ISBN 978-89-98819-03-3 (13320)

기업실무자를 위한

이전가격 방법론

임재광 지음

서문

이 책은 이전가격을 둘러싼 기초개념들, 특히 '정상가격원칙'과 '비교가능성' 적용을 위한 기초개념들을 기업실무자들이 더욱 명확하고 쉽게 이해하도록 정리한 입문서이다.

저자의 이전가격 업무 경험으로 보면 기업실무자들이 이전가격 문제를 처리하는 데 가장 난관이 되었던 것은 기초개념 학습이 부족하다는 것과 전문가 집단처럼 실제 사례를 통해 규정이 적용되는 방법을 체험할 수 없다는 것이었다.

이러한 문제를 해결하기 위해 기업실무자에게 단기간의 교육을 통해 기본적인 이전가격 개념을 알려주고 기업실무자가 직접 실무에 개념을 적용해 보도록 하기도 하였다. 그러나, 이전가격 업무 이외에 다른 많은 업무로 바쁜 기업실무자에게 단기간 교육은 기본적인 이전가격 개념 전반을 학습하기에는 역부족이었고, 다양한 실제 사례를 접하지 못하기 때문에 발생하는 개념과 실무를 연결하지 못하는 문제는 여전히 숙제로 남게 되었다. 사실 이전가격 업무에 필요한 개념이 아주 쉬운 경제학 논리들로 구성되어 있으나 여러 사례를 다루지 못하는 기업실무자에게는 이러한 기초적인 경제학 논리마저도 어렵게 다가온다는 것을 알게 되었다.

이에 저자는 실무 경험을 바탕으로 기업실무자들이 근본적으로 가지고 있는 고민을 조금이나마 해소해 주기 위해 'OECD 이전가격 지침서'와 'UN 이전가격 매뉴얼' 및 '미국세법 제482조'에 적용되는 이전가격 기초개념과 이러한 개념들이 적용된 역사적 배경, 그리고 이 같은 개념을 기초로 하는 각 정상가격산출 방법의 적용 방법 및 관련 사례를 알기 쉽게 풀어 이 책에 담았다.

더불어, 이전가격의 역사에서 중요한 이정표가 되고 핵심 개념들의 설명이 있는 '특수기업 간 가격 책정에 관한 연구(A Study of Intercompany Pricing)'(백서(1988) 또는 the White Paper)의 주요 내용을 국문으로 번역하여 제2장 '미국 재무성 1988 의회 보고서'에 실었다.

저자는 2019년과 2020년 OECD 파리 본부에서 개최된 BEPS 프로젝트 회의(the Public Consultation Meeting on the Secretariat Proposal for a 'Unified Approach' under Pillar One and Pillar two)에 참석하면서 매우 놀랍고 부러웠던 경험을 했다. 여기에는 우리 같은 전문가 또는 정부 관련 인사뿐만 아니라 많은 다국적 기업의 업무 담당자(특히, 해외 유명 다국적 기업 CFO)도 참석했는데, 이들은 OECD 이전가격 지침서 및 관련 서적에 대해 너무나도 잘 알고 있었다. 그들은 당시 BEPS 프로젝트 상 문제가 되는 'ring-fence' 및 'base-line profit' 등에 대해 자사의 경우를 예로 들면서 회의에서 회사를 대표하여 의견을 발표하였고, 나중에 이러한 의견이 OECD 지침에 반영되었다.

이 책을 발판으로 우리나라 기업실무자들도 언젠가는 OECD 이전가격을 포함한 국제 거래 관련 전문가가 되어 국제회의에서 당당히 의견을 발표하는 날이 오길 바라본다. 끝으로 이 책이 나오기까지 그동안 꾸준히 지치지 않고 조언과 응원을 해 주신 세화미디어 방세화 대표 그리고 대주회계법인 동료 회계사분들에게 감사의 마음을 전한다.

임재광

차례

Ⅱ. 비교가능성 분석과 정상가격산출방법

미국 재무성 1988 의회 보고서

Ⅰ. 개요 및 배경

II. 1986년 세법개정안 이후 제482조

Ⅲ. 무형자산의 평가 방법

IV. 원가분담약정("Cost Sharing Agreement")

약어 정리

1979 OECD 이전가격 보고서: OECD Transfer Pricing and Multinational Enterprises(OECD, 1979)

1995 OECD 이전가격 지침서: OECD Transfer Pricing Guidelines for Multinational Enterprises and Tax Administrations 1995(OECD, 1995)

OECD 이전가격 지침서: OECD Transfer Pricing Guidelines for Multinational Enterprises and Tax Administrations 2022(OECD, 2022)

OECD BEPS 프로젝트: OECD 세원잠식 및 소득이전 방지 규정, the OECD Base Erosion and Profit Shift(BEPS)Project

OECD 고정사업장 보고서: Report on the attribution of profits to permanent establishments(OECD, 2010)

OECD 모델협약: OECD Model Tax Convention on Income and on Capital 2017(OECD, 2017)

UN 이전가격 매뉴얼: Practical Manual on Transfer Pricing for Developing Countries 2021(United Nations, 2021)

국조법: 국제조세 조정에 관한 법률(Law for Coordination of International Tax Affairs)

개별기업 접근방법: Separate Entity Approach

거래순이익률방법: Transactional Net Margin Method(TNMM)

거래의 조건과 경제적으로 관련된 환경: the conditions and economically relevant circumstances

글로벌 내부규정 접근방법: Global Formulary Approach(GFA)

무형자산에 귀속되는 대응소득원칙: the commensurate with income standard 또는 the commensurate with the income attributable to the intangible

미국세법 제482조 및 동업 시행령: 26 CFR("Code of Federal Regulations")Treas. Reg. § 1. 482-1~9

백서(1988) 또는 미국 재무성 1988 의회 보고서: A Study of Intercompany Pricing(Discussion Draft)U.S. Treasury Department & Internal Revenue Service. Notice 88-123, 1988-2 C.B. 458(The White Paper, 1988)

분성대상기업: Tested Party

비교가능 제3자 가격방법: Comparable Uncontrolled Method(CUP)

비교가능 제3자 거래방법 또는 비교가능거래 방법: Comparable Uncontrolled Transaction Method(CUT)

비교가능이익방법: Comparable Profit Method(CPM)

비교가능회사: Comparable Companies

사전가격협약: Advance Pricing Arrangements(APA)

상업적·재무적 관계: the commercial or financial relations

상호합의절차: Mutual Agreement Procedure(MAP)

세이프하버: Safe Harbour

시장접근방법: Market-based Approach

쌍방접근방법: Tow-sided method(approach)

원가가산방법: Cost Plus Method(CPM)

원가분담약정: Cost Contribution Arrangements(CCA)

일방접근방법: One-sided method(approach)

지역혜택 또는 지역 절감 효과: Location Savings

재판매가격방법: Resale Price Method(RPM)

정상가격원칙: Arm's Length Principle(ALP)

(특수)관계기업: (Specially)Related Companies

현실적으로 선택가능한 조건: Options Realistically Available

¶, § [문단부호: 단락, 절]: OECD 이전가격 지침서 및 UN 이전가격 매뉴얼은 보고서를 각 문단으로 구분하기 때문에 문단을 구분하기 위한 구분자를 기호로 표시하였다.

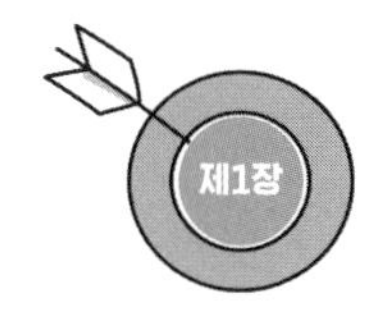

이전가격 방법론

제1장에서는 이전가격의 중요개념과 그 개념들의 탄생 배경 및 적용상 실무적인 문제들을 짚어보았다. 또한 각 정상가격방법을 적용하기 위한 비교가능성 기준과 사례를 통해 실무자들이 비교가능성 기준에 대해 명확한 이해를 하는 데 필요한 내용을 담았다.

아울러 비교가능성 기준을 적용하기 위한 비교가능회사의 검색방법과 정상가격산출방법 적용 방법과 실무자들이 이전가격 개념을 정확하게 이해하고 업무를 처리하는 데 도움을 주기 위해서, OECD 이전가격 지침서, UN 이전가격 매뉴얼 및 미국세법 제482조 상 비교가능성 기준과 비교가능거래의 검색방법 및 비교가능성 분석방법을 각 정상가격산출방법(즉, 비교가능 제3자 가격방법, 재판매가격방법, 원가가산방법, 거래순이익률방법 및 이익분할방법) 별로 정리하여 설명하였다.

Ⅰ. 정상가격원칙과 비교가능성

1. 이전가격과 정상가격

이전가격업무를 수행하기 위해서 첫 번째로 구별해야 하는 개념은 '이전가격'과 '정상가격'이다. 너무 평범한 개념이라 생각 없이 지나치기 쉽다. 그러나, 이전가격 상 모든 문제는 이 두 개념의 차이에서부터 시작된다.

이전가격은 특수관계 기업 간 유형자산, 무형자산 및 서비스거래에 적용된 가격을 지칭하는 것이다.[1] 반면 정상가격은 "거주자, 내국법인 또는 국내사업장이 국외특수관계인이 아닌 자와의 통상적인 거래에서 적용하거나 적용할 것으로 판단되는 가격"[2], 또는 "정상가격원칙(the arm's length standard)을 만족하는 제3자 독립된 거래에서 실현했을 가격"[3]으로 정의된다.

1. OECD 이전가격 지침서 ¶11

2. 국조법 제2조 제5항

3. Treas. Reg. §1. 482-1(b)

위의 정의를 보면 이전가격은 특수관계자 간 거래에 적용된 가격임을 쉽게 이해할 수 있다. 예를 들어, A라는 기업이 20×1년도에 H 제품 가격을 100으로 결정하여 미국에 소재하는 자회사 B에게 H 제품을 100으로 판매하였다면, 이 경우 이전가격은 100이 된다.

그러나, 실무에서는 20×2년도에 자제가격이 폭등하여 자회사 B에게 판매하는 가격을 100에서 120으로 상향조정하는 경우도 생기고, 미국달러 환율이 변동하여 동일한 100으로 판매하였으나 미국 자회사가 실제 구매하는 가격이 90 또는 110으로 변동될 수 있다. 특히, 많은 기업이 한 개의 제품만을 생산하지 않고 다수의 제품으로 형성된 제품군을 생산하기 때문에, 자회사 B의 시장상황에 따라 제품 믹스를 조정하게 되면 자회사 B에게 판매하는 개별 제품가격이 변동될 수 있다. 따라서, 기업이 처한 경제상황 및 시장상황에 따라 이전가격이 변동되기 때문에 기업이 어떻게 이전가격을 규정하고 정상가격과 비교할 것이 문제가 된다. 또한, 기업실무자 입장에서는 이러한 모든 상황을 고려하여 이전가격을 결정하여야 하므로 이전가격 개념이 일견 쉬워 보이나, 이러한 개념이 명확히 구분되지 않는 경우 업무처리에 어려움을 겪게 된다.

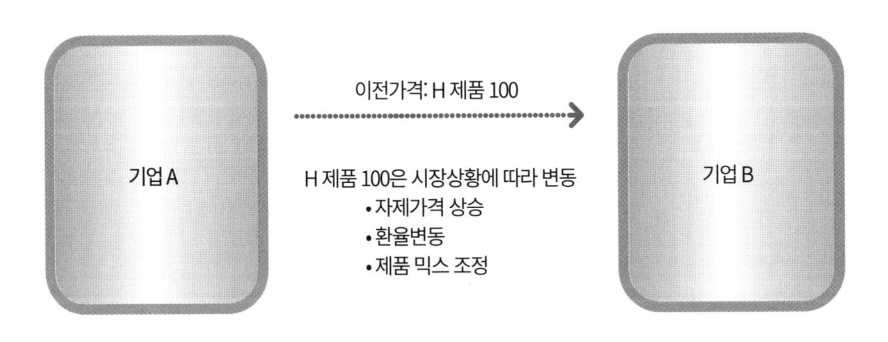

더불어, 정상가격을 산출하기 위해서는 더 복잡한 변수들을 고려하여야 한다. 기본적으로 정상가격을 결정하기 위해서는 국조법 제8조 또는 OECD 이전가격 지침서에서 정의하는 '정상가격원칙'[4]을 준용해야 한다. 예를 들어 정상가격원칙을 준용하기 위해서는 ①분석대상거래의 기능 및 위험을 분석하고, ②비교가능회사를 검색하여, ③비교가능성 세부기준을 충족하는지 검토하여야 한다. 더욱이, 정상가격을 결정하기 위해서는 ④가장 합리적인 정상가격방법을 선택하여 ⑤정상가격 또는 정상가격범위를 산출하여야 한다.

다행히, 이전가격 업무가 어려운 경제학 논리나 산술적 개념을 적용하지는 않는다. 그러나, 이전가격과 정상가격이라는 문제가 경제상황, 시장상황, 회사의 가치창출 기능 및 위험 등 고려해야 할 요소가 너무 많다 보니 난해해 보이는 것뿐이다. 따라서, 지금부터 우리는 이해하기에 좀 난해해 보이는 이전가격과 관련된 문제들을 하나씩 풀어 보기로 한다.

2. 정상가격원칙

1) OECD 모델협약 제9조 제1항

이전가격 업무를 하기 위해서 가장 먼저 이해해야 할 개념은 '정상가격원칙' (the "arm's length principle")이다. 정상가격원칙은 OECD 이전가격 지침서

4. OECD 이전가격 지침서 Chapter I. "The Arm's Length Principle"에서 정상가격원칙에 대한 상세한 내용을 다루고 있고, 실제로 정상가격원칙에 대한 대원칙은 OECD 모델협약 제9조 제1항과 Treas. Reg. §1. 482-1 (b) 'Arm's Length Standard'에 있다.

¶1.6에서 제시하는 바와 같이 OECD 모델협약 제9조 제1항에[5] 있고 그 내용은 다음과 같다.

[Where] and in either case conditions are made or imposed between the two enterprises in their commercial or financial relations which differ from those which would be made between independent enterprises, then any profits which would, but for those conditions, have accrued to one of the enterprises, but, by reason of those conditions, have not so accrued, may be included in the profits of that enterprise and taxed accordingly.

양 기업 간의 상업상 또는 자금상의 관계에 있어서 독립기업 간에 설정되었을 조건과는 다른 조건이 설정되거나 부과된 경우, 동 조건이 없었더라면 한 곳의 이윤이 되었을 것이 동 조건으로 인하여 이윤이 되지 아니한 것에 대하여는 동 기업의 이윤에 포함되어 이에 따라 과세할 수 있다.

OECD 모델협약이 갑자기 언급되어 이전가격의 도입부터 어려운 것 아닌가? 하는 의구심이 들 수 있다. 그러나, 결론적으로 쉽게 말하자면 '정상가격원칙'은 유사한 경제상황에서 거래된 '독립된 제3자들 가격'을 말한다. '독립된 제3자 가격'이 '정상가격'이라고 보면 개념상 이해하기 쉬울 것이다.

그럼 왜 독립된 제3자 가격이 필요한 것인가? 앞서 설명한 바와 같이, 이전

5. (OECD, 2017a, "OECD Model Tax Convention on Income and on Capital 2017"); UN 이전가격 매뉴얼 ¶2.4.1에도 동일한 내용이 있으나, OECD 모델협약 대신 UN 모델협약 제9제 제1항을 제시하고 있다.

가격은 특수관계거래에 적용된 가격을 말한다. 그러나, 특수관계거래에 적용된 가격은 세법규정에서 보면 '임의성'이 있고 일부 논문[6]에서는 이전가격이 특수관계거래에서 세법의 허점을 이용하기 위해 조작된 가격("Manipulation")이라는 주장까지 있었다. 따라서, 세법입장에서 특수관계거래를 객관적으로 평가해야 하는 필요성이 발생하게 되었고, 특수관계거래에 적용된 가격이 올바른 가격인지 검증하기 위한 잣대와 같은 가격을 '정상가격'[7]이라고 지칭한다. 더불어, 이러한 정상가격을 독립된 제3자 가격에서 찾은 것이다.[8]

2) 1979 OECD 이전가격 보고서

정상가격원칙이 이렇게 간단한 개념인데 왜 이렇게 어렵고 복잡하게 된 것인가? 이러한 질문에 답을 찾기 위해서는 약간의 이전가격 역사에 대한 공부가 필요하다. 더 쉽게 이전가격 및 정상가격 개념을 설명하기 위해 여러 고민을 했으나, 관련 개념을 이해하기 위해서는 약간의 이전가격 역사 이야기를 꺼내야만 한다. 이제까지 한국에서 훌륭한 이전가격 서적이 많이 출간되었으나, 유독 이 부분에 대해서는 자료가 부족하여 이전가격 역사 내용을 여기에 실었다.

OECD 모델협약은 1963년에 처음으로 발간된다. 그 이후 1977년에 개정작업을 거쳐 1992년에 다시 발간된다.[9] 이런 와중에 OECD 재무위원회(the

6. (AVI-Yonah, 2012, 3.1 "Introduction"; Hamaekers, 1995, "what is transfer pricing?")

7.정상가격의 어원은 "Arm's Length Price"이다. 즉, 한쪽 팔의 길이를 다른 한쪽으로 측정하는 것이다. 정상가격 어원을 이해하면 정상가격원칙이 어떻게 적용되어야 하는지 조금은 알 수 있다.

8. OECD 이전가격 지침서 ¶1.2는 이러한 논란에 대해 이전가격이 가격의 조작, 세금을 축소할 의도, 조세포탈 또는 조세회피와는 관련 없는 것이라고 명확하게 하고 있다.

9. (Hammer et al., 1997/1999, Chapter 2, ¶2.01)

"OECD Committee on Fiscal Affairs")는 이전가격과 관련된 여러 보고서를 발표하였다가, 1979년 처음으로 이전가격과 다국적 기업("Transfer Pricing and Multinational Enterprises")이라는 보고서를 발표하게 되고 이 보고서가 현재 사용되는 OECD 이전가격 지침서 원조인 샘이 된다.[10]

1979 OECD 이전가격 보고서에는 정말 간단한 내용만이 실려 있다. 예를 들어, ①상품인 경우 적용되는 정상가격산출 방법 4가지(즉, 비교가능 제3자 가격방법, 재판매가격방법, 원가가산방법 및 기타 합리적인 방법 또는 "Formulary Approach")의 특성과 간략한 비교가능성 측정 방법, ②지적재산과 상표권에 대한 정상가격산출방법 그리고 ③그룹 내 특수관계 서비스 제공과 관련된 정상가격산출방법이 있다. 거시적으로 보면 1979 OECD 이전가격 보고서는 OECD 모델협약 제9조 제1항에서 제시하고 있는 정상가격원칙의 부가적인 설명서로 인식되고 사용되었다.[11] 특히, 비교가능성 요건을 ①기능분석, ②특정수혜자의 결정, ③일괄교섭, ④상계, ⑤정부의 간섭 및 ⑥지속적인 결손 등으로 간략하게 나열하고 있었다.

이후 1979 OECD 이전가격 보고서는 개정작업을 거쳐, 1984년 개정된 OECD 이전가격 보고서가 발표되고 1987년에는 과소자본세제("Thin Capitalization") 보고서가 발표된다.[12] OECD 이전가격 지침서는 2022년까지 여러 번의 개정 작업이 있었고, 1994년 미국세법 제482조 개정안을 반영한 1995 OECD 이전가격 지침서가 현대적인 의미에서 이전가격 지침서와 가장 유사한 내용을 담고 있다.

10. (OECD, 1979)

11. (OECD, 1979, ¶5~6)

12. (Hammer et al., 1997/1999, Chapter 2, ¶2.01)

OECD 이전가격 지침서 변천사

연도	내용
1979	Transfer Pricing and Multinational Enterprises(1979, the "1979 Report)"
1984	Transfer Pricing and Multinational Enterprises-Three Taxation Issues(1984, the "1984 Report")
1987	Thin Capitalisation(the "1987 Report")
1995	OECD Transfer Pricing Guidelines for Multinational Enterprises and Tax Administrations 1995(the "1995 Report")
1996	무형자산과 서비스 관련 내용 추가
1997	원가분담약정(Cost contribution arrangements) 추가
1997	모니터링 절차 관련 지침 추가
1999	상호합의절차 내 사전가격협약 추가(Advance pricing arrangements under the mutual agreement procedure)
2010	사업구조조정에 따른 이전가격 지침 추가(Transfer pricing aspects of business restructuring-Chapter IX)
2010	Chapter Ⅰ-III 개정
2013	세이프하버 규정 개정(Section E, Chapter IV)
2015	Chapter Ⅰ, II, V-VIII 개정 BEPS Actions 8-10 "Aligning Transfer Pricing Outcomes with Value Creation"과 BEPS Action 13, "Transfer Pricing Documentation and Country-by-Country Reporting"에 따라 관련 Chapter 문단 개정
2017	사업구조조정에 따른 이전가격 지침 개정(Transfer pricing aspects of business restructuring-Chapter IX)
2018	Chapter II the application of the profit split method 개정
2020	금융거래에 대한 이전가격 규정 신설(Transfer pricing aspects of financial transactions-Chapter X)

연도	내용
2022	Chapter Ⅰ-Ⅲ 개정 Chapter Ⅸ 개정 세이프하버 규정 개정 BEPS Reports on Actions 8-10 "Aligning Transfer pricing Outcomes with Value Creation"과 Action 13 "Transfer Pricing Documentation and Country-by-Country Reporting"에 따른 관련 문단 개정

(자료 출처: OECD 이전가격 지침서 서문; Hammer et al., 1997/1999, Chapter 2)

3) 비교가능성 기준의 확장

정상가격원칙과 '비교가능성'은 동전에 양면과 같다. 정상가격원칙을 준용하기 위해서는 일정한 규칙이 있어야 하는데 그것이 비교가능성 기준이다. 다른 말로, 특수관계거래와 비교가능한 거래 간에 일정 수준의 비교가능성이 있어야 정상가격원칙이 충족되는 것이다. 예를 들어, 비교가능성 규정을 ①간략한 경제적 비교가능성, ②시장수준 및 ③제품의 특성으로만 정의했다면, 납세자는 비교가능한 거래를 찾기 위해 ①시장의 지리적 위치에 따른 차이를 고려하고, ②제품이 판매되는 단계(총판, 도매, 소매 등) 및 ③제품의 동일성을 분석하면 될 것이다.[13]

그런데, 1994년에 미국정부는 자국세법 제482조("IRC Section. 482")와 그 하위 시행령("Treas. Reg. §1.482-0~8")을 대대적으로 개정하면서 이전 규정에 없었던 다양한 비교가능성 기준을 신설한다.[14] 또한, 1994년에 개정된 미국세법은 1995 OECD 이전가격 지침서("Transfer Pricing Guidelines for

13. (OECD, 1979, ¶48~55)

14. (Internal Revenue Service, 1994, "Intercompany Transfer Pricing Regulations Under Section 482-the 1994 final regulation")

Multinational Enterprises and Tax Administrations") 작성에 있어 막대한 영향을 미치게 된다.[15]

미국이 1994년에 제482조를 대대적으로 개정하면서 가장 심혈을 기울인 규정 중 하나는 비교가능이익 방법[16]("Comparable Profit Method–CPM[17]")과 관련된 규정이다.[18] 미국정부에게 비교가능이익방법이 왜 그렇게 중요했는지는 아래에서 다시 설명하기로 하고, 이 장에서 중요한 내용은 미국정부가 주장한 비교가능이익방법은 이전에 있던 정상가격원칙과는 전혀 다른 새로운 정상가격 개념을 도입했고, 이로 인해 정상가격 산출에 있어 많은 결함이 있다고 여겨졌다는 것이다. 따라서, 비교가능이익방법을 적용함에 있어 상당한 주의가 필요했고, 그러한 사항을 열거하다 보니 비교가능성 기준이 상당히 복잡해지게 되었다.[19]

결론적으로 미국정부는 비교가능이익방법의 신설에 대한 많은 비판과 질타에 대응하고자 비교가능성 기준을 대폭 확장하게 된다. 지금의 OECD 이전가격 지침서 상 비교가능성 기준은 1994년에 미국세법이 개정되면서 신설된 내용을 그대로 받아들인 것으로 보아도 무방할 것 같다. 여하튼, 이러한 역사적

15. UN 이전가격 매뉴얼 ¶2.3.3; Hammer et al., 1997/1999, Chapter 2, ¶2.04[3]

16. OECD 이전가격 지침서 및 국조법은 비교가능이익방법을 'Transactional Net Margin Method' 또는 '거래순이익률방법'으로 지칭한다.

17. Treas. Reg. §1.482-5

18. 1994년 세법개정안 당시 미국정부는 미국세법 제482조 상 무형자산에 귀속되는 대응소득 또는 대응소득원칙(the "commensurate with the income attributable to the intangible" 또는 the "commensurate with income standard")을 적용하기 위한 방법 중 하나로 비교가능이익방법을 주장하였다.

19. (AVI-Yonah, 2012, pp. 1-32; Hammer et al., 1997/1999, Chapter 3, ¶3.02[4]; New York State Bar Association, 1992, pp 5-11)

배경으로 인해, 현재 OECD 이전가격 지침서 상 비교가능성 기준은 정확한 상업적 그리고 재무적 관계, 계약상 조건, 기능, 자산 및 위험의 동질성, 경제적으로 중요한 위험의 분석, 경제적 환경, 사업전략, 실질적인 거래의 파악, 결손, 정부의 규제, 지역혜택, 인적자원, 다국적 기업의 시너지 효과 등 다양한 요소를 파악하여야 한다. 또 다른 난관은 비교가능성 요소들을 분석하고 나면, '정상가격 분석'[20]을 해야 하는데 그 절차를 요약하면 분석대상 선택, 비교가능회사의 검색, 비교가능성 조정과 정상가격 범위의 산출 절차가 있다.

이렇게 절차가 복잡하고 파악할 요소가 점점 늘어나다 보니 실무자들에게는 이전가격 업무 자체가 복잡하고 이해하기 힘든 것이 되었다. 그러나, 실제로 이러한 비교가능성 기준 중에서 가장 중요한 분석절차는 기능, 자산 및 위험에 대한 분석이다. 어떤 보고서는 기능분석이 이전가격 업무의 근간[21]이라고 하고, 어떤 보고서는 기능분석은 1994년 미국세법 개정 전에 여러 미국의 판례에서 그 중요성이 언급되었으며[22], 산업평균을 사용하는 정형화된 방법("Formulary Approach")과 차이를 규정하기 위한 방법이라고 한다.[23] 따라서, 기업실무자는 기능, 자산 및 위험의 분석을 이전가격 분석의 핵심 사항으로 이해하면 되고, 그 외 다양한 비교가능성 요소는 기능분석에 추가하여 관련 사항을 검토하는 것으로 이해하면 좋을 것 같다.

20. OECD 이전가격 지침서, Chapter III.

21. (Hamaekers, 1995, p. 7)

22. (New York State Bar Association, 1992, p. 44)

23. Ibid, p. 77

3. 이전가격세제의 발전과 미국세제

앞에서 설명한 것을 요약하면 이전가격 업무는 ①정상가격원칙을 준용하여, ②비교가능성 기준을 충족하는 비교가능거래를 분석하고, ③그러한 요소 중 가장 핵심인 기능, 자산 및 위험을 분석하는 것이다. 이것이 이전가격 업무의 중요 핵심 요소이고, 나머지 관련 사항은 이러한 요소들을 뒷받침하기 위한 입증자료로 정리하면 될 것 같다.

그럼 나머지 관련 사항에 대해 이해하기 위해서는 이제 좀 더 어려운 이야기를 해야 할 것 같다. 뭐 그렇게 아주 어렵고 복잡한 논리가 필요한 것도 아니고, 통계나 수학적 지식이 필요한 것도 아니니 안심해도 될 것 같다.

1) 백서(1988)

OECD 이전가격 지침서 상 제시된 각 정상가격산출방법에는 아래와 같이 내포된 기초개념들이 있다.

①개별기업 접근방법(또는 시장접근방법)

②다국적 기업의 통합사업에 대한 정상가격원칙 적용 방법

③가격이 아닌 이익 기준 정상가격산출방법의 비교가능성 측정문제

이러한 기초개념들은 모두 백서(1988)에서 시작되었다고 해도 과언이 아니고 백서(1988)가 작성된 배경은 다음과 같다. 1980년대 미국정부는 자국 내 법인들이 소득을 해외의 저세율 국가 또는 조세피난처로 이전하여 미국 내 과세

소득을 침탈하는 문제로 골머리를 썩였다.[24] 특히, 그 당시 조세피난처인 푸에르토리코, 케이만 아일랜드 지역에 관계기업을 설립하여 무형자산을 양도하는 방법으로 미국 내 과세소득을 해외로 이전하였다.(대표적인 사례로 Lilly, Searle, Hospital Corporation of America 등이 있다)[25]

이러한 과세소득 이전 행위를 원천적으로 차단하기 위하여 미국 과세당국은 무형자산 양도로 해외에서 발생한 모든 소득에 대하여 과세를 하였으나[26], 법원은 모회사와 관계기업 간 거래에 모호한 '이익분할방법'을 적용하여 미국 내 과세소득을 결정하였다.[27]

미국 국회 및 재무성은 이러한 법원의 일방적인 결정에 대하여 상당한 문제가 있다고 보았고, 특히, 무형자산거래의 경우 비교가능거래가 없는 경우가 많았기 때문에 미국 내 과세소득을 확보하기 위해 관련 문제를 시급히 해결해야만 했다.[28]

이러한 조세환경으로 인하여, 미국 재무성과 국세청("Internal Revenue Service-IRS")은 "A Study of Intercompany Pricing"(Notice 88-123, 1988-2 C.B. 458, 백서(1988) 또는 the White Paper)을 작성하여 1988년 10월 18일,

24. (Internal Revenue Service, 2007, pp. 10~13, "Memorandum: POSTN-123864-06"; the White Paper, 1988, Chapter 3. "Recent Service Experience in administering section 482", A "Service's Access to Pricing Information")

25. The White Paper (1988). A Study of Intercompany Pricing (Discussion Draft). U.S. Treasury Department & Internal Revenue Service. Notice 88-123, 1988-2 C.B. 458. (Chapter 4., "The Search for comparables" B. "Specific comparables")

26. 이때 적용한 방법이 '무형자산에 귀속되는 대응소득원칙', (§ 1.482-4(a))이다.

27. supra n. 25(Chapter 5., "Fourth Method Analysis under Section 482" B. "Profit Splits") 이 당시 대부분 사건에서 법원은 뚜렷한 근거 없이 55:45과 같이 일정비율로 과세소득을 결정하였다.

28. supra n. 25 (II ., "Section 482 after the 1986 tax reform act" 서문)

미국의회에 전달한다. 이 문서는 이전가격 과세방법에 새로운 지표를 제시하였고, 현재도 적용되는 이전가격 주요 개념을 설명하고 있다. 특히 비교가능거래가 없는 경우 '이익분할방법'에만 의존하던 선례를 개선하고자, '비교가능이익방법'(OECD 이전가격 지침서 상 '거래순이익률방법')을 고안해 냈다.[29]

최초 백서(1988)는 the "basic arm's length return method"(the BALRM)과 the BALRM with profit split이라는 방법을 제안했다. 이후 1992년 개정세법 초안에서는 the "matching transaction method"(the MTM), the "comparable adjustable transaction method"(the CATM) 및 the "comparable profit interval"(the CPI)으로 그 명칭 및 적용 방법을 개선하여 제안하였다.[30]

MTM은 백서(1988)에서 언급한 정확한 비교가능거래("Exact Comparable")에 의하여 정상가격을 산출하는 방법이고, CATM은 비교가능성이 떨어지는 비교가능거래("Inexact Comparable")를 사용한다.

결론적으로, CPI는 현재 우리가 알고 있는 '거래순이익률방법'이며, 영업이익("Net Profit")을 기준으로 정상가격을 판정하기 위해 특수관계거래에서 실현된 이익에 영향을 미치는 시장환경 및 경제환경과 관련된 다양한 비교가능성 요소를 면밀히 검토하여야 한다. 또한, 이를 위해 ①기능분석을 실시하고, ②시장에서 비교가능거래를 검색하여야 한다.

최초 법안이 제안되었을 시기에는 CPI는 정상가격 범위를 3년간 통계자료 기반으로 산출하였고, CATM에 의한 결과는 CPI로 다시 검증했어야 하였다. 이러한 규정 취지에는 미국 내 자국법인은 일정소득 이상을 자국에서 소득으

29. supra n. 25 (Chapter 11., "Arm's Length Methods for Evaluating" C. "An Arm's Length Return Method")

30. INTL-0372-88; INTL-0401-88, 57 FR 3571(the 1992 regulations)

로 신고[31]해야 한다는 미국정부의 숨은 의지가 있었다.[32]

2)시장접근방법-미국세법 제482조 1993년 초안[33]과 1994년 최종안[34]

미국의회는 1986년 the Tax Reform Act의 일환으로 제482조를 개정하였으며 개정법은 1994년에 확정된다. 이 당시 주요한 쟁점은 시장접근방법("Market-based Approach")에 근거하는 비교가능이익방법("Comparable Profit Method-CPM")을 적용하는 것이 미국세법 규정과 조세조약 상 '정상가격원칙'과 일치하는지를 평가하는 것이었다. 참고로, 미국정부는 Eli Lilly & Co. v. Commissioner[35], G.D. Searle & Co. v. Commissioner[36], Hospital Corporation of America v. Commissioner[37], R.T. French Co. v. Commissioner[38], PPG Industries, Inc. v. Commissioner[39], Lufkin Foundry & Machine Co. v. Commissioner[40] 등 판례에서 적용된 이익분할방법에 상당한 문제가 있다고 보았다.

31. 이 당시 미국 이전가격 정책은 § 936(h)(3)(e)에 따른 the "commensurate with income standard"로 대변된다.

32. (Rollinson and Frisch, 1988, pp. 2~4)

33. (Internal Revenue Service, 1993, "TD 8470; INTL 401-88, 58 FR 5263-the 1993 temporary regulations")

34. (Internal Revenue Service, 1994, "TD 8552; RIN 1545-AL80, 59 FR 34971-the 1994 final regulation")

35. 84 T.C. 996, 1114-15(1985), (The White Paper, 1988: pp. 20-21, 28-29, 36-38)

36. 88 T.C. 252(1987), (Ibid: p. 39)

37. 81 T.C. 520(1983), (Ibid: pp. 37-38)

38. 60 T.C. 836(1973), (Ibid: p. 63)

39. 55 T.C. 928(1970), (Ibid: p. 36)

40. T.C. Memo 1971-101, (Ibid: p. 37)

많은 학자와 전문가가 비교가능이익방법이 정상가격원칙을 충족하지 못한다고 역설하였으나[41], 미국정부는 자국의 과세권을 보호하기 위하여 비교가능이익방법을 채택했고 이후 많은 사례에서 이익분할방법 대신 순이익을 기준으로 하는 비교가능이익방법을 적용하게 된다.

1993년 초안과 1994년 최종안은 비교가능성을 만족하기 위해서는 기능, 위험, 계약조건, 경제상황 및 제품 유사성을 만족해야 한다는 기준을 추가로 설정하였다. 1992년 초안과는 달리 최적의 방법(the "best method rule")을 적용하여, 각 정상가격방법 간 적용 우선순위를 폐지하였고 재판매가격방법 또는 원가가산방법으로 산출한 정상가격 결과를 다시 CPI로 검증할 필요가 없게 되었다. 또한, 시장침투전략, 지역혜택("Location Savings"), 거래의 통합, 계약조건의 분석, 다년간 자료의 사용 등 정상가격 결정에 중요한 기타 요소를 나열하였다.

유형자산의 경우, 비교가능 제3자 가격방법, 재판매가격방법, 원가가산방법 및 비교가능이익방법[42] 및 이익분할방법[43]을 적용할 수 있었고, '기타방법'은 다른 방법의 유효성을 확인하기 위해서 사용할 수 있었다. 특히, 납세자는 이전가격정보를 소득세 신고 시 제출 및 보관해야 하는 규정을 신설하였다.

무형자산의 경우, MTM과 CATM은 비교가능 제3자 거래방법("Comparable Uncontrolled Transaction Method-CUT")으로 통합하였고, CATM은 비교

41. (New York State Bar Association; 1992; AVI-Yona, 2012)

42. 1994년 세법개정 최종안에는 비교가능이익방법 즉, comparable profit Interval-CPI 호칭을 개정하여 comparable profit method-CPM으로 변경하였다. 또한, 비교가능이익방법은 자산수익률(운영자산 대비 순이익 비율)과 'Berry ratio'로 측정하게 하였다.

43. 특이한 것은, 당시 규정에서는 이익분할방법은 일정의 조건을 만족하는 경우에만 적용하도록 하였다.

가능이익방법으로 다시 검증할 필요가 없게 되었다. 무형자산의 비교가능성은 반드시 동일한 산업군에 속해 있어야 한다는 규정을 추가하였다. 그리고 기간조정("Periodic Adjustments")인 경우, 최초 산출금액을 기준으로 20% 내에 위치할 것을 규정하였다.

1994년 최종안은 비교가능성에 대한 추가적인 내용과 가치 있는 특수한 무형자산거래인 경우에도 비교가능이익방법을 적용할 수 있게 한 것 이외에 1993년 규정에서 크게 수정된 사항은 없다.

3) 1994년 이후

1994년 미국세법 제482조가 개정되고 1995년에 OECD 이전가격 지침서가 최초로 G20 회원국으로부터 승인된 이후, 이전가격 규정에는 큰 변화가 없었다. 그러나, 2000년대에 들어서 애플, 구글 등 디지털 다국적 기업이 조세피난처에 소득을 이전하여 국가의 과세권을 침탈하는 다수의 사례가 발견되었고[44], 이러한 과세권 침탈 행위는 국제사회에서 중요한 사안으로 인식되기 시작했다. 이러한 계기로, 2013년에 OECD는 BEPS 프로젝트(the"Base Erosion and Profit Shift–BEPS") 시행을 제안하였고, 2015년에는 15개의 실천과제("Action Plan")를 발표한다. 그 중 Action 10("Transfer Pricing and Other High–Risk Transactions")에서 디지털 다국적 기업의 세원잠식 및 소득이전 행위를 차단하기 위하여 이익분할방법의 적용가능성을 다시 적극적으로 논의하게 된다.[45]

44. (Tax Justice Network, 2021)

45. (OECD, 2018)

BEPS 프로젝트의 실천과제가 발표되기 이전에는 거래당사자가 가치 있는 무형자산을 보유한 경우 등, 특수한 무형자산거래를 제외하고 이익분할방법 적용하는 사례는 많지 않았다. 그러나, 2000년대 이후 OECD 및 G20은 다국적 기업의 세원잠식 및 소득이전 행위를 원천적으로 차단하기 위하여 이익분할방법의 적용가능성을 다시 논의하게 된다.[46]

또한, BEPS 프로젝트의 실효성을 확보하기 위하여 2021년에 OECD는 필러 1(사업장개념의 수정 및 이익의 배분규정, "Revised Nexus and Profit Allocation Rules–Pillar One")과 필러 2(글로벌 최저한세 규정, "Global anti-base erosion proposal–Pillar Two")를 제안한다. 필러 1은 사업장("Nexus")이 위치한 국가가 그 사업장과 연관된 소득만큼 과세한다는 것을 전제로 하여 디지털 다국적 기업의 초과소득을 해당 사업장에 재분배하는 것을 기본 취지로 한다.[47] 필러 2는 전 세계 각 국가가 세율전쟁으로 인해 세율을 부당하게 감소시키는 행위를 차단하고자 최저한세(현 15%) 이상의 법인세율을 유지하게 하는 정책이다.(최저한세보다 낮은 법인세를 부과하는 국가가 있는 경우, 관련 소득 중 최저한세와 차이 부분은 최종 모회사가 위치한 국가가 추가로 과세한다)[48]

46. (OECD, 2017b)

47. (OECD, 2019)

48. (Bunn, 2019)

4. 개별기업 접근방법

지금까지 OECD 이전가격 지침서에 실려 있는 기초개념들을 살펴보았다. 다음은 '개별기업 접근방법'에 대해 간략히 살펴보고자 한다. 개별기업 접근방법을 이해하기 위해서는 1988년에 미국 재무성이 백서(1988)에서 비교가능이익방법(또는 거래순이익률방법)을 도입할 당시, 학계에서 비교가능이익방법의 결함에 대해서 비판한 내용을 살펴보아야 한다.

비교가능이익방법은 도입 당시 여러 가지 비판이 있었으나, 가장 많은 비판을 받은 것은 ①비교가능이익방법이 개별기업 접근방법을 토대로 하는 시장접근방법 즉, 시장에서 유사한 조건에 유사한 기능을 수행하는 회사들의 대략적인 이익률을 마치 특수관계 기업 어느 한쪽이 독립되어 실현할 것이라고 주장하나, 특수관계거래는 규모의 경제, 기능의 상호연관성 및 통합사업의 시너지 효과로 인해, 시장에서 독립적으로 사업을 운영하는 제3자와는 근본적으로 그 비교가능성에서 차이가 있다.[49] 또한 ②비교가능이익방법은 마치 미국의회가 산업평균을 적용하여 일률적으로 기업에 대해 과세하는 정형화방법("formulary approach")과 다르지 않다[50]'는 부분이었다.

주장 ②에 대해서는 앞에 "비교가능성 기준의 확장" 부분에서 설명했고, 주장 ①은 아직도 학자들 간에 논란이 있는 대목이다. 그러나, 여기서는 복잡한 학계의 논쟁에 대해서 언급할 필요는 없는 것 같다. 여하튼 OECD는 그 당시

49. (Rollinson & Frisch, 1988, pp. 2-9; Hammer et al., 1997/1999, ¶13.02[4])

50. (New York State Bar Association, 1992, p. 77)

이러한 비판에 대해 다음과 같이 답변했다.[51]

- 이전가격은 정확한 과학이 아니다. 오히려 이전가격은 납세자 또는 세무당국이 어느 정도의 주관적 판단 요소가 필요하다.
- 거래순이익률방법의 정상가격원칙은 논리적으로 명확하다. 유형자산 및 서비스의 특수관계거래에 대해 공개된 시장에서 대략적인 정보를 제공하기 때문에 정상가격원칙에 부합한다.
- 정상가격원칙이 항상 정확한 가격정보를 제공하는 것은 아니지만, 실무상 세무당국이 용인할 정도의 적정한 이익정보를 제공한다. 또한, 이 방법은 거래를 둘러싼 특정 사실관계와 환경을 반영하며, 특히 시장에서 일반적으로 실현하는 이익정보를 제공한다.

저자에게는 아직도 이 답변이 동문서답처럼 보인다. 실제로 관련 경제학을 심도 있게 다루지 못하는 원인도 있겠지만, 어찌 되었든 중요한 것은 1994년 이후 현재에는 거래순이익률방법이 특수관계거래에 가장 많은 빈도수로 적용되는 정상가격산출방법이라는 것이다. 일례로 “2023 미국 사전가격승인제도 보고서”는 전체 신청 건수 중 거래순이익률방법(또는 “Comparable Profit Method-CPM”)을 사용하는 비율이 80%에 이른다고 보고하고 있고, 한국 국세청이 발표하는 “2022 APA 연차 보고서”에도 총 누계건수 666건 중 600건(약 90%)이 거래순이익률방법으로 신청되었다고 발표하였다.

백서(1988) 이전에도 개별기업 접근방법은 OECD 모델협약 또는 UN 모델

51. (Hammer et al., 1997/1999, ¶13.02[4][d])

협약 상 고정사업장의 귀속소득을 산출하기 위한 기본개념을 사용해 왔다.[52] 그러나, 1988년 당시 미국 재무성이 비교가능 제3자 가격방법, 재판매가격방법 및 원가가산방법 이외에 시장경제법칙에 근거하는 제4방법의 적용가능성을 검토 및 주장하면서 개별기업 접근방법은 제4방법(즉, 비교가능이익방법)에 적용되는 중요한 개념으로 자리 잡게 되었고[53], 이후 개별기업 접근방법으로 대변되는 시장접근방법은 정상가격산출방법을 규정하는 대표적인 원칙으로 작용한다.

더불어 OECD 이전가격 지침서 ¶6에는 "개별기업 접근방법을 그룹 간 내부거래에 적용하기 위해서는 각 개별기업은 정상가격에 의해 거래했을 가격으로 과세되어야 한다."고 설명하고 있고, "OECD 회원국은 개별기업 접근방법을 올바르게 적용하기 위해 정상가격원칙에 합의하였다."고 하고 있다.

5. 다국적 기업의 시너지 효과

앞에서 시장접근방법을 기초로 하는 정상가격원칙을 확대 적용함에 있어 가장 큰 걸림돌이 다국적 기업의 시너지 효과라는 것을 설명하였다. 즉, 다국적 기업이 통합적으로 사업을 운영하기 때문에 시너지 효과가 발생하게 되고, 이러한 시너지 효과는 규모의 경제, 시장 지배력, 기술혁신 등을 통해 초과이윤

52. (Langbein, 1986)

53. (Hamaekers, 1995, pp. 15-17): 미국 제482조 1992년 개정안에 포함된 이익기준방법("profit-based method") 또는 "CPI"는 기존 OECD 정상가격원칙과 충돌하다고 주장하였다.

을 창출하게 된다. 따라서, 다국적 기업은 이익극대화를 위해 시장의 일반적인 경제법칙(즉, 제3자 간 공급과 수요를 통해 가격을 결정하는 방법)을 넘어서는 초과이윤과 무형자산을 형성하게 된다.[54]

1994년 미국정부가 제482조를 개정하여 시장접근방법을 기초로 하는 비교가능이익방법을 규정에 신설할 당시 뉴욕변호사협회, AVI–Yonah(2012), Hamaekers(1995), Langbein(1986), Nolan(1996)을 포함한 학계는 비교가능이익방법은 대략적인 시장이익을 기준으로 하기 때문에 위에서 설명한 다국적 기업의 특수한 사업환경을 독립된 제3자의 거래(즉, 정상가격원칙)로 정확하게 평가할 수 없다. 따라서, 독립된 제3자 거래에서 적용된 가격을 기준으로 하는 기존 정상가격원칙에 정면으로 배치된다고 주장하였다.

이 논란은 아직도 진행형이다. 어떤 학자는 현재 이전가격 규정은 정상가격원칙과 배치되기 때문에 대체접근방법(즉, 통합사업 접근방법 또는 "formulary approach")을 적용해야 한다는 주장[55]도 있고, 이전가격 규정이 그 적용에 있어 논리상 결함은 있으나 다국적 기업의 수익을 합리적으로 배분하기 위해서 제안된 방법 중 가장 쉽고 직관적이라고 주장하는 그룹도 있다.[56]

시장에서 독립적으로 사업을 수행하는 제3자 기업을 기준으로 하는 시장접근방법(또는 개별기업 접근방법)은 다국적 기업의 특수한 경제적 효과를 명확

54. 백서(1988, Chapter 10. B. "The Arm's Length Approach in an Integrated Business: Theory", "통합사업에 대한 정상가격원칙의 적용"): 다국적 기업이 존재하는 이유에 대한 설명이 있다. 특히 R. Caves, "Multinational Enterprise and Economic Analysis(1982)"를 인용하여 "다국적 기업이 존재하는 이유는 무형자산의 시장실패에 있다. 핵심적으로 관계기업 간에 내부거래는 외부거래보다 수익성이 높다. 이러한 이유는 외부거래인 경우 계약을 체결하기 위한 추가비용이 발생하고 계약을 체결한다고 하더라도 관계기업 간과 같이 관련된 노하우나 지식을 이전 받기 어렵기 때문이다."고 설명하고 있다.

55. (Eden, 2016)

56. (Raunio, 2023)

하게 구분할 수 없다는 것이 가장 큰 문제였다. 또한, 다국적 기업은 독립기업이 할 수 없는 조직적 통합을 실현하기 때문에 이러한 조직적 통합으로 인해 발생하는 경제적 효과(원가절감 및 초과소득)을 개별기업 접근방법으로는 명확하게 계산할 수 없는 문제가 있다.

결국, 다국적 기업의 시너지 효과 및 기업의 수평적·수직적 통합 문제는 2021년에 OECD가 제안한 BEPS 프로젝트 필러 1 적용과 관련된 핵심 개념이 되었고[57], 다국적 기업의 세원잠식 및 소득이전 행위를 차단하기 위하여 이익분할방법을 다시 부활하게 되는 계기가 된다.[58]

57. (Bunn, 2019)

58. (OECD, 2017b)

Ⅱ. 비교가능성 분석과 정상가격산출방법

1. 개요

이전가격과 관련한 중요 개념을 요약하면 다음과 같다.

- '이전가격'은 특수관계거래에 적용된 가격이기 때문에 그 가격이 적정한지 알 수 없다.
- 따라서, 특수관계거래에 적용된 가격을 검증할 기준이 필요한데 우리는 이것을 '정상가격'이라고 부른다.
- 정상가격은 유사한 상황에서 제3자 간에 적용된 가격(또는 이익)이였을 것이라고 합리적으로 추정되는 가격이다.
- 이러한 정상가격을 산출하기 위하여 제3자 거래와 비교할 필요가 생기는데 이러한 비교·분석을 객관적인 기준으로 하기 위해서 '비교가능성 기준'이 필요하게 된다.
- 비교가능성 기준을 만족하는 제3자 거래를 우리는 '비교가능 제3자 가격(또는

이익)'이라고 지칭하고, 이러한 거래에서 적용된 가격 또는 이익을 기준으로 '정상가격'을 산출하게 된다.

결론적으로, 이전가격 업무상 가장 중요한 분석절차는 각국 세법 또는 국제적인 기준, OECD 이전가격 지침서 또는 UN 이전가격 매뉴얼에서 정하는 각 '비교가능성 요소'를 분석하는 것이다.[59]

1) 비교가능성 요소

OECD 이전가격 지침서에서 언급하고 있는 5가지 중요한 비교가능성 요소는 다음과 같다.(OECD 이전가격 지침서, ¶1.36)

①계약조건(OECD 이전가격 지침서, D.1.1)

②기능, 자산 및 위험: 기능분석은 거래에 관련된 개별기업이 수행한 기능, 부담한 위험 및 사용한 자산을 파악하여 분석한다. 이러한 기능이 거래와 관련된 경제환경 및 산업관행과 어떻게 연결되어 기업전체의 이익을 창출하는지를 분석한다.(OECD 이전가격 지침서, D.1.2)

③자산 및 서비스의 특성(OECD 이전가격 지침서, D.1.3)

④거래와 관련된 경제환경과 시장환경(OECD 이전가격 지침서, D.1.4)

⑤사업전략(OECD 이전가격 지침서, D.1.5)

59. 비교가능성 분석을 하는 또 다른 중요한 이유는 가장 합리적인 정상가격 산출방법을 선택하는 것이다. 잠재적으로 비교가능거래 또는 회사의 비교가능성을 측정하고 이를 통해 정상가격을 산출하는 것이다. 더 나아가 분석대상거래와 비교가능한 거래 간에 비교가능성에서 차이가 있는 경우에는 합리적인 방법으로 그러한 차이에 대해 조정을 해야 한다.

비교가능성 분석 요소에 대해서는 한국세법, 미국세법 제482조 또는 UN 이전가격 매뉴얼이 모두 같고, 적용 방법에서 약간의 차이가 있을 뿐이다. 따라서, 여기서는 위 OECD 이전가격 지침서에서 제시하고 있는 각 비교가능성 요소를 기준으로 관련 사항에 대해 정리하였다. 우선 이해의 편의를 위해 비교가능성 요소는 각 정상가격산출방법 별로 묶어서 설명한다.[60]

2. 비교가능 제3자 가격방법

1)개요

비교가능 제3자 가격방법은 특수관계거래에 적용된 이전가격을 정상가격(즉, 비교가능 제3자 가격)과 직접적으로 비교하는 방법이다. 상품이나 제품 또는 서비스 거래에 모두 적용되며, 정상가격 로열티율, 대차거래에 대한 정상가격 이자율을 산정할 때도 적용한다. 다만 무형자산을 이전하는 거래에 적용된 가격은 비교가능 제3자 거래를 검색하는 것이 실무상 매우 어렵기 때문에 적용에 주의를 필요로 한다.[61]

2)비교가능성 기준

OECD 이전가격 지침서 ¶2.17이 제품의 비교가능성보다는 사업상 기능의

60. OECD 이전가격 지침서가 상기와 같이 비교가능성 분석을 규정하고 하고 있으나 시간이 지남에 따라 수많은 변수를 고려하여 지침을 펴내다 보니, 일반 독자가 원서를 읽기에는 너무 복잡하게 되었다. 따라서, 여기에서는 저자의 실무 경험을 통해 알게 된 중요핵심 사항에 대해서 정상가격 산출방법 별로 묶어서 설명한다.

61. UN 이전가격 매뉴얼 ¶4.2.1.1

비교가능성에 초점을 맞추어야 한다고 제시하고 있으나, 비교가능 제3자 가격 방법은 가격을 직접적으로 비교하기 때문에 제품의 동일성 및 유사성이 가장 중요한 비교가능성 요소이다. 또한, 이러한 제품의 비교가능성을 담보하기 위하여 아래와 같은 추가 사항을 검토하여야 한다.[62]

(ⅰ)제품의 물질적 특성과 품질(특히 제품에 상표권과 같은 무형자산 요소가 있는지 검토)

(ⅱ)거래량

(ⅲ)거래 시기

(ⅳ)배송 조건 및 시기

(ⅴ)배송 및 보험의 종류

(ⅵ)결제 조건 및 결제기준통화(대한민국 원화, 미국 달러화 등)

(ⅶ)거래 지역(지리적 위치)

OECD 이전가격 지침서 비교가능성 일반지침(¶1.36)을 위에 내용에 대입하면 다음과 같다.

- (ⅰ)비교가능성 조건은 ③'자산 및 서비스의 특성'에 해당하고,
- (ⅱ)~(ⅵ)비교가능성 조건은 ①'계약조건'과 ②'기능, 자산 및 위험'에 해당하며,
- (ⅶ)비교가능성 조건 ④'거래와 관련된 경제환경과 시장환경' 해당한다.

62. OECD 이전가격 지침서 ¶2.20~2.26

위와 같이 비교가능성 기준이 일반원칙과 개별 정상가격산출방법 간에 차이가 있다. 이와 관련하여 독자분들은 OECD 이전가격 지침서가 실무서가 아니고, 전 세계 각 국가의 정부 및 기업을 대변하는 국제적인 지침서인 것을 감안하여야 한다. OECD는 수많은 국가의 목소리를 공통적이고 객관적으로 지침서에 담으려고 노력하기 때문에 실무자로서는 OECD 이전가격 지침서를 실무 목적으로 이해할 필요가 있고, 위와 같이 비교가능성 중요 사항도 정상가격산출방법 및 사안 별로 정리하는 것이 업무에 많은 도움이 된다.

결론적으로, 실무상 비교가능 제3자 가격방법을 적용함에 있어 OECD 이전가격 지침서 또는 UN 이전가격 매뉴얼에서 제시하고 비교가능성 요소들 중 가장 중요한 사항은 제품 또는 서비스의 동질성이다. 그 외 비교가능성 요건은 이러한 동질성에 차이가 있는 부분을 입증하는 세부 자료이다.

3)적용 사례

OECD 이전가격 지침서 ¶2.24~26에서 제시하고 하고 있는 사례를 보면 다음과 같다.

¶2.24 비교가능 제3자 가격방법 적용 사례

제3자 비교가능 거래	특수관계기업 거래
상표가 없는 콜롬비아 커피원두 판매	동일
제품 종류	동일
제품 성질	동일
제품 수량	동일
거래 시기	동일

제3자 비교가능 거래	특수관계기업 거래
판매 또는 제품 거래 단계	동일
거래 조건	동일
커피원두의 원산지 (콜롬비아 또는 브라질)	커피원두 원산지가 가격 프리미엄 또는 할인 대상인지 고려한다
커피원두 원산지 차이에 대한 비교가능성 조정이 가능한지 고려한다	

¶ 2.25 운송 조건

운송 조건으로 인한 비교가능성 조정이 필요한 경우는 제3자 거래는 본선인도 조건("Free on board-FOB")으로 거래하고, 특수관계거래는 공장인도조건("FOB Factory")으로 거래하는 경우 운송 조건 차이에 따른 조정이 필요하다. 운송 조건이 정상가격을 산출하는 데 영향을 미친 경우, 운송 중 발생한 운임, 보험비용 등 관련비용에 대해서 조정이 필요하다. 기업의 운송 조건이 국제규약("International Commercial Terms")과 일치하는지, 금융기간의 거래대금 지급방법이 무엇인지 등 회사관행을 면밀히 검토하여, 그 차이가 정상가격결정에 큰 영향을 미치는 경우 합리적인 조정을 해야 한다.

¶ 2.26 거래량 차이 조정

다국적 기업 내 특수관계 기업에게 $80으로 1000톤을 판매하고, 동일한 시기에 제3자에게 $100로 500톤을 판매한 경우, 두 거래의 거래량 차이에 따른 가격 차이가 정상가격 산출에 영향을 미쳤는지 검토하고, 만약 중대한 영향을 미친 경우 이 차이를 조정한다.

위 사례에서 커피 원두와 같이 상품의 가격이 국제거래시장(예, 시카고상업 거래소)에서 공시되는 경우에는 일반적으로 비교가능 제3자 가격방법을 적용하고, 분석대상거래와 비교가능거래 간 존재하는 기타 비교가능성 요소(계약 조건, 운송 조건 및 거래량 차이 등)를 조정한다. 이러한 상품의 예로는 각종 농산물, 천연광물 등이 있다. 또한 석유, 등유 등과 같이 국제거래시장에서 거래되는 경우에도 비교가능 제3자 가격방법을 적용한다.

시장에서 거래가격이 공시되는 않는 경우에는 아래 UN 이전가격 매뉴얼 ¶ 4.2.5.1~5의 사례(상품은 동일하고 그 외 조건이 다른 경우)와 같이 정상가격을 산출한다.

¶ 4.2.5.1 사례 1: 동일 상품의 판매

MCO 제조업체는 동일한 제품을 특수관계 도매업체와 제3자 도매업체 모두에게 판매한다. 특수관계거래와 제3자 거래와 관련된 거래 상황은 본질적으로 동일하지만, 특수관계거래에 적용된 판매가격은 배송비를 포함하는 가격이고, 제3자 거래에 적용된 판매가격은 MCO 공장에서 FOB 조건(즉, 구매자가 나머지 운송비용을 책임지는 조건)으로 판매된다. 일반적으로 운송 및 보험의 계약조건 차이는 가격에 중요한 영향을 미치므로, 이러한 차이를 고려하여 제3자 거래의 결과에 조정을 한다. 특수관계거래와 제3자 거래 간에 다른 중요한 차이는 확인되지 않았다. MCO가 특수관계거래와 제3자 거래 모두에 관여하고 있으므로, 두 거래 간의 모든 중요한 차이점은 확인 가능하다. 이 경우, 비교가능 제3자 가격방법은 제품에 차이가 없는 제3자 거래에 적용되며, 가격에 영향을 미치는 확인 가능한 계약 차이만 존재한다. 따라서, 비교가능 제3자 가격방법이 가장 직접적이고 신뢰할 수 있는 정상가격 결과를 제공한다.

¶ 4.2.5.2 사례: 상표의 영향

사실관계 사례 1과 동일하지만, MCO는 특수관계거래에서 판매된 제품에 가치 있는 상표를 부착하고, 제3자 거래에서 판매된 제품에는 상표를 부착하지 않는다. 이 경우, 상표가 가격에 미치는 영향은 중대하나 정확하게 추정할 수 없다. 신뢰할 수 있는 조정을 할 수 없는 중요한 제품 차이가 있으므로 비교가능 제3자 가격방법은 정상가격 결과를 신뢰할 수 있게 측정하지 못할 것이다.

¶ 4.2.5.4 사례: 제품의 미미한 차이

사실관계는 사례 1과 동일하지만, 산업용 기계를 제조하는 MCO는 특수관계 판매에서 특정 고객의 요구를 충족시키기 위해 기계의 물리적 특성에 약간의 수정을 한다. 그러나, MCO는 제3자 판매에서는 이러한 수정을 하지 않는다. 제품의 사소한 물리적 차이가 가격에 중대하고 합리적으로 확인 가능한 영향을 미치는 경우에만, 이러한 차이를 고려하여 제3자 거래의 결과에 조정을 한다. 사례에서 제품의 물리적 차이를 신뢰할 수 있게 측정 가능하다. 따라서, 조정된 결과를 정상가격 결과의 측정기준으로 사용할 수 있다.

¶ 4.2.5.5 사례: 지리적 차이의 영향

FM이라는 특수 라디오 제조업체는 자사의 라디오를 국가 A의 서부 지역에 있는 특수관계 도매업체인 AM에게 판매한다. FM은 국가 A의 다른 지역을 대상으로 제3자 도매업체들에게도 라디오를 판매한다. 특수관계거래와 제3자 거래에서 판매되는 제품은 동일하며, 지리적 차이 외에 다른 모든 상황은 본질적으로 동일하다. 지리적 차이가 가격에 중대한 영향을 미치지 않거나, 명확하고 합리적으로 확인할 수 있는 경우, 제3자 고객에게 판매된 (또는 조정된) 결과를 비교가능 제3자가격방법의 정상가격을 설정할 수 있다. 그러나, 지리적 차이의 영향이 중대하지만 신뢰할 수 있게 확인할 수 없는 경우, 결과의 신뢰성이 감소할 것이다. 그런데도 비교가능 제3자 가격방법은 다른 정상가격산출방법보다 신뢰할 수 있는 측정기준을 제공할 수 있다.

3. 재판매가격방법

1)개요

재판매가격방법은 비교가능 제3자 거래방법과는 다르게 제3자 간 가격을 사용하지 않고 매출총이익률을 사용하다는 것이 가장 큰 차이점이다. 매출총이익률은 제3자 판매업체 또는 고객판매가에서 상품 원가를 제외하고 남은 매출총이익을 매출금액으로 다시 나누어서 산출한다. 그것을 수식으로 표현하면 다음과 같다. [매출 총이익률=(매출−상품 원가)/매출]

재판매가격방법 정상가격 산출 사례

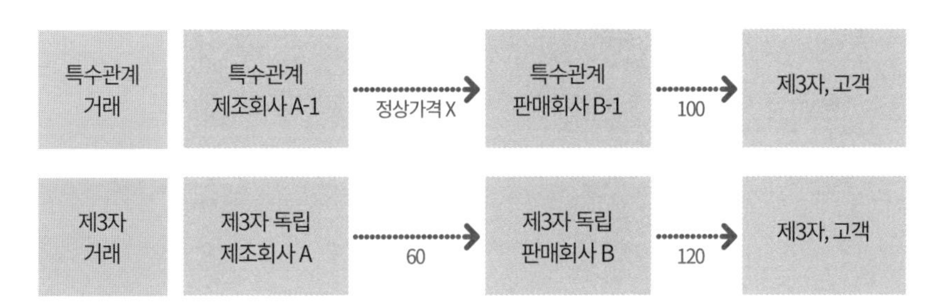

위의 사례에서 제3자 거래에서 독립 판매회사 B가 실현하는 매출총이익률은 50%[(120−60)/120]이다. 따라서, 특수관계 제조회사 A−1과 판매회사 B−1 간의 제품거래에 적용될 정상 구매가격은 50[판매가격×(1−제3자 매출총이익률)]이 된다.

매출총이익률이 언제부터 적용되었는지 무엇 때문에 적용되었는지 정확한 문헌은 없다. 미국세법이 1928년 개정세법(제482조)을 통해 해외특수관계거래를 규율하기 전 제45조[63]에도 규정되어 있었던 것으로 보아서는 상당히 오랫동안 비교가능 제3자 가격방법 이외에 정상가격을 산출하는 방법으로 인식되어 있었고, 특별히 이 방법을 도입하는데 납세자와 정상가격원칙을 문제로 분쟁은 없었던 것 같다.

매출총이익을 기준하는 재판매가격방법이 이전가격 업무에서 중요한 이유는 제3자 간 거래에 적용된 가격이 아닌 매출총이익률을 적용하기 때문에 제품의 비교가능성을 동일 또는 유사한 제품에서 대체품 또는 동일제품군으로 확장할 수 있다는 것이다.[64] 비교가능 제3자 가격방법인 경우 제품은 동일하거나 현저히 유사해야 한다. 예를 들어, 회사 A가 A의 상표를 부착하고 있는 세탁기를 제조하여 판매한다고 가정하는 경우, 동일 상품은 그야말로 회사 A가 제조하여 A 상표를 부착하여 판매되는 세탁기를 말한다. 또한, 대체품 또는 동일 상품군은 위의 사례에서 동일한 기능을 수행하는 세탁기인데 회사 A가 아닌 회사 B가 제조한 것을 말하고[65] 동일제품군은 동일한 소비재 전자제품군

63. (백서, 1988 Chapter 2. "Transfer Pricing Law and Regulations Before 1986", "1986 이전가격 법률과 시행령")

64. OECD 이전가격 지침서 ¶2.34; UN 이전가격 매뉴얼 ¶4.3.4.2~3

65. UN 이전가격 매뉴얼 ¶4.3.3.4

(예, 건조기)에 속해 있는 경우를 말한다.[66]

유사한 기능, 자산 및 위험을 부담하는 기업 간에서는 유사한 (또는 비교가능한) 이익을 실현한다는 전제[67]로부터 제품의 유사성 기준이 아닌 기능, 자산 및 위험의 비교가능성을 측정하여 비교가능한 거래를 찾을 수 있다는 것은 이전가격 업무관점에서 보면 혁신적인 산출방법이다.

2)비교가능성 기준

OECD 이전가격 지침서와 UN 이전가격 매뉴얼이 재판매가격방법의 비교가능성 기준과 관련해서는 명확한 지침을 제공하지 않는다. 따라서, 이와 관련된 부분은 미국세법 Treas. Reg. § 1.482-3(c)(ii), "Resale price method, Comparability and other comparability factors"를 참조하여 설명하는 것이 관련 사안을 이해하는 데 도움이 될 것 같다.

미국세법 § 1.482-3(c)(ii)는 재판매가격방법 적용을 위해서는 기능, 자산 및 위험이 가장 중요한 비교가능성 요소라고 규정하고 있다. 이러한 이유는 매출총이익은 어떤 기업이 제품과 관련하여 수행한 기능에 대한 기대이익을 반영하고 있고 영업이익을 기준으로 투하된 자산 및 부담한 위험에 대한 적정한 보상을 포함하기 때문이다.

따라서, 재판매가격방법의 비교가능성을 요약하면 다음과 같다.

- 재판매가격방법을 적용하기 위해서는 제품의 비교가능성 보다 수행한 기능,

66. Treas. Reg. § 1.482-3(c)(ii)(B)

67. UN 이전가격 매뉴얼 ¶4.3.3.2

보유한 자산 및 부담한 위험의 비교가능성 정도가 더 중요하다.

- 이러한 이유는 유사한 기능, 자산 및 위험을 보유하는 기업은 유사한 (또는 정상가격 매출총이익) 이익을 실현하는 경향이 있기 때문에, 제품의 비교가능성 기준을 확장하여도 기능, 자산 및 위험의 비교가능성 기준은 충족되기 때문이다.

더불어 § 1.482-3(c)(ii)은 기능, 자산 및 위험 이외에 고려할 비교가능성 요소를 다음과 같이 규정하고 있다.

①제품의 특성

②상표권과 같은 무형자산의 가치

③비용구조

④사업환경(사업 초기 또는 성숙된 사업)

⑤경영의 효율성

3)적용 사례

(1) 기능, 자산 및 위험 비교가능성 기준

미국세법은 기능, 자산 및 위험의 비교가능성은 § 1.482-1(d)(3)에서 규정하고 있는 기능, 자산 및 위험에 대한 모든 요소를 검토하라고 하고 있다. 그러나, 이 규정은 회사에 모든 거래, 계약조건, 위험 요소 및 경제환경을 분석하여 비교하라는 것이기 때문에 실무상 모든 업무절차를 진행하기는 매우 어렵다.

마찬가지로, OECD 이전가격 지침서 및 UN 이전가격 매뉴얼도 이 부분에 대해서는 명확한 지침을 제시하고 있지 않고, 다만 UN 이전가격 매뉴얼 ¶

4.3.4.6이 대략적인 기능, 자산 및 위험의 적용 방법에 관해서 설명하고 있다.

또한, § 1.482-3(c)는 "재판매가격방법은 구매한 제품을 중요한 가치창출 없이 그대로 고객에게 판매하는 도매업자의 경우에 적용이 쉬운 방법이다. 구매한 제품을 추가 가공하여 더 가치 있는 제품을 제작하거나, 제품을 판매하는 기업의 상표가 판매에 있어 중요하여 무형자산 문제가 발생하는 경우에는 적용하는 것이 바람직하지 않다."고 하고 있고, OECD 이전가격 지침서 ¶ 2.37은 "도매활동을 수행하는 기능 정도에 따라 단순 서비스 또는 완전한 도매업자(즉, 재고 소유에 대한 완전한 책임을 지고 광고, 마케팅, 재판매 및 제품의 보증, 자산에 대한 자금조달 및 그 외 관련 서비스를 제공하는)로 구분할 수 있다."고 하고 있다. 기능 및 위험 정도에 따른 특성 구분은 아래 제3장의 '거래순이익률방법'에서 상세히 다룬다.

결과적으로, 실무에서는 재판매가격방법을 거의 사용하지 않는다. 그러한 이유는 제품의 비교가능성에 대한 명확한 기준이 없고, 매출총이익을 기준으로 이전가격을 정상가격으로 조정하는 경우 조정 금액이 너무 많거나 너무 적게 되기도 하고(예, 민감도 분석), 정상가격 매출총이익을 산출하기 위해서는 판매비와 관리비를 별로도 비교가능회사와 비교하여 산출해야 하는 어려움이 있기 때문이다.

(2) 제품의 유사성 기준

OECD 이전가격 지침서 ¶ 2.30이 대체품인 경우 재판매가방법을 적용할 수 있을 정도로 밀접한 유사성을 보인다고 하고 있고, § 1.482-3(c)(ii)(B)은 일반적으로 동일한 제품분류(예, 전자제품)인 경우에는 재판매가격방법을 적용할 수 있다고 하고 있다. 그러나, 제품의 유사성이 매우 떨어지거나 제품의 특별한 상표권 등 무형자산가치가 포함된 경우에는 정상가격을 산출하기 힘든 경우들이 있다. 다음은 UN 이전가격 매뉴얼의 관련 사례이다.

¶ 4.3.7.4 사례 4

WCO는 W국의 법인으로, 비브랜드 제품인 Z제품을 제조하여 100% 소유 외국자회사인 RCO에 판매한다. RCO는 R국에서 Z제품의 도매업체로 활동하며, 해당 국가의 비특수관계 고객에게 제품을 판매한다. 비특수관계 도매업체인 A, B, C, D 및 E는 R국에서 대체로 유사한 가치의 경쟁 제품을 유통하고 있으며, 모든 제품은 비브랜드 제품이다. 비특수관계 도매업체들이 수행하는 기능, 사용하는 자산, 부담하는 위험 및 비특수관계거래에서 운영하는 계약조건에 대한 데이터가 이용 가능하다. 또한, 모든 비특수관계 유통업체와 RCO 간의 회계 일관성을 보장할 수 있는 데이터도 확인 가능하다. 이용 가능한 데이터가 충분히 완전하고 정확하여 특수관계거래와 비특수관계거래 간의 모든 중요한 차이점을 식별할 수 있고, 그러한 차이점을 고려하여 신뢰할 수 있는 조정이 이루어지는 경우, 각 비특수관계 도매업체의 결과를 사용하여 RCO가 거래에 적용할 정상가격 재판매 이익률 범위를 설정할 수 있다.

¶ 4.3.7.6 사례 6

사실은 사례 4와 동일하지만, Z제품이 WCO가 소유하고 개발한 가치 있는 상표로 브랜드화된 점이 다르다. 회사 A, B, C는 비브랜드 경쟁 제품을 유통하고, 회사 D와 E는 다른 상표로 브랜드화된 제품을 유통한다. 회사 D와 E는 그들의 제품이 판매되는 상표에 대한 권리를 소유하지 않는다. 회사 A, B, C가 판매하는 제품의 가치는 S가 판매하는 제품의 가치와 유사하지 않다. 그러나, 회사 D와 E가 판매하는 제품의 가치는 X제품의 가치와 유사하다. 재판매가격방법의 신뢰성 있는 적용을 위해서는 비교가능 제3자 가격방법 만큼 제품의 유사성이 중요하지 않지만, 특수관계거래와 비특수관계거래에서 제품 가치의 차이는 결과의 신뢰성에 영향을 미칠 수 있다. 또한, 이 경우 상표가 가격이나 이익에 미치는 영향을 결정하기 어렵기 때문에 차이에 대한 신뢰할 수 있는 조정을 할 수 없다. 회사 D와 E의 거래가 회사 A, B, C의 거래보다 더 높은 수준의 비교가능성을 가지므로, 정상가격 매출총이익률을 결정할 때 회사 D와 E의 거래만 포함해야 한다.

(3)제품 판매 후 사후 서비스 활동과 회계처리 방법

상기 제품 및 기능 이외에 시장환경 및 경영효율성에 대한 비교가능성 기준에 관한 특별한 사례를 찾는 것은 어려웠다. 이와 관련된 문제는 정상가격원칙에 비추어 합리적이라고 판단되는 해결책을 사례별로 분석하는 것이 좋을 것 같다. 아래는 합리적인 조정 및 판단 방법과 대한 OECD 이전가격 지침서의 사례이다.

¶ 2.42

다음과 같은 상황을 가정해 보자. 2개의 유통업체가 동일한 시장에서 같은 브랜드 이름으로 같은 제품을 판매하고 있다. 유통업체 A는 보증을 제공하고, 유통업체 B는 보증을 제공하지 않는다. 유통업체 A는 경쟁 가격전략이 없으므로 보증 서비스 대가를 판매대가에 포함하였다. 따라서, 제품을 더 높은 가격에 판매하여 (보증 서비스 비용을 고려하지 않을 경우) 유통업체 B보다 더 높은 총이익률을 얻게 된다. 유통업체 B는 더 낮은 가격에 제품을 판매한다. 따라서, 두 회사의 매출총이익률은 그 차이를 합리적으로 조정하기 전까지는 비교할 수 없다.

¶ 2.43

또 다음과 같은 상황을 가정해 보자. 모든 제품에 대해 보증이 제공되어 최종 판매가격이 동일하다고 가정한다. 유통업체 C는 보증 기능을 수행하지만 실제로는 제조회사로부터 낮은 가격으로 보상받는다. 유통업체 D는 보증 기능을 수행하지 않으며, 이 기능은 제조회사가 수행한다.(제품은 공장으로 반환된다) 따라서, 제조회사는 C에게 적용하는 가격보다 더 높은 가격을 D에게 적용한다. 유통업체 C가 보증 기능에 대한 비용을 매출원가로 처리한다면, 이익률 차이에 대한 조정은 자동으로 이루어진다. 그러나, 보증 비용을 영업 비용으로 처리한다면, 매출총이익률에 왜곡이 발생하며 이를 조정해야 한다. 이 경우의 D가 스스로 보증을 수행한다면, 제조회사가 이전가격을 낮출 것이고, 따라서, D의 총이익률이 더 높아질 것이다.

¶ 2.44

어떤 기업이 5개 국가에서 자회사가 없이 독립 유통업체를 통해 제품을 판매하고 있다. 유통업체들은 단순히 제품을 마케팅할 뿐 추가적인 기능은 수행하지 않는다. 이 기업이 어떤 한 국가에 자회사를 설립했다. 이 특정 시장이 전략적으로 중요하기 때문에 기업은 자회사가 오직 자사 제품만을 판매하고, 고객을 위한 기술 응용 작업을 수행하도록 설정하였다. 다른 모든 사실과 상황이 비슷하더라도, 독립된 기업들이 자회사와 같은 독점 판매 계약이나 기술 응용 작업을 수행하지 않는다면, 비교가능성을 만족하기 위해 조정이 필요한지 고려해야 한다.

4. 원가가산방법

1)개요

원가가산방법은 제조기업의 특수관계 판매거래에 있어 정상가격을 산출하기 위하여 주로 사용된다는 것 이외에 재판매가격방법과 비교가능성 기준 및 측정 방법은 동일하다. 이러한 이유는 두 방법이 동일하게 매출총이익을 정상가격 산출 기준으로 사용하기 때문이다. 재판매가격방법은 특수관계 제조법인이 특수관계 판매법인에게 제품을 판매하는 경우 특수관계 판매법인의 구매거래(즉, 특수관계 구매거래)에 대한 정상가격을 산출하는 방법이고, 원가가산방법은 그 반대의 경우인 특수관계 제조회사의 판매거래에 대한 정상가격을 산출하는 방법이다.

원가가산방법 정상가격산출사례

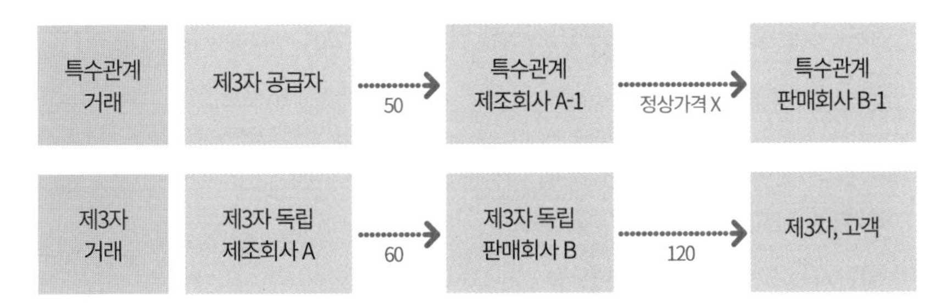

원가가산방법은 특수관계거래의 분석대상이 상기 특수관계 B-1인 것과는 달리 특수관계 제조회사 A-1이 된다. 따라서, 상기에서 정상가격은 100=[제조원가 50×(1+정상가격 원가가산이익률 50%)]이 된다. 계산식의 편의를 위해 제3 공급자의 원료판매가격을 제조원가로 가정하고 정상가격을 산출하였다.

우리는 여기서 산출공식에 초점을 둘 것이 아니고, 정상가격산출방법에 왜 이렇게 되어야 하는지 의문을 던져야 한다. 즉, 제3자 거래에서 얻어진 정상가격을 적용하기 위해서는 산출공식 분모에는 항상 특수관계거래에서 분석대상 기업의 기능, 자산 및 위험을 가장 잘 반영하는 매출 또는 제조원가를 사용된다는 것에 주의해야 한다.[68]

산출공식의 순환논리에 빠지지 않기 위해서 분모는 검토 대상 특수관계거래가 되고, 분자는 정상가격 산출 결과 얻어진 매출총이익(거래순이익률방법 인 경우, '순이익')이 된다는 것이다. 따라서, 이러한 논리로 보면 재판매가격방법과 원가가산방법은 분석대상거래에 특성으로 인해 분모에 사용되는 지표가 다를 뿐, 그 산출방법 자체는 동일하다는 것을 알 수 있다.

2)비교가능성 기준

위에서 설명한 바와 같이 원가가산방법의 비교가능성 요소는 재판매가격방법과 동일하다.

3)적용 사례

원가가산방법이 매출원가를 분모로 사용하기 때문에 매출원가에 영향을 주는 비용적 요소들이 중요하다. 이러한 요소들과 관련 있는 UN 이전가격 매뉴얼 사례는 다음과 같다.

68.OECD 이전가격 지침서 ¶2.92~95

¶ 4.4.9.1 사례 1.

LCO는 국내 컴퓨터 부품 제조업체로서, 자사의 제품을 외국 유통업체인 FS(특수관계 기업)에게 판매한다. UT1, UT2, UT3는 국내 컴퓨터 부품 제조업체로서, 제3자 외국 구매자들에게 판매한다. UT1, UT2, UT3가 수행한 기능, 사용한 또는 기여된 자산, 부담한 위험 및 제3자 거래의 계약조건에 대한 데이터가 존재한다. 또한, 모든 제3자 제조업체와 LCO 간의 회계 일관성을 보장하기 위한 데이터도 확인된다. 제공된 데이터는 특수관계거래와 제3자 거래 간의 모든 중요한 차이점을 식별할 수 있을 정도로 충분히 완전하며, 이러한 차이점을 설명하기 위해 신뢰할 수 있는 조정을 할 수 있다. 따라서, 정상가격 원가가산이익률의 범위를 설정할 수 있다.

¶ 4.4.9.2 사례 2.

사례 1과 동일하지만, LCO는 감독, 일반관리 비용을 영업비용으로 계상하며, 이는 FS에 대한 판매거래에 배분되지 않는다. 그러나, UT1, UT2, UT3의 매출총이익률은 이 비용들이 매출원가로 계상되기 때문에 감독, 일반관리 비용을 반영하고 있다. 따라서, UT1, UT2, UT3의 매출총이익률은 회계 일관성을 위해 조정되어야 한다. 또한, 이러한 회계 차이가 특수관계거래와 제3자 거래 간에 존재하는지 여부를 판단할 수 있는 데이터가 충분하지 않으면 결과의 신뢰성은 떨어진다.

¶ 4.4.9.3 사례 3.

사례 1과 동일하지만, LCO는 FS와의 계약에 따라 FS가 위탁한 자재를 사용한다. 반면에, UT1, UT2, UT3는 자재를 직접 구매하며, 이들의 매출총이익률은 자재비용을 포함하여 결정된다. LCO는 자재를 직접 구매하지 않기 때문에 재고위험을 부담하지 않는 반면, 제3자 생산자들은 재고를 보유하므로 이 점은 매출총이익률에 중요한 영향을 미칠 수 있는 차이점이다. 이러한 차이가 매출총이익률에 중대한 영향을 미치는 경우, 조정이 필요할 수 있다. 차이가 매출총이익률에 미치는 영향을 합리적으로 파악할 수 없는 경우, 분석대상기업과 UT1, UT2, UT3 간의 비교 신뢰성에 영향을 미칠 것이다.

¶ 4.4.9.4 사례 4.

외국 법인인 FS는 모회사인 PCO를 위해 의류를 생산한다. FS는 관계없는 제3자 공급업체로부터 자재를 구매하고 PCO가 제공한 디자인에 따라 의류를 생산한다. 현지 세무당국은 동일한 지리적 시장에서 운영되며, FS와 여러 면에서 유사한 10개의 제3자 외국 의류 생산업체를 선별하였다. 제3자 생산자들이 수행한 기능, 사용한 자산, 부담한 위험에 대한 데이터가 존재한다. 또한, 회계 관행의 차이를 조정할 수 있을 만큼 충분한 데이터도 확인 가능하다. 그러나, 계약조건의 모든 중요한 차이점을 식별할 수 있는 충분한 데이터는 존재하지 않는다. 예를 들어, 제3자 거래에서 어떤 당사자가 외환위험을 부담하는지 판단할 수 없다. 이러한 계약조건의 차이가 가격이나 이익에 중대한 영향을 미칠 수 있으나, 특수관계거래와 제3자 거래 간에 차이가 존재하는지 여부를 판단할 수 없다. 따라서, 결과의 신뢰성이 떨어질 것이다. 비교가능회사를 사례에 적용하기 위해서는, 예를 들어 연례 보고서 검토 등을 통해 외환위험을 부담하는지 조사하여, 제3자 거래의 신뢰성을 높여야 한다.

5. 거래순이익률방법

1)개요

거래순이익률방법(또는 비교가능이익방법, "Comparable Profit Method")의 시행은 이전가격 업무를 혁신적으로 변화시키는 중요한 계기가 되었다. 거래순이익률방법 시행 이후 해외특수관계거래에 대하여 신고의무가 있는 납세자는 특별한 경우가 아니고는 대부분 해외특수관계거래에 대해 비교가능한 거래를 찾아 자료를 제출할 수 있게 되었다는 것이 그 무엇보다 중요하다.

미국세법 제482조가 백서(1988, Chapter 3. A. "Service's Access to Pricing Information", "가격정보")에서 논의한 바와 같이, 이전가격 검증에 있어 가장 큰 걸림돌이 되었던 것은 납세자가 이전가격에 대하여 보관하는 자료가 거의 전무하다는 것이었다. 이로 인해, 정부가 관련 자료를 납세자로부터 수집하는데 제한사항이 너무 많았고, 이를 개선하기 위해 납세자에게 관련 자료를 보관하고 제출하는 의무를 부과하여야 한다는 것이다.

따라서, 기존 정상가격산출방법으로는 찾을 수 없던 비교가능한 거래에 대한 해결책이 필요했고, 그 해결책이 지금의 거래순이익률방법이다.

그럼 거래순이익률방법이 얼마나 혁신적인 방법인지 논의해 보자. 일단, 거래순이익률방법은 기존에 논의했던 제품, 기능, 자산 및 위험에 대한 분석 결과를 표준산업분류상 분류표를 적용하여 비교가능회사를 검색한다. 명시적으로 표준산업분류를 사용하라는 규정은 없지만 표준산업분류표에 속해 있는 회사의 수가 상당히 많기 때문에[69], 유사한 또는 비교가능한 회사를 언제든지 검색하여 비교가능성 여부를 검토할 수 있게 되었다. 따라서, 특별한 경우를 제외하고 납세자는 언제든지 비교가능회사를 검색하여 정상가격을 산출할 수 있게 된다.[70]

결국, 실무에 있어 거래순이익률방법을 적용한다는 것은 표준산업분류표를 기준으로 비교가능회사를 검색하고 비교가능성 여부를 검토한다는 의미로 새기면 된다. 그러나, 아래에서 설명하겠지만 거래순이익률방법이 표준산업분류표에 속해 있는 회사를 기준으로 업무를 수행하기 때문에 비교가능 제3자 가격방법, 재판매가격방법 및 원가가산방법에 비해 비교가능성 분석 요소가 상당히 복잡하고, 비교가능성을 분석하는 데 특별한 주의가 필요하다.

2)적용 개론

거래순이익률방법은 거래에서 실현한 순이익("Net profit" 또는 일반회계기준상 '영업이익'을 말한다)을 분석대상 기업의 가치창출활동 중 경제적으로 중요하다고 판단되는 매출, 총원가 또는 자산으로 나눈 비율로 정상가격을 산출

69. 일례로, 국내의 경우 KIS-Value가 외부감사대상 법인을 포함한 다양한 업체 정보를 제공하고 있고, 글로벌 데이터인 경우 Bloomberg, Bureau van Dijk, Moody's Analytics, Standard and Poor's, Thompson Reuters 등에서 작게는 2백만 개에서 많게는 4억 개 업체의 정보를 표준산업분류에 따라 제공하고 있다.

70. Hamaekers(1995, p. 10)는 "이익기준방법은 산업차원의 실현 이익률을 기준으로 하는 것이다…. 또한 이익기준방법은 산업평균 이익률과 전혀 다른 이익을 실현하는 개별기업에게 적용하는 것은 합리적이지 않다는 비판이 있다."고 설명하고 있다. 또한, Hamaekers(1995, p. 15)는 "이익기준방법은 개별기업에게 산업평균 이익과 아주 유사한 이익을 실현하라고 강제하는 것이기 때문에 정상가격원칙에 배치된다."고 확인하고 있다. New York State Bar Association(1992, p. 10)도 "이익기준방법인 CPI는 단지 산업평균을 실현해야 하는 기준으로 볼 수 있는 여지가 있기 때문에 과거의 규정과 일치하지 않는다."고 하고 있다.

한다.[71] 다음에 표에서 거래순이익률방법 중 매출 대비 영업이익 비율(즉, 영업이익률)을 적용한 정상가격산출방법을 설명한다.

영업이익률 분석(분석대상기업 vs 비교가능회사)

분류	분석대상 특수관계 기업	비교가능회사 A	비교가능회사 B	비교가능회사 C
매출	1,000	1,200	1,100	1,300
매출원가	700	840	660	845
매출총이익	300	360	440	455
영업비용	250	324	385	377
영업이익	50	36	55	78
영업이익률	5%	4%	5%	6%

영업이익률을 분석기준(즉, 이익지표)으로 사용하는 경우, 분석대상기업이 실현한 5%를 비교가능회사 A, B 및 C가 실현한 영업이익률 4%, 5% 및 6%와 비교하여 정상가격을 산출한다. 비교가능회사 A, B 및 C는 표준산업분류표상 잠재적으로 유사한 제품을 취급하며 유사한 활동을 수행하는 회사이다. 표준산업분류에 속해 있는 유사회사 중 잠재적으로 비교가능한 회사를 일정배수로 선정하고 그 중 비교가능성 기준이 충족되는 회사를 최종 비교가능회사로 선

71. 국조법 및 동법 시행령 제8조는 다음과 같은 이익지표를 규정하고 있다. ①매출액에 대한 거래순이익(매출 총이익에서 영업비용을 뺀 금액을 말하며, 영업비용은 판매비와 일반관리비를 말한다)의 비율, ②자산에 대한 거래순이익의 비율, ③매출원가 및 영업비용에 대한 거래순이익의 비율, ④영업비용에 대한 매출 총이익의 비율, ⑤그 밖에 합리적이라고 인정될 수 있는 거래순이익률

정한다.(적용 방법에 대한 자세한 설명은 제3장 '비교가능성 분석'에 있다)

표준산업분류표를 적용하는 경우, 분석대상 특수관계 기업에 대한 ①기능, 자산 및 위험에 대한 분석과, ②제품 또는 서비스의 특성이 분석되면, 표준산업분류가 생산된 재화 또는 제공된 서비스 특성과 생산활동 특성으로 회사를 분류하기 때문에[72] 손쉽게 산업분류코드를 적용하여 잠재적으로 비교가능회사를 일차적으로 검토할 수 있게 된다. 이후 거래순이익률방법을 적용하기 위한 각 비교가능성 요소들을 검토하게 된다. 다음은 각 비교가능성 요소들에 대한 설명이다.

3) 비교가능성 기준

1994년 거래순이익률규정이 미국세법에 신설된 이후, 납세자는 정상가격을 산출하기 위해서 이전보다 더 많은 그리고 더 다양한 비교가능성 요소를 추가로 검토하게 되었다. 물론, 이전가격세제가 발전하면서 다양한 비교가능성 요소들이 문제가 되었을 것이고, 이러한 변수들을 고려하는 측면에서는 법과 지침이 복잡해지는 것은 너무도 당연한 일일 것이다. 그러나, 실무자로서는 다양한 변수를 고려해야 하므로 이전보다 더 큰 노력과 수고가 필요하게 되었다.

현재 OECD 이전가격 지침서도 복잡하고 다양한 비교가능성 요소들을 설명하기 위하여 비교가능성 기준(Chapter I. D. "Guidance for applying the arm's length principle")이라는 별도의 지침단원을 두고 있다. 그러나, OECD 이전가격 지침서가 실무상 필요한 부분과 방법에 대해 별도로 언급하지 않고 있어서, 기업실무자는 OECD 이전가격 지침서만을 가지고 이전가격 업무를

72. (통계청, 2012)

운영하는 데 여러 가지 난관이 있다. 따라서, 여기에는 비교가능성 기준으로 각 정상가격산출방법을 설명하는 것이 실무상 가장 효율적이라고 생각되어 각 정상가격산출방법 단원 아래 비교가능성 기준을 다시 정리하여 설명하였다.

이렇게 분석 내용을 다시 정리하다 보니, 비교가능 제3자 가격방법, 재판매가격방법, 원가가산방법 및 이익분할방법에도 적용이 되는 비교가능성 요소이지만 주로 거래순이익률방법에 적용되는 비교가능성 요소는 모두 거래순이익률방법 아래에 정리하였다. 저자가 최대한 이전가격 개념을 쉽게 설명하고자 하였으나, 거래순이익률방법에 속한 비교가능성 요소의 분량이 많아지고 복잡하게 되었다. 저자의 의도를 감안하여 여기에 설명하는 비교가능성 요소를 이해하면 좋을 것 같다.

OECD 이전가격 지침서를 기준으로 비교가능성 요소를 거래순이익률방법과 관련된 것으로 다시 정리하면 다음과 같은 순서와 기준으로 비교가능성 요소들을 검토하는 것이 가장 현실적이고 효율적이다.

①**경제환경, 산업 및 제품에 대한 분석:** 산업보고서 및 제품의 특징, 특히 경쟁회사와 다른 점 등을 파악한다.

②**모회사 및 그룹에 대한 기능, 자산 및 위험분석:** 모회사의 기능 중 연구개발 활동 및 무형자산 창출 활동에 집중하여 분석하며 '기업가치사슬분석' 방법을 적용한다.

③**분석대상 특수관계 기업에 대한 기능, 자산 및 위험분석:** 분석대상기업의 조직도를 참조하여 각 부서 또는 기능별 조직이 수행하는 업무를 파악한다. 기능, 자산 및 위험은 분야별로 분석할 세부요소 분량이 많기 때문에 각각을 분리해서 분석을 실시하며, 분석 시 계약관계를 파악하여 계약관계가 실제거래

를 반영하는지 검토한다.

④**비교가능한 회사의 비교가능성 분석:** 표준산업분류표에서 잠재적으로 비교가능한 회사로 선정된 회사에 대하여, 1)기능, 자산 및 위험분석, 2)계약관계분석, 3)회계자료의 공개여부 및 일치성을 분석한다.

⑤**분석대상기업의 사업전략 및 기타 요소 분석:** 정상가격범위를 산출하고 비교가능성에 있어 조정이 필요하거나 가격형성에 영향을 주는 1)사업전략, 2)결손, 3)정부정책, 4)지역혜택("Location Savings"), 5)조직변경, 6)그룹 시너지 및 7)시장수준 요소가 있는지 검토한다.

(1) 경제환경, 산업 및 제품에 대한 분석

OECD 이전가격 지침서는 경제환경 및 산업분석에 대한 내용을 Chapter Ⅰ. D.1.4(경제적 환경)에서 설명하고 있고, 제품 또는 서비스 특성에 대해서는 Chapter Ⅰ. D.1.3(자산 및 서비스의 특성)에서 각각 설명하고 있다. 그러나, 실무 경험상 경제환경 및 산업분석을 하기 위해서는 기업이 취급하는 제품에 대한 명확한 이해가 선행적으로 필요하다. 따라서, 업무상 두 분석작업은 동시에 하거나 제품분석을 먼저 하는 것이 가장 바람직하다.

제품 또는 서비스의 특성을 분석하는 방법은 다음과 같이 한다.(UN 이전가격 매뉴얼 ¶3.4.2.2)

거래특성의 주요 요소

- 유형 자산의 경우: 물리적 특성, 품질, 신뢰성, 가용성 및 공급량
- 서비스의 경우: 제공된 서비스의 성격, 품질 및 범위
- 무형자산의 경우: 거래 형태(예, 라이선스 또는 양도), 자산의 유형 및 형태, 보

호 기간 및 정도, 자산 사용으로 인한 예상 이익[73]

더불어 경제적 환경에 대해서는 다음과 같은 사항들을 분석한다.(UN 이전가격 매뉴얼 3.4.5.1)

- 기업이 속한 산업과 글로벌 경제 동향 및 변경 사항
- 동일 산업에 대한 각 국가의 경제 동향
- 기업의 시장 위치와 주변 경제 환경

위와 같이, 제품 또는 서비스에 대한 분석을 하면, 경제환경 및 산업의 중요한 요소들이 대략적으로 확인된다. 대략적인 내용이 확인된 이후, 다음에서 열거하는 경제환경 및 산업의 중요한 내용 중 분석대상기업과 관련된 사항을 더 자세히 분석한다.(OECD 이전가격 지침서 ¶1.130)

- 지리적 위치
- 시장 규모
- 시장 내 경쟁 정도
- 매수자와 매도자의 경쟁력
- 대체 가능한 상품과 서비스의 가용성 및 위험
- 시장 전체 및 특정 지역의 공급 및 수요 수준

73. OECD 이전가격 지침서 Chapter VI. "Special Considerations for Intangibles"에 무형자산의 범위, 특성, 비교가능성 요소 등 정상가격 산출방법에 대한 자세한 설명이 있다.

- 소비자 구매력
- 정부 규제의 성격과 정도
- 생산 비용(토지, 노동, 자본 비용 포함)
- 운송 비용
- 시장의 수준(소매 또는 도매)
- 거래 일시 및 시간 등

분석에 있어 중요한 것은 다국적 기업의 무형자산 형성에 중대한 영향을 주는 요소와 그렇지 않은 요소를 구별하는 것이다.[74] 따라서, 위의 예시 중에서 경제적으로 중요하고 무형자산 형성에 중대한 영향을 미친 요소를 확인하고 그 결과를 문서화한다.

더불어, 경제환경분석 결과는 아래에서 추가로 설명할 제품의 순환주기와 수익 실현(OECD 이전가격 지침서 ¶1.131), 지역시장 특성과 비교가능회사의 검색범위(OECD 이전가격 지침서 ¶1.132-33), 사업전략(예, 시장침투전략)과 손실발생(OECD 이전가격 지침서 ¶1.135-38), 결손의 발생(OECD 이전가격 지침서 ¶1.149), 수익에 영향을 미치는 정부정책(OECD 이전가격 지침서 ¶1.152-54), 지역혜택(OECD 이전가격 지침서 ¶1.159-1.62), 다국적 기업그룹 시너지(OECD 이전가격 지침서 ¶1.177-93)를 분석하는 데 모두 영향을 준다.

그러나, 위의 내용을 모두 검토하고 확인하는 것은 실무상 거의 불가능하고 어떤 요소는 재무적인 수치로 환산하기 어렵다는 점도 주의해서 업무를 수행

74. OECD 이전가격 지침서 ¶1.33

하여야 한다. 경제환경 및 산업에 대한 분석의 범위가 정확하게 구분되어 않고 가격에 영향을 주는 요소를 재무적으로 환산하는 명확한 지침이 없기 때문에 이전가격 분석에 있어 관련있고 중요한 사항을 선별적으로 선정하여 검토하는 것이 바람직하다.

(2) 모회사 및 그룹관계기업 기능, 자산 및 위험에 대한 분석

모회사 및 그룹관계기업에 대한 분석에서 가장 중요한 요소는 가치창출(특히 무형자산)을 위해 그룹관계기업과 모회사가 어떤 활동을 어떻게 하는지 파악하는 것이 중요하다. 이러한 이유는 거래순이익률방법처럼 거래당사자 한쪽만을 분석하는 일방접근방법("one-sided approach") 또는 개별기업 접근방법을 적용하는 경우, 거래의 다른 한쪽이 중요하고 가치 있는 무형자산 형성에 있어 어떤 활동을 하고 있는지 파악하는 것이 중요하기 때문이다.[75]

특히, BEPS 프로젝트 이후 다국적 기업의 수직·수평 통합기능과 가치창출 활동 연쇄고리에 대한 연구가 활발하게 진행되면서 모회사 및 그룹관계기업이 창출하는 무형자산 분석의 중요성이 더욱 커졌다.

①가치사슬분석

가치사슬분석("Value Chain Analysis")은 경영학에서 기업의 각 조직이 전체 가치창출에 공헌하는 공헌도를 분석하기 위하여 사용된 것이 이전가격 기능분석의 하나의 도구로 발전된 것이다. 2018년 BEPS 프로젝트 실천과제 10과 관련한 보고서 "Revised guidance on transactional profit split method"

75. OECD 이전가격 지침서 ¶2.65~9, ¶6.141

서문에서 "BEPS 규정은 제3자 간에는 일어날 가능성이 거의 없는 세원잠식 및 소득이전 행위를 차단하기 위한 것이고… (ⅱ)글로벌 가치사슬에서 분석대상자의 정상소득을 산출하기 위한 이익분할방법의 적용을 좀 더 명확하게 한다."고 서술하고 있고, 통합기업보고서 Ⅱ. "전체 법인의 이익 창출 요소", 5. "전체 법인의 가치 창출분 중 개별 법인들의 기여도를 설명할 수 있는 개별 법인별 기능 분석"에서 가치창출 구조를 설명하는 자료를 요청하고 있기 때문에 분석대상기업에 대한 기능분석 시 가치사슬분석을 실시하여 그 결과를 보고서에 실어야 한다.

이와 관련하여 UN 이전가격 매뉴얼(Part A 1.3 "Corporate Structures of MNEs" ¶1.3.3 "Value Chain Analysis")은 가치창출사슬방법을 적용하여 다국적 기업의 대표적인 사업모델 및 통합사업구조를 자세히 설명하고 있으므로 이를 참조하여 업무를 수행하는 것이 상당히 유용하다.[76]

다만 가치사슬분석 시 이전가격 상 핵심이 되는 내용으로 분석을 실시하여야 하며, 핵심이 요소들은 다음과 같다.

①OECD 이전가격 지침서 ¶1.33~1.41에서 정의하고 있는 '거래의 조건과 경제적으로 관련된 환경'(the "conditions and economically relevant circumstances") 요소를 기준으로 가치사슬분석을 적용한다. 일반적으로 경영학에서 언급하고 있는 기업의 중요가치는 이전가격 상 기업의 중요가치와 일치하지만, 이전가격 측면에서는 기업가치를 창출하는 무형자산(제조 노하우, 마케팅 노하우 등) 형성에 기업의 각 조직이 기여하는 방법 및 공헌도를 분석하는 것이 중요하다.

76. 가치창출사슬과 관련된 자세한 분석방법은 UN 이전가격 매뉴얼 ¶1.3.3("Value Chain Analysis")에 있다.

②UN 이전가격 매뉴얼 ¶1.3.3에서 예시하고 있는 조직구성 및 가치창출 연결고리 사례는 일반적으로 많은 기업의 사례에서 대표적으로 나타나는 조직구조이기 때문에 UN 이전가격 매뉴얼에서 소개하고 있는 조직도를 참조하여 기업의 가치사슬 구조도를 기록한다.

③UN 이전가격 매뉴얼 ¶1.3.3.11에서 설명하고 있는 것과 같이, 기업조직이 중앙집권적으로 설계되어 있는지 또는 분산하여 독립적으로 설계되어 있는지 정도를 파악한다. 기업조직 및 권한의 편제를 분석하는 이유는 추후 분석대상 특수관계 기업의 기능 및 위험 정도를 파악하는 데 중요한 자료가 되고, 관련 이익을 배분하는 경우에도 유용한 정보를 제공하기 때문이다. 또한, 분석 결과를 문서로 기록한다.

(3)분석대상기업의 기능, 자산 및 위험분석

①분석대상기업의 기능분석

기능분석은 특수관계거래를 설명하고 특수관계거래와 비교가능거래의 비교가능성을 측정하는 중요한 자료가 된다. 따라서, 이전가격 업무를 수행하는 데 가장 많은 시간과 노력이 투입되는 절차이다. 분석 시 1)경제적으로 중요한 요소 및 책임, 2)사용된 자산 및 그 자산의 기여도와 3)거래당사자 간에 부담한 위험에 주의를 하면서 절차를 시행하는 것이 중요하다. 또한, 거래당사자가 그러한 기능을 실지로 수행하는지 여부와, 그러한 기능을 실제 수행할 능력이 있는지를 추가로 검토한다.[77]

77. OECD 이전가격 지침서 ¶1.51

기능분석의 첫 번째 단계는 기업의 조직구조를 파악하여 각 기능적 조직부서 또는 활동적 조직부서 별로 구분하여 기능분석을 실시하는 것이다. 예를 들어, 분석대상기업의 조직이 다음과 같다고 하면, 기능분석은 ①사업부서 1, ②사업부서 2, ③재무, ④법률 및 ⑤인사 조직별로 실시하고, 각 부서가 수행하는 이전가격 중요 기능, 자산 및 위험 정도를 파악한다.

조직도 사례

참고로, 일반적으로 기업이 수행하는 기능 중 이전가격 상 구별해야 하는 기능 및 부서의 예시는 다음과 같다.(1995 OECD 이전가격 지침서 ¶1.21)[78]

78. 미국세법 § 1.482-1(d)(3)(i)에도 기능을 1995 OECD 이전가격 지침서와 유사하게 구분하여 분석하고 있다.

- 디자인, 제조, 조립, 연구개발, 서비스, 구매, 판매 및 유통, 광고 및 마케팅, 운송, 재무, 경영관리

아래는 UN 이전가격 매뉴얼 기능분석 사례이다. 아직 독자들이 무형자산 또는 라이선스 계약에 대해서 익숙하지 않겠지만, 기능분석의 사례를 통해 기능분석 시 어떤 업무를 해야 하는지 살펴보기로 한다.

사례 1 (UN 이전가격 매뉴얼 ¶3.4.4.11–전자 에너지 측정 기술 및 구성 요소)

이 사례에서는 Q기업이 P기업의 기술적 지원을 바탕으로 전자 에너지계측기를 판매하다고 가정하고, P기업이 다음과 같은 경제적으로 중요한 기능을 수행한다고 가정한다.

- **시장개발:** P기업은 Q기업과 전문 지식을 공유하고 P기업이 유틸리티(즉, 대중에게 전력을 공급하는 기관)에게 발표할 자료를 개발하는 데 도움을 줌으로써 시장을 개발한다.
- **제품개발:** P기업은 사용자가 개발하고 제공한 개념을 바탕으로 제품개발 활동을 수행한다. 제품개발에는 제품 엔지니어링, 설계, 마이크로프로세서의 개발 또는 상업화, 제품에 대한 국제표준 및 국가표준 준수 등이 포함된다.
- **품질관리:** P기업은 Q기업이 제조한 제품이 계약 내용 및 국제 및 국가품질 표준을 충족하는지 확인하기 위해 품질관리 프로세스를 수행한다. 이는 중요한 활동으로, 품질관리를 보장하지 못하면 평판위험 및 제품책임위험이 발생할 수 있다.

P기업의 기능(경제적으로 중요한 기능)

- 기술 발전에 대한 시장 정보
- 연구 및 개발 활동
- 생산계획
- 재고관리
- 제조
- 시험 및 품질관리
- 판매 및 유통 활동
- 교체품 공급을 포함한 판매 후 활동
- 필요한 경우 기술 지원

Q기업의 기능(원재료 구매와 판매 및 판매 후 활동)

- **시장개발:** Q기업은 시장개발 활동을 수행한다. 시장개발 활동은 주로 판매 아이디어 개발(즉, 해당 유틸리티가 직면한 특정 문제를 고려하여 맞춤형 솔루션을 제공할 수 있는 방법을 개발하는 것)을 포함한다. Q기업은 공공 및 민간 부문의 유틸리티에 대한 판매 발표를 하며, 판매 아이디어가 수용되면 Q기업은 계량기에 대한 파일럿 주문을 확보한다. 또한, 파일럿 운영이 성공적으로 이루어지면, 에너지 계량기에 대한 상업 주문을 확보하기 위해 입찰 과정에 참여한다. Q기업은 광고, 유통업체 및 커미션 에이전트 임명, 판매촉진, 시장 조사 및 마케팅 전략과 관련된 활동도 수행한다. 또한, Q기업은 상당한 마케팅 비용을 들여 자사의 마케팅 무형자산을 국가 A의 P사와 별도로 국가 B 지역에서 새로운 제품에 대한 시장을 개발한다.
- **연구 및 개발:** Q기업은 자체 연구개발센터를 보유하고 있으며, 기술 개선을

통해 성능을 향상시키고 외부 기술에 대한 미래 의존도를 줄이며, 비용절감을 달성하려고 노력한다.

- **생산 일정 계획:** Q기업의 생산은 국내 유틸리티로부터 받은 주문을 기반으로 한다. 다양한 원자재 및 자재의 조달 과정은 신중하게 준비된 판매 예측을 기반으로 한다. 조달 기능과 주문 처리 과정은 자재부서에서 담당한다. 리드 타임, 가용성, 협상 등과 같은 요소를 고려하여 특정 원자재 및 자재를 구매할 대상을 결정한다.
- **기계설비:** 생산할 제품과 관련된 기계설비 설치 및 운영 활동은 Q기업이 수행한다. 다른 제품은 다른 기계설비가 필요할 수 있으며, 다양한 계약 사양에 따라 다른 기계설비가 필요할 수 있다.
- **조립:** 이는 구성 요소의 조립을 포함한다. 조립 작업은 기계적 작업과 수작업을 모두 포함하며, 이 활동은 기술 구성 요소의 장착, 구성 요소 배치의 수동 검사, 장착된 구성 요소의 컴퓨터 관련 시설의 부착, 부착 과정의 수동 검사, 플라즈마 구성 요소의 수동 장착 등을 포함한다.
- **정보로딩:** 정보로딩은 제조된 계량기에 소프트웨어 및 기타 지능형 기능을 로딩하는 과정을 의미한다. Q기업은 계약상 기술 및 마이크로프로세서 사양을 기반으로 이 활동을 수행한다.
- **테스트:** 테스트 및 품질관리는 전자 계량기의 제조 및 마케팅에서 중요한 과정이다. Q기업은 테스트를 수행하고 P사는 품질관리 조치를 취한다. 테스트 활동은 온도 변동 테스트, 제조된 계량기를 표준 계량기와 비교하는 테스트 등을 포함한다.
- **포장 및 배송:** Q사는 제품을 크기별로 특별히 설계된 컨테이너에 포장한다. 컨테이너는 상자 및 팔레트 포장 형태이다. 포장 후 제품은 국내 유틸리티에 배

송된다.

- **판매 후 활동:** 고객과의 계약에 따라 Q기업은 필요한 경우 설치 및 시운전 활동을 수행한다. 또한, 고객으로부터 대금을 회수할 책임이 있다. 고객에게 계약 및 비계약 제품보증을 제공한다. 제품 성능 보증에 따라 필요한 교체 또는 추가 활동도 Q기업이 수행한다.
- **재고관리:** Q기업은 원자재 및 구성 요소의 조달 및 완제품의 안전재고 수준을 유지하는 것에 대해 책임을 진다. 원자재는 일반적으로 제품별로 구체적으로 관리하며, 완제품은 국내 유틸리티로부터 확인된 주문에 따라 제조되므로 상당한 재고관리는 필요하지 않다.

일반관리 기능(P기업과 Q기업)

- **기업전략 결정:** 일반적으로 다국적 기업 내 모든 정책은 각각의 법인 관리자가 결정한다. 다국적 기업은 법인과 관련된 경제 환경을 지속적으로 모니터링하고, 산업 내에서의 전략적 위치를 평가하며, 기업 목표를 달성하기 위한 정책을 설정한다.
- **재무, 회계, 재무관리 및 법무 기능:** 각각의 법인 관리자는 재무관리, 법무 및 회계 기능을 관리할 책임이 있다. 각 법인은 현지 법규를 준수할 책임이 있다.
- **인적자원 관리기능:** 각 법인의 인사관리 기능은 법인 관리자가 조정하며, 이들은 인력의 채용, 개발 및 교육을 포함한 급여 구조에 대한 책임을 진다.

기능 수준에 대한 주관적 평가표(예시)

카테고리	기업 Q	기업P
시장개발	××	×××
제품개발	×	××
제조	×	×××
품질관리	×	×××
판매 후 활동	×××	×
일반관리 기능	×××	×
기업전략 결정	-	×××
재무, 회계, 재무관리 및 법무	×××	××
인적자원 관리	×	×××

사례 2 (UN 이전가격 매뉴얼 ¶ 3.4.4.6–지능형 에너지 솔루션 사업)

P기업은 A국가의 법률에 따라 설립되고 등록된 회사이다. P기업은 지능형 에너지 솔루션 사업을 영위하며, 전자계측기와 그 구성 요소, 소프트웨어, 에너지 모니터링, 대금청구 솔루션 및 결제 시스템의 개발, 생산 및 공급을 하는 시장을 선도하는 기업이다. 또한, 이 회사는 전자 에너지계측기와 관련된 기술을 보유하고 있다. P기업은 여러 개발 도상국 및 선진국에 마케팅 네트워크를 구축하고 있다. P기업은 세계에서 가장 큰 계측기 기업인 다국적 기업 X의 일원으로, 30개 이상의 국가에 걸친 네트워크를 통해 기술을 공유하고 광범위한 개발 및 제조 기능을 수행하는 기업이다.

Q기업은 B국가의 법률에 따라 설립되고 등록된 회사로, P기업의 100% 자회사이다. Q기업은 전력생산, 전송, 배전 및 소비 부문 모두를 대상으로 하는 다양한 전자 에너지계측기와 휴대용 교정기를 제조할 계획이며, 이는 전력 수익 관리에

필요한 기능을 제공한다. 그러나, 이러한 장비는 국내 사용자의 요구에 맞게 맞춤화해야 하며 이러한 활동은 Q기업의 자체 연구개발시설에서 수행될 것이다.

Q기업은 P기업과의 라이선스 계약을 통해 P기업이 개발하고 보유한 핵심 기술인 TECHNO A™를 도입했다. 소프트웨어 기반인 TECHNO A™는 비용 효율적으로 제품기능을 향상시키고, 전력 수익과 수요를 효과적으로 관리하여, 수익 손실을 제한하거나 제거할 수 있는 능력을 전력회사에게 제공한다. TECHNO A™ 기술은 P기업에 의해 A국가에서 개발되었으며, TECHNO A™ 기술은 디지털 및 마이크로프로세서 기반 기법을 사용하여 전력 흐름을 측정하고, 측정된 데이터를 유용한 정보로 처리한다. TECHNO A™ 기술의 사용은 계측기의 설계 및 제조에 있어 많은 혜택을 제공한다.

위와 같은 분석 내용에서 Q기업과 P기업 간의 특수관계거래는 Q기업이 P기업으로부터 특정 제품을 구매하고, Q기업이 P기업으로부터 기술 라이선스를 받는 것이다. 앞서 언급한 바와 같이, P기업은 전자계측기의 프로세서 및 기타 구성 요소를 취급하는 전문 업체이며 이러한 구성 요소는 전자계측기의 핵심 요소이다. Q기업은 P기업으로부터 구매한 프로세서와 관련 구성 요소를 사용하여 B국가에서 에너지계측기를 제조하며 P기업의 요구에 따라 에너지계측기를 P기업에게 다시 판매한다. Q기업은 기술을 더욱 효율적으로 개선하기 위해 자체 연구개발센터를 보유하고 있고, 이 센터는 미래에 외부 기술 의존도를 줄이고 비용절감을 실현할 수 있도록 한다. 또한, Q기업은 막대한 마케팅 비용을 부담하여 B국가에서 자체 마케팅 무형자산을 구축하여 시장에 진입했다. 이는 P기업과 Q기업 간의 기술 라이선스 계약과는 별개로 존재한다.

UN 이전가격 매뉴얼은 상기와 같은 기능분석을 실시한 이후 각 기능, 자산 및 위험에 대한 수준지표를 확인하여 문서화한다는 것이다. 따라서, 위에 내용을 읽고 각자 P기업·Q기업에 대한 기능, 자산 및 위험에 따른 수준지표 및 기능분석 보고서를 나름대로 작성하는 것도 업무에 도움이 될 것 같다.

②자산분석

자산분석은 생산시설 및 기계, 무형자산, 금융자산을 포함한 자산이 분석대상 특수관계거래에 미친 영향을 분석한다. 경제적으로 중요한 자산으로 확인되는 경우, 해당 자산의 내용연수, 위치, 재산권 및 시장가치 등을 세밀하게 조사한다.

사례 (UN 이전가격 매뉴얼 ¶3.4.4.19–무형자산 소유구조)

- Q기업은 사업성과를 향상시키고 관련 기술을 개선하여 효율성을 높일 목적으로 연구개발 부서를 운영하고 있다. 이는 미래에 외부 기술에 대한 의존도를 줄이고 비용절감을 달성하는 데 도움이 될 것이다. 또한, 이 부서는 Q기업의 사업을 지원하고 고객에게 기술 지원을 제공하기 위해 연구개발 프로그램을 수행한다. 이러한 노력은 생산 효율성과 제품 품질을 향상시키는 데 도움이 된다.
- Q기업은 상당한 마케팅 비용을 지출하여 B국가에 자체 마케팅 무형자산을 구축하였으며, B국가의 새로운 제품 시장에 진출했다. 앞서 언급했듯이, 이러한 마케팅 무형자산은 A국가의 P기업과 기술계약이 체결된 P기업의 무형자산과는 별개이다.
- Q기업은 지정된 제품을 제조하고 기술을 조달하기 위해 P기업과 기술 라이선스 계약을 체결했다. 따라서, Q기업은 P기업이 개발하고 소유한 프로세스, 노

하우, 기술운영, 품질기준을 사용한다. Q기업은 이러한 무형자산의 가치를 활용하여 지속적인 수익 및 이익 성장을 달성할 수 있다.

- P기업은 전자계측기 및 관련 소프트웨어, 에너지 모니터링, 대금청구 솔루션 및 결제 시스템을 개발하여 시장 선두주자가 되었다. 수년에 걸쳐, 회사는 방대한 독점 기술 지식을 축적했고, 여기에는 제품 사양, 디자인, 최신 제조 공정 및 고객의 제품 사용에 대한 경험적 데이터가 포함된다.
- P기업은 고품질 제품으로 알려져 있으나, 국제 유틸리티 시장에서 고객과 유틸리티는 개발도상국 공급업체보다 선진국 제품을 선호한다. Q기업은 P기업이 보유하고 있는 브랜드 명성과 고급 기술 제품에 대한 명성을 활용한다. P기업의 품질에 대한 공헌은 Q기업이 국내 시장에서 제품을 판매하는 데 우월적 위치를 제공한다.

자산 수준표

카테고리	강도 수준	
	Q사	P사
유형자산	××	×××
무형자산	×	×××
- 기술	×	×××
- 브랜드	-	×××
- 법적 권리	-	×××

③위험분석

2017 OECD 이전가격 지침서 개정판 전까지는 위험분석에 대한 내용은 비교적 간략하게 기술되어 있었다.(2017 OECD 이전가격 지침서 ¶1.45-1.46)

그러나, OECD 이전가격 지침서가 BEPS 프로젝트 관련된 내용을 반영하면서 2017 개정판에서는 별도는 단원을 개설하여 부담위험 분석방법에 대해 상세하게 다루고 있다. 이러한 중요한 이유는 위험분석이 다국적 기업의 통합된 기능 및 위험을 어떻게 구별하여 분석할 것인지 그리고 BEPS 프로젝트 필러 1 상 다국적 기업의 초과이익(또는 "Income A")를 각 관계기업 간에 부담한 위험을 기준으로 어떻게 배분할 것인지에 대해 중요한 문제로 대두되었기 때문이다.

참고로 OECD 이전가격 지침서(Chapter Ⅰ. D.1.2.1 "Analysis of risks in commercial and financial relations")는 위험분석 6단계[79]를 포함하여 상당히 자세한 위험분석절차를 제시하고 있다. 또한, UN 이전가격 매뉴얼 ¶3.4.4.26은 추가로 위험의 종류와 특징을 다음과 같이 상세하게 나열하고 있다.

79. OECD 이전가격 지침서에서 제시하는 6단계 업무절차는 다음과 같다. ①특정거래에 관련된 경제적으로 중요한 위험('economically significant risks')를 파악한다(D.1.2.1.1), ②파악된 경제적으로 중요한 위험 요소들이 어떻게 당사자간 계약에 포함되었는지 파악한다(D.1.2.1.2), ③기능분석을 통해 거래당사자가 위험에 대해 어떤 통제기능('control function')과 위험감소기능('mitigation function')를 수행하였는지를 파악한다. 더불어 이러한 위험을 부담한 재정적 능력('financial capability')이 있는지 파악한다(D.1.2.1.3), ④위 2와 3단계에서는 부담한 위험과 관리기능을 파악할 수 있는 경우, 다음 단계로 확인된 사실관계가 당사 간에 체결한 계약과 일치하는지 확인한다. 이러한 확인을 위해 다음과 같은 분석을 추가로 수행한다. (ⅰ)특수관계 기업이 D.1.1에서 제시하는 원칙에 따라 계약상 위험을 부담하고 있는지 여부, 그리고 (ⅱ) 상기 (ⅰ)에서 확인된 위험을 부담하는 거래당사자가 실제적으로 통제기능을 수행하는지와 재정적인 능력이 있는지를 추가로 검토한다(D.1.2.1.4), ⑤위 1-4(ⅰ) 단계에서 거래당사자가 통제기능을 수행하지 않거나 재정적 능력이 없는 경우 위험배분 원칙을 적용한다(D.1.2.1.5), ⑥5단계에서 위험배분을 수행해야 하는 경우 D.1에서 제시한 거래와 관련한 경제적으로 관련 있는 특성을 재정적 영향과 관련 있는 위험도에 따라 거래 당사자에게 재배분한다(D.1.2.1.6)

위험의 종류(예시)

위험의 성격	세부 사항
재무위험	a. 자금 조달 방법 b. 금리 변동 c. 손실 자금 조달 d. 외환위험
제품위험	a. 제품 설계 및 개발 b. 제품 업그레이드/노후화 c. 애프터 서비스 d. 연구개발 관련 위험 e. 제품책임위험 f. 지적재산권위험 g. 일정관리위험 h. 재고위험
시장위험	a. 광고 및 제품 홍보 등을 포함한 시장개발 b. 수요 및 가격 변동 c. 사업주기위험 d. 판매량위험 e. 서비스 인센티브 제공 위험 f. 자산중복위험
자금회수위험	a. 신용위험 b. 대손 위험
기업가적 위험	a. 자본 투자와 관련된 손실 위험 b. 단일고객위험 c. 인적 자본 무형자산 상실 위험
일반사업위험	a. 재산 소유와 관련된 위험 b. 사업개발위험 c. 인플레이션위험
국가/지역위험	a. 정치적 위험 b. 보안위험 c. 규제위험 d. 정부정책과 관련된 위험

위 위험 목록은 실무적 관점에서 일종의 예시이다. 무형자산 또는 가치 있는

기술 거래를 분석해야 하는 특별한 경우가 아니고는, 실무상 시장위험, 재고위험, 신용위험, 품질보증위험, 환율위험을 포함하여 크게 5가지를 주로 분석한다. OECD도 2017 이전가격 지침서 개정판 이전까지 위험부담과 관련하여 아래와 같이 분류하고 간략하게 설명하였다. 각 중요 위험에 대한 간략한 설명은 다음과 같다.[80]

- **시장위험:** 시장에서 제품이 실패하는 위험
- **재고위험:** 재고로 보유하는 상품 또는 제품이 판매되지 않아 발생하는 재고유지 위험
- **신용위험:** 신용으로 판매된 제품이 현금화되지 않아 발생하는 위험(채권회수위험)
- **품질보증위험:** 판매된 제품에 하자가 발생하여 생기는 위험
- **환율위험:** 외화로 거래된 채권 및 채무 거래에 환율이 변동하여 발생하는 위험

실무상 기능분석과 위험분석은 이전가격을 결정하는 데 매우 큰 영향을 미친다. 따라서, 기능을 각 기능적 부서별로 분석하는 절차와 상기 5개 위험에 대한 분석절차는 비교적 자세하고 정확하게 하여야 하고 문서화해야 한다.

80. 거래순이익률방법을 적용하는 경우 거래 한쪽만(one-sided approach)을 분석한다. 또한, 분석대상이 되는 한쪽의 거래 당사자는 복잡한 거래를 수행하지 않고 가치 있고 경제적으로 중요한 무형자산을 소유하지 않는 특수관계거래 당사자 기업이다. 따라서 특별하고 가치 있는 무형자산을 분석하는 경우가 아니면 너무 많은 시간과 노력을 위험분석에 투자할 필요는 없어 보인다.

(4) 계약관계분석

위험분석을 하기 위한 첫 번째 단계는 계약관계분석이다. OECD 이전가격 지침서가 경제적으로 중요한 실제거래내용을 파악하는 것을 첫 번째 단계로 설명하였으나 우리는 이미 앞장에 이러한 분석을 모두 하였기 때문에 여기서는 위험분석의 첫 번째 단계인 계약분석을 수행하는 것으로 이해하면 된다.

계약관계분석은 일반적으로 두 단계로 나누어서 하는데 1단계는 실제계약내용을 파악하는 것이고 2단계는 이러한 계약관계가 실제거래관계를 반영하는지 또는 '현실적으로 선택가능한 조건'(the "options realistically available")에 해당하는지 검토한다.

①현실적으로 선택가능한 조건

OECD 이전가격 지침서 ¶1.38는 현실적으로 선택가능한 조건을 다음과 같이 설명하고 있다.

> 독립된 제3자는 거래에 적용될 가격 및 조건을 현실적으로 선택가능한 다른 조건과 비교하여 그들의 상업적 목적을 달성하는 데 더 좋은 조건이 없는 경우, 이를 선택할 것이다. 예를 들어, 기업은 고객이 같은 조건에 더 좋은 가격을 지불할 용의가 있거나, 같은 가격이라도 좀 더 좋은 조건이 있는 경우, 어떤 다른 기업이 제안한 가격을 받아들이지 않을 것이다. 또한, 제안을 받는 입장에서 선택가능한 다른 조건과 실제 가격 차이는 그 거래를 체결할 경우 발생하는 위험의 정도를 나타낸다. 현실적으로 선택가능한 조건은 어떤 특정 거래일 필요는 없고 거래집합으로 확인할 수 있는 일반적인 거래조건 및 가격인 경우에도 사용할 수 있다.

현실적으로 선택가능한 조건은 분석대상거래에서 파악한 가격 및 조건의 신뢰성을 담보하기 위하여 OECD가 2017년에 이전가격 지침서를 개정하면서 그 개념을 강조하기 시작한 것이다. OECD가 2013년에 BEPS 프로젝트를 시행하면서 실행과제 8-10 '가치창출과 이전가격 결과의 일치'("Aligning Transfer Pricing Outcomes with Value Creation")에서 "특수관계 양 당사자 간에 이전가격을 결정할 때 비교가능성 요소 외에 거래가 실제로 당사자 간에 선택가능한 조건이었는지 파악해야 한다."고 강조한 것이다.

예를 들어 기업 A가 특수관계 제조회사 기업 B로부터 제품을 구매하여 국가 P에서 판매 및 도매활동을 수행하고 있고, 이와 관련하여 재고위험(구매한 제품이 판매되지 않는 경우 기업 A가 자사의 비용을 이를 폐기 또는 처분함), 신용위험(제품이 고객에게 판매되고 대금을 회수하는 위험을 부담), 환율위험(제품을 특수관계 기업 B로부터 구매하는 데 있어 국가 P의 화폐를 사용하여 국가 P의 화폐의 환율변동으로 인한 손익위험을 기업 A가 부담)을 부담하고 있다고 가정한다. 사업조직변경이 있어 기업 B는 기업 A가 수행하는 판매 및 도매 기능과 보상방법은 그대로 유지하되 기업 A가 재고위험, 신용위험 및 환율위험 이외에 시장위험과 품질보증위험(일반적으로 제조회사가 부담하는 위험)을 모두 부담하게 하였다. 또한, 기업 A 경우, 기업 A가 특수관계 기업 B로부터 구매한 제품과 매우 유사한 제품을 제3자 기업으로부터 구매할 수 있고 기존의 거래방식(재고위험, 신용위험 및 환율위험만 부담하는 거래)을 유지하면서 동일한 보상을 받을 수 있다. 이러한 경우, 거래 및 사실관계에 따라 기업 B가 부담할 위험을 기업 A가 부담하였다고 볼 수 있고, 이러한 경우 거래 및 계약관계가 변경되었다고 하더라도 세무당국은 이를 부인하고 원 거래방식으로 거래를 재구성할 수 있다.

따라서, OECD가 의도하는 것은 이전가격분석 전체 단계에서 확인된 내용이 제3자라면 동일한 방법으로 했을까? 하는 합리적인 의심을 하라는 것이며, 특히 현실적으로 선택가능한 조건을 적용할 경우, 거래 한쪽의 당사자뿐만 아니라, 거래에 참여한 모든 당사자의 관점을 함께 고려하여 결정하여야 한다.[81] [82] OECD 이전가격 지침서 ¶1.46은 제3자 간 계약 특성을 다음과 같이 설명하고 있다.

①계약조건은 양 당사자의 이익을 반영한다.

②당사자들은 일반적으로 계약조건을 지키기로 한다.

③계약조건은 일반적으로 양 당사자의 이익을 위해 필요한 경우에만 무시되거나 수정된다.

그러나, 이러한 거래의 재구성은 매우 제한적인 상황에만 적용되어야 한다.[83] 또한, 특수관계거래에 위에서 제시한 제3자 간 거래의 특성이 나타나지 않는 경우, 그러한 이유를 밝히기 위해 특수관계거래의 실제기록을 다시 파악해야 한다.

사례 1. 계약 내용이 일반적으로 기대되는 내용과 다른 경우 (OECD 이전가격 지침서 ¶1.44)

81. 한국세법의 경우 '실질과세원칙'에 해당한다.

82. 그러나, 이러한 조항이 과세관청에게 이전가격 적정성을 평가함에 있어 너무 과도한 재량을 줄 수 있다는 우려의 목소리도 있다.(TP News, 2023)

83. OECD 이전가격 지침서 ¶1.142

기업 P (국가 P)
모회사

기업 P와 S 간에 체결한 에이전트 계약서는 국가 S에서 마케팅 및 광고 활동에 대한 명확한 규정이 없다.

기업 S (국가 S)
모회사 P를 위한 에이전트 역할수행
- 브랜드 인지도를 개발하기 위한 적극적인 미디어 캠페인 활동 수행
- 이러한 활동과 관련한 중대한 투자활동 수행

위 사례는 기업 P와 기업 S 간에서는 에이전트 계약이 존재하지만 관련 계약이 기업 S가 국가 S에서 수행하는 마케팅 및 광고 활동에 대한 명확한 규정이 없는 경우이다. 이러한 경우에서도 일반적인 제3자 거래에 비춰어 기업 S는 모회사 P를 위해 에이전트 역할만을 수행할 것으로 예상되기 때문에, 기업 S가 국가 S에서 수행하는 브랜드 인지도 개발 활동과 중대한 투자 활동은 기업 P와 S의 상업적·재무적 관계를 충분하게 설명하지 못한다. 따라서, 관련 계약서가 특수관계의 경제적 관계를 반영하지 못하기 때문에 특수관계 기업의 실제거래내용을 다시 파악하여야 한다.

사례 2. 계약 내용과 실제거래가 다른 경우(OECD 이전가격 지침서 ¶1.48)

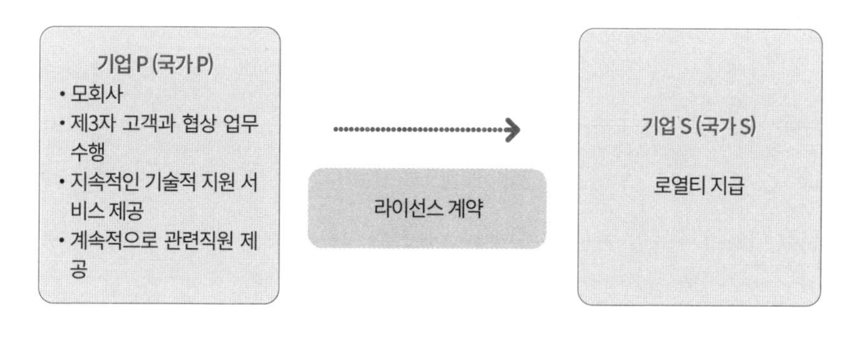

특수관계거래의 계약관계와 상업적·재무적 관계를 분석한 결과 다음과 같은 사실을 확인하였다.

- 기업 S는 기업 P의 도움 없이 고객과 계약된 서비스를 제공할 능력이 없다.
- 기업 P와 S의 라이선스 계약은 기업 P는 기업 S에게 라이선스 권리를 허여하고 기업 P는 기업 S에게 관련 기능과 위험을 이전하기로 하였다. 그러나, 실제 거래 분석 결과 기업 P는 기업 S의 사업위험 및 재무위험을 여전히 부담하고 있다.

따라서, 기업 P는 라이선스 권리허용자가 아닌 본점으로서 역할을 수행하는 것으로 보아야 한다.

(5) 비교가능한 회사의 비교가능성 분석

비교가능한 회사의 비교가능성 분석은 위에서 설명한 분석대상기업의 경제환경 및 산업, 기능, 자산 및 위험 그리고 모회사 및 관계기업의 가치창출구조 분석절차를 수행하고 획득한 정보를 잠재적으로 비교가능한 회사에 적용하는 단계이다. 따라서, 위에서 설명한 동일한 분석절차를 잠재적으로 비교가능한 회사에 적용하면 된다.

이 단계에서 가장 중요한 업무는 분석대상기업과 선택가능한 비교가능회사 간에 기능, 자산 및 위험에 있어 차이가 있는 경우 이를 조정하는 것이다. 그러나, 주의할 점은 실무에서는 분석대상기업의 자료는 기업과 직접 소통하기 때문에 다양한 자료를 손쉽게 획득할 수 있으나, 잠재적으로 비교가능회사인 경우, 공개적으로 발표된 감사보고서, 재무제표, 회사 홈페이지 및 보고서 등 간접적인 자료를 사용하여야 하기 때문에 관련정보를 획득하는 데 많은 어려움이 있다.(비교가능회사의 검색 및 정상가격산출과 관련된 문제는 제3장 '비교가능성 분석'에서 다시 설명한다)

(6) 경제 및 산업과 관련된 부수적인 비교가능성 요소

여기서 논의할 주요 내용은 경제환경 및 산업과 관련된 비교가능성 요소 중 OECD 이전가격 지침서에서 별도로 논의하고 있는 ①제품의 순환주기와 수익실현, ②지역시장특성과 비교가능회사의 검색 범위, ③사업전략(예, 시장침투전략)과 손실발생, ④수익에 영향을 미치는 정부정책, ⑤지역혜택 및 ⑥다국적기업 그룹 시너지이다.

이들 개별적 사항은 위에 기능, 자산 및 위험 분석과는 달리 개별기업이 처한 경제 또는 산업적인 상황에 따라 가격에 영향을 주기도 하고 아예 관계가 없기도 하다. 따라서, 각각의 경제환경 및 산업요소가 기능, 자산 및 위험분석과는 별도로 개별기업의 이전가격 형성에 중요한 영향을 미쳤는지 추가로 검토한다.

①제품의 순환주기와 수익 실현(OECD 이전가격 지침서 ¶1.131)

경제주기, 사업주기 및 제품주기는 경제환경이 수익성에 주는 시기적 영향을 검토하기 위해 실행한다. 일례로 반도체 관련 제품군인 경우 반도체 교체주기가 상당히 빠르므로 (빠른 경우 6개월을 주기로 신제품이 출시된다) 제품이 진부화되어 가격이 급격하게 하락하는 문제가 발생한다.

예를 들어, 반도체를 생산하는 기업 A가 반도체 제품 X를 20×1년도 6월부터 생산하여 판매하였는데 타 경쟁회사가 유사한 반도체를 20×2년도 1월부터 시장에서 판매하기 시작하였다. 이에 따라 20×2년 6월부터 시장에 동일 반도체 공급물량이 많아지게 되고, 특히 20×2년도 하반기부터 경쟁회사가 새로운 반도체 제품을 개발하여 판매할 것이라는 시장정보가 있어 기존에 기업 A가 판매하던 반도체 제품 X의 가격이 2/3 수준으로 급격히 하락하였다. 따라서, 20×2년도를 대상으로 비교가능회사를 검색하여 정상가격을 산출하는 경우, 분석대상기업인 A는 동일한 기능을 수행함에도 불구하고 경제환경의 영향으로 20×2년도 수익률이 일시적으로 급격히 낮아지게 되는 문제가 발생한다. 따라서, 이러한 문제를 해결하기 위하여 다년도 자료를 사용하여 거래의 정상가격을 여부를 입증하거나, 일시적인 이익의 감소가 있는 비교가능회사를 선정하여 정상가격을 산출한다.

위에 사례에서 A의 수익률이 일시적으로 낮아지거나 높아지는 문제를 해결하기 위하여 분석대상연도인 20×2년을 기준으로 20×1년과 20×3년도 손익을 가중평균하여 수익을 계산할 수 있다.[84] 다년도 자료의 사용과 관련된 논의는 제3장 '정상가격범위 산출'에서 자세히 다룬다.

②지역시장특성과 비교가능회사의 검색범위(OECD 이전가격 지침서 ¶ 1.132-33)

비교가능회사를 검색하는 경우, OECD 이전가격 지침서 ¶3.35는 "동일한 국가에서 사업을 수행하는 기업을 우선하여 비교가능회사로 선정한다."고 하고 있다. 이러한 이유는 지역시장의 특성이 통상적으로 국가를 단위로 동일성을 유지하기 때문이다. 그러나, 전 세계 비교가능회사의 데이터가 한 개 국가

84. 미국세법 § 1.482-1(f)(2)(iii)은 분석대상연도 앞뒤 2개년도 3년도의 평균을 사용할 수 있게 규정하고 있다.

만을 기준으로 분석하기에는 아직 충분하지 않은 경우가 다수 있다.[85]

따라서, 상업 데이터베이스[86]에 내재하는 데이터양의 한계에 대응하기 위하여 다국적 기업이 한 국가만이 아니라 여러 유사한 국가에서도 동일한 사업활동을 한다는 전제를 하거나[87] 기능 및 위험이 지리적 비교가능 요소보다 더 중요한 경우를 전제한다.[88] 이러한 전제가 사실로 확인되는 경우, 실무상 분석대상기업이 위치한 한 국가에 국한하지 않고 지역(예, 유럽 및 미주 등)을 기준으로 비교가능회사를 검색하는 방법을 다수의 사례에서 사용하고 있다. 그러나, 아시아, 유럽, 미주 등 지역을 기준으로 비교가능회사를 검색할 경우, 국가의 범위를 넘어 비교가능회사를 검색하여도 정상가격원칙에 벗어나지 않는다는 일정 근거를 확인하고 검색을 실시하여야 한다.

③사업전략(예, 시장침투전략)과 손실발생(OECD 이전가격 지침서 ¶1.135-38)

OECD 이전가격 지침서 상 "Business strategies"는 1993년 미국세법개정안 제482조 및 이하 시행령 § 1.482-1(d)(4)(i)상 "Market share strategies"에서 유래했다. 미국세법 § 1.482-1(d)(4)가 특별한 상황, "Special circumstances"를 규정하면서 "market share strategies"와 "different geographic markets"에 대한 규정을 두고 있었고, OECD 이전가격 지침서도 1995년 개정될 당시

85. UN 이전가격 매뉴얼 ¶3.5.2.24

86. IMF, OECD, UN & WBG(2017; Appendix 3 "Examples of commercial database used for transfer pricing"): 전세계 또는 각 국가 데이터를 제공하는 업체목록이 나열되어 있다.

87. OECD 이전가격 지침서 ¶1.133

88. (UN 이전가격 매뉴얼, p. 100)

미국세법의 규정을 받아들인 것이다.

참고로, 미국세법 제482조는 시행령 § 1.482-1(d)에 비교가능성 규정과 비교가능성에 영향을 주는 요소 규정(§ 1.482-1(d)(3))을 두고 있으며, 여기에는 기능분석(§ 1.482-1(d)(3)(i)), 계약조건(§ 1.482-1(d)(3)(ii)), 위험(§ 1.482-1(d)(3)(iii)), 경제환경(§ 1.482-1(d)(3)(iv))과 자산 및 서비스 특성(§ 1.482-1(d)(3)(v))규정을 두고 있다. 더불어, § 1.482-1(d)(4)에 특별한 상황, "special circumstances" 규정을 두고 있다. 또한, 앞에서 설명한 현실적으로 선택가능한 조건 "options realistically available", (§ 1.482-1(d)(3)(iv)(H))에 대한 규정과 뒤에서 설명할 지역혜택, "location savings", (§ 1.482-1(d)(3)(iv)(E))에 대한 규정을 모두 포함하고 있다. 따라서, 규정의 내용을 보면 OECD 이전가격 지침서는 미국세법 제482조의 규정내용을 상당히 많이 반영했다는 것을 알 수 있다.

여하튼, OECD 이전가격 지침서가 1995년에 개정되면서 시장침투전략과 일시적인 손실 또는 수익의 변동에 대해 지침을 제시하고 있고, 이 지침은 주로 시장진입 초기에 관계기업이 결손을 기록하는 경우 이에 대한 대응논리로 사용되어 왔다. 그러나, 시장침투전략이 이전가격과 관련 있는가? 또는 시장진입시기를 몇 년으로 볼 것인가? 에 대하여 일치하는 의견이 아직 없기 때문에 관련된 문제로 인해 납세자와 과세관청의 충돌이 빈번히 발생한다.

시장침투전략과 관련하여 OECD 이전가격 지침서 ¶1.137~8은 다음과 같은 요건을 제시하고 있다.

- 사업전략은 미래의 기대이익을 위해 일시적으로 수익이 낮아지는 것을 말한다.
- 정상가격원칙에 비추어 사업전략관계가 합리적이어야 한다.(예, 판매대리점인 경우 사업전략과 관련된 비용부담을 하거나 이러한 전략을 독단적으로 수행

하지 않는다)

- 발생한 비용은 정상가격원칙에 비추어 합리적인 이익을 기대할 정도여야 한다.

이와 더불어, 사업전략을 실행하기 위해 특정 국가에서 도매활동을 수행하는 자회사가 마케팅 비용을 부담하고 독단적인 시장개발 활동을 하는 경우 마케팅 무형자산[89]과 관련될 수 있다.

④정부정책(OECD 이전가격 지침서 ¶1.159-1.62)

정부정책 중 이전가격 거래와 관련이 있는 항목은 가격통제(가격인하정책 포함), 이자율통제, 서비스 또는 경영관리비용의 지급규제, 로열티 지급규제, 특정산업 정부보조, 환율통제, 반덤핑 규제 및 환율정책 등이 있다.[90] 이러한 정부정책은 일종의 시장조건으로 취급하여 이전가격분석을 한다.

그러나, 정부정책이 이전가격 거래와 관련된 경우에도 일반적으로 이러한 정책은 시장 전체(특수관계거래와 제3자 거래)에 동일한 영향을 준다. 따라서, 정부정책이 어떤 특정기업에게만 또는 특정거래에만 영향을 주는 것이 아닌 이상, 정부정책에 대해 일반적으로 이전가격 조정을 하지 않는다.

또한, 정부정책으로 인해 변동된 가격을 누가 부담하는 지에 따라 분석의 방법이 달라진다. 만약 최종 소비자 또는 중간 유통업자가 이런 비용을 부담하는 경우 통상 이러한 비용을 통과비용("pass through expenses")이라고 하며 이전가격 분석에서 제외한다.

89. 마케팅 무형자산과 관련된 논의는 "II.6.4)마케팅 무형자산"에서 다시 논의한다.

90. OECD 이전가격 지침서 ¶1.152

⑤지역혜택(OECD 이전가격 지침서 ¶1.159-1.62)

지역혜택이란 다국적 기업이 특정지역에 원가절감(노동비, 지대 등) 및 수익증대 효과가 있어 사업의 일부를 이전하는 경우에 주로 발생한다.[91] 지역혜택관련 지침은 OECD 이전가격 지침서 2010 개정판 Chapter IX 사업구조조정[92]편에 실려 있던 내용이 2017년에 다시 개정하면서 Chapter I '정상가격원칙'에 일부 이관된 것이다. 실제로는 1995년 미국세법 제482조 § 1.482-1(d)(3)(iv)(E)에 이미 규정되어 있던 내용을 OECD가 이후 개정판에 실어 놓은 것이다.

일반적으로 비교가능회사가 분석대상기업과 유사한 지역 또는 동일한 시장에서 사업을 하는 경우, 지역혜택 또는 지역절감효과로 인해 추가적인 이전가격 분석 문제는 일어나지 않는다. 그러나, 사업구조가 조정되어 다른 지역으로 사업을 이전하여 지역절감효과가 일어난 경우, 이를 평가해야 한다. 당초 지역절감효과가 이전가격 문제가 되었던 것은 1985년 미국법원이 Eli Lilly & Co. v. Commissioner[93]에서 거래당사자가 실현한 결합이익을 배분하기 위하여 기여도 기준에 지역절감효과를 포함하였던 것을,[94] 미국세법 제482조가 1995년 개정되면서 비교가능성 규정에 넣어 시행하게 된 것이다.

OECD 이전가격 지침서 ¶1.161은 지역혜택효과를 분석하기 위하여 다음의 절차를 제시하고 있다.

91. OECD 이전가격 지침서 ¶9.126

92. OECD 이전가격 지침서, Chapter IX "Transfer Pricing Aspects of Business Restructurings", Part III: "Remuneration of post-restructuring controlled transactions", E. "Location savings"

93. 84 T.C. 996, 1114-15(1985)

94. (백서, 1988, p. 37).

①지역절감효과가 있었는지 검토

②지역절감효과의 효과(크기) 측정

③이러한 효과가 다국적 기업 그룹에 존재하는지 아니면 제3자 고객이나 공급자에게 전가되었는지 여부 검토

④제3자 고객이나 공급자에게 전가되지 않은 경우 지역절감효과의 순이익을 정상가격원칙에 따라 배분

앞의 내용과 더불어 OECD 이전가격 지침서 ¶9.126-9.131에서 사업구조조정 시 발생하는 지역절감효과를 이전가격상 평가하는 방법에 대해서 상세히 설명하고 있다. 지침내용을 간략히 요약하면, 거래당사자 한쪽만 현실적으로 선택가능한 조건을 보유하고 있는 경우, 다른 거래당사자는 지역절감효과에 기여도가 거의 없게 된다. 따라서, 이러한 경우 지역절감효과가 없는 제3자 거래와 유사하게 거래가격이 결정될 것이기 때문에 독립된 비교가능거래를 검색하여 결정한다. 그러나, 거래당사자 양쪽이 모두 현실적으로 선택가능한 조건을 보유하고 있는 경우에는 거래 양 당사자 모두가 지역절감효과에 기여하기 때문에 무형자산으로부터 발생하는 이익을 분할하는 이익분할방법을 적용하게 된다.

실무상 문제가 되는 것은 지역절감효과가 특정비용절감 또는 특정 이익증가 요소와 모두 관련되기 때문에 각 비교가능회사의 자료를 분석하여 세분화된 비용 및 이익의 자료를 획득하는 것이 매우 힘들다는 것이다. 따라서, 지역절감효과가 있고 그러한 효과가 가격결정에 중요한 요소로 작용하는 경우 이러한 효과가 검색된 비교가능거래에 있는지 먼저 확인한다. 만약 동일한 효과가 있는 경우 별도의 조정 없이 비교가능회사를 검색하여 정상가격을 산출한다. 그러나, 비교가능거래에 그러한 효과를 확인할 수 없는 경우, 거래를 별도

로 구분하여 기여도에 따라 '이익분할방법'을 적용하는 것으로 이해하면 좋을 것 같다.

⑥다국적 기업 그룹 시너지(OECD 이전가격 지침서 ¶1.177-93)

OECD 이전가격 지침서는 다국적 기업 그룹 시너지와 관련하여 우발적 혜택("incidental benefit")과 의도된 단체 행위("deliberate concerted actions")를 구별하는 방법을 설명한다. 참고로 그룹 시저지가 우발적 혜택인 경우, 이전가격 조정 대상이 아니다.

OECD 이전가격 지침서 ¶1.180, '중앙구매부서' 사례에서 설명하는 것과 같이 만약 중앙구매부서가 수량할인을 받기 위해 적극적인 행동을 취하고 그룹사들은 중앙구매부서가 구매한 제품을 재구매하는 경우, 그룹사간 의도된 합동행위가 있었던 것으로 간주한다. 또한, 본사의 구매관리자 또는 지역관리센터에서 그룹 차원의 유리한 가격을 협상하기 위한 서비스를 수행하고 책정된 가격으로 그룹관계기업이 제품을 구매하는 경우에도 마찬가지이다. 그러나, 단순히 고객을 유치하기 위해 특정 관계기업에게 유리한 가격을 적용하는 경우에 그룹사간 의도된 합동행위가 있었던 것으로 보지 않는다.

OECD 이전가격지침서 ¶ 1.190/1.191/1.192 제조업자 물량할인 사례

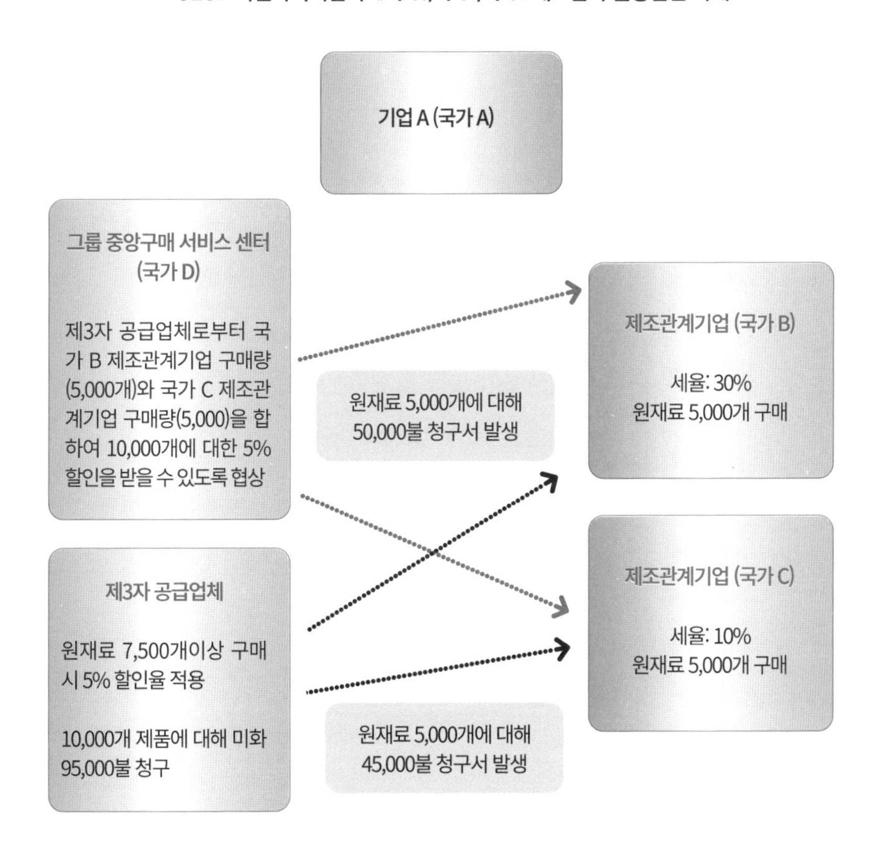

국가 C의 제조관계기업은 받은 혜택 5,000불(50,000−45,000) 중 2,500불(5,000×0.5)은 이전가격 조정 대상이 된다. 또한, 국가 B 제조관계기업과 국가 C 제조관계기업은 표면적인 거래는 없었으나 그룹 차원의 의도된 합동행위가 있었기 때문에 이 경우 상기 2,500불이 조정대상이 된다.

6. 이익분할방법

1)개요

이익분할방법은 거래당사자가 거래를 통해 실현한 이익을 결합하여, 거래당사자가 거래에 기여한 공헌도에 따라 이익을 배분하는 것이다. 예를 들어, 기업 A가 100% 소유 제조 자회사 B를 B국가에 설립하여 사업을 운영하고 있다고 가정한다. 기업 A가 기업 B에게 원가 1,000원의 제품을 1,200원에 판매하였고 기업 B는 이를 다시 제조하여 B 국가 제3자 고객에게 1,500원에 판매하는 경우, 결합이익 195는 다음과 같이 산출된다.(설명을 위해 내부거래로 인한 미실현이익은 없는 것으로 가정한다)

기업 A와 기업 B 결합이익 산출 예시

	기업 A	기업 B	결합손익
매출 (기업 B에게 소프트웨어 판매1,000)	1,200	1,500	1,500 (내부거래 1,200 차감)
매출원가 (제조원가 + 원재료)	1,000	1,200	1,000 (내부거래 1,200 차감)
매출총이익	200	300	500
영업비용	80	225	305
영업이익	120	75	195
영업이익률	10%	5%	13%

앞의 사례와 같이, 기업 A와 기업 B 간의 결합손익(195)을 산출하고 그 손익의 창출과 관련하여 기업 A와 기업 B가 제공한 공헌도에 따라 결합손익(195)을 다시 배분하는 방법이다. 공헌도는 기능 또는 위험의 상대적 가치, 자산 또는 자본의 상대적 가치, 연구개발 또는 마케팅 비용, 또는 노동의 투입시간 등 합리적인 배부기준을 적용하여 산출한다.[95]

그러나, 앞의 사례는 이해를 돕기 위하여 아주 간소화된 내용을 보여 준 것이다. 실제로 이익분할방법을 적용하는 경우, 분할대상 순이익, 합리적인 배분방법을 찾는 것 등 많은 절차와 분석이 필요하므로 상당히 많은 분석시간과 복잡한 계산이 필요하게 된다.

2)비교가능성 기준

이익분할방법의 비교가능 요소는 OECD 이전가격 지침서 ¶1.36에서 제시하고 있는 기본적인 비교가능성 항목을 참조하여 분석한다.

이익분할방법은 전통적으로 거래 양 당사자가 무형자산을 가지고 있거나 유사한 정도의 사업위험을 부담하고 있어, 양방의 거래를 일방적 방법("one-sided approach")[96]을 사용하여 분석하기 어려운 경우, 또는 비교가능한 거래를 찾을 수 없는 경우 등 매우 한정적으로 그 사용을 권고하였다.

그러나, OECD가 2013년 BEPS 프로젝트 시행 이후에 다국적 기업 그룹 전체의 이익("Amount A")을 분할하기 위하여 이익분할방법의 사용이 요구되면서, 이익분할방법의 적용 지침을 다른 정상가격산출방법과 동일한 상대적 합

95. 국조법 시행령 제9조

96. 일방적 방법(one-sided method)은 재판매가격방법, 원가가산방법 및 거래순이익률방법을 말한다.

리성("relative appropriateness")과 선택된 방법의 신뢰성 ("reliability of the selected method")으로 조정하면서 이익분할방법의 적용 범위를 확장하였다.[97]

이와 관련하여 UN 이전가격 매뉴얼 ¶4.5.1.4는 다음과 같은 적용 조건을 추가로 제시하고 있다.

- 거래 양 당사자가 모두 거래에 특별하고 가치 있는 기여를 한 때
- 특수관계거래가 상당한 정도로 통합되어 있어 한쪽 당사자만의 거래로 분리할 수 없을 때
- 거래 양 당사가 모두 경제적으로 중요한 위험을 부담하거나, 서로 연관성이 아주 높은 위험을 공유하여 부담한 때(참조: OECD 이전가격 지침서 ¶4.6.3)

3) 적용 사례

여기에서는 OECD 이전가격 지침서 Annex Ⅱ to Chapter Ⅱ "Examples to illustrate the guidance on the transactional profit split method", Example 11 ¶51–57에서 제시하고 있는 사례를 간략히 살펴보기로 한다. 그러나, 이익분할방법 적용에 관심이 있는 독자는 Annex Ⅱ에 실려 있는 사례를 모두 읽어보기를 권장한다.[98]

97. OECD(2018): OECD는 BEPS 프로젝트 실천과제 10에서 다국적 기업의 통합사업에 대한 합리적인 정상가격 산출방법으로 이익분할방법 적용을 제시하고 있고, "Revised Guidance on the Application of the Transactional Profit Split Method"에서 그 학술적 근거 및 방법론을 자세히 설명하고 있다.

98. 이익분할방법은 무형자산의 이전가격(OECD 이전가격 지침서 Chapter VI "Special Considerations for Intangibles")과 밀접한 관련이 있기 때문에 여기서 상세한 논의는 하지 않는다.

Example 11

전자 제품의 성공은 전자 공정과 주요 구성 요소의 혁신적인 기술적 설계와 관련이 있다. 이 제품은 관계기업 A에서 설계되고 제조되며, 관계기업 B로 이전되어 제품의 나머지 부분을 설계하고 제조한다. 이 경우 A에서 B로 이전된 가격을 결정하는 가장 적절한 방법은 비교가능 제3자 가격방법이 될 것이다. 그러나, A에서 B로 이전된 제품은 시장에서 A와 B가 창출한 혁신적인 기술적 진보를 반영하며, A와 B는 이러한 기술적 진보를 위해 독특하고 가치 있는 기여를 한다. 따라서, 이러한 경우에는 적절한 기능 및 비교 분석이 수행된 후에도 A와 B가 제품에 기여한 가치에 대한 적절한 가격을 추정하기 위한 비교가능 제3자 거래를 찾는 것이 불가능하다. 따라서, 이 경우 이익분할방법이 가장 합리적인 정상가격산출방법이 된다. 또한, 각 회사의 연구개발 활동은 회사의 상대적인 기여 가치를 합리적으로 측정할 수 있는 것으로 확인되었다. 즉, 각 회사의 독특하고 가치 있는 기여도가 연구개발에 대한 상대적인 지출로 측정될 수 있다는 것을 의미한다. 따라서, A의 연구개발 지출이 15이고 B가 10인 경우, 합산 연구개발 지출이 25가 되므로 잉여이익은 A에게 15/25, B에게 10/25로 분할한다.

¶ 54.

a)A와 B의 합산손익

	기업 A	기업 B
매출	50	100
차감:원재료 구매비용	(10)	(50)
제조비용	(15)	(20)
매출총이익	25	30

	기업 A		기업 B	
차감:연구개발	15		10	
영업비용	10	(25)	10	(20)
순이익(영업이익)	0		10	

b)잔여이익계산: A와 B의 제조활동에 대한 일반적인 이익을 차감하는 단계

¶ 55. 무형자산이 없는 제3자 비교가능 제조업체가 제조비용(구매 제외)에 대한 이익률, 10%을 실현하는 것으로 확인되었다.[99] A의 제조비용은 15이므로 비용 대비 이익은 A에게 1.5의 제조이익을 할당한다. B의 제조비용은 20이므로 비용 대비 이익은 B에게 2.0의 제조이익을 할당한다. 잉여이익은 따라서, 10의 합산 순이익에서 3.5의 결합 제조이익을 차감하여 6.5이다.

c)잔여이익계산

¶ 56. 최초 이익 배분(A에게 1.5, B에게 2.0)은 A와 B의 제조 기능을 보상하지만 기술적으로 진보적인 제품을 만들어낸 각자의 독특하고 가치 있는 기여의 가치를 반영하지 않는다. 이 경우 제품과 관련하여 A와 B가 부담한 총 연구개발 비용의 상대적인 비율이 각자의 독특하고 가치 있는 기여의 가치에 대한 합리적인 배분 비율이라는 것이 확인되었으므로 잉여이익은 해당 기준으로 A와 B 사이에서 분할

99. OECD(2022a): 10%의 이익은 엄격한 의미에서는 순이익이 아닌 매출총이익이기 때문에 기술적으로는 원가에 마진을 더한 것과 일치하지 않는다. 또한, 비용 기준에는 운영비용이 포함되어 있지 않기 때문에 이 10%의 이익은 엄격한 의미에서는 TNMM(Transferred Net Margin Method) 마진과도 일치하지 않는다. 제조비용에 대한 순이익은 편리하고 실용적인 이익 분배 방법의 첫 번째 단계로 사용되고 있으며, 이는 A와 B가 기여한 독특하고 가치 있는 무형자산에 속한 잉여 순이익의 금액을 결정하는 데 간소화된 방법을 제공할 목적으로 설명되었다.

한다. 잉여이익은 6.5이며, 이는 A에게 15/25, B에게 10/25로 배분되며, 각각 3.9와 2.6의 비율로 잉여이익을 실현한다.

A 배분이익 6.5×15/25=3.9

B 배분이익 6.5×10/25=2.6

d)순익의 재계산

¶57.

A의 최종 정상가격 순이익 1.5+3.9=5.4

B의 최종 정상가격 순이익 2.0+2.6=4.6

A와 B의 손익 재계산

	기업 A		기업 B	
매출	55.4		100	
차감: 원재료 구매비용	(10)		(55.4)	
제조비용	(15)		(20)	
매출 총이익	30.4		24.6	
차감: 연구개발	15		10	
영업비용	10	(25)	10	(20)
순이익(영업이익)	5.4		4.6	

참고로 한국세무당국 적부심 사례[100]를 보면 ①조사 대상 법인의 자세한 사업구조, ②해외특수관계 기업의 상세한 사업구조, ③로열티 계약과 실제 사업활동의 상세한 사업구조 등 이익분할방법을 적용하기 위하여 회사 전체 사업구조를 면밀히 분석하여야 하는 많은 노고가 필요하다는 것을 알 수 있다.

4)마케팅 무형자산

마케팅 활동과 관련된 무형자산은 제품이나 서비스의 상업적 활용을 돕거나 해당 제품의 중요한 홍보 가치를 보유하고 있는 무형자산을 말하며, 상표, 상호, 고객 목록, 고객 관계, 그리고 마케팅 및 판매에 사용되거나 도움이 되는 독점적 시장 및 고객 데이터가 포함될 수 있다.[101]

마케팅 무형자산에는 법률적으로 보호받는 특정 무형자산이 있고, 등록을 요하지 않는 추정된 권리도 있다.[102] 다만 이전가격 상 특정지역에서 기업이 시장개발 활동을 적극적으로 하게 되면 그 시장에서만 누릴 수 있는 일정의 무형자산을 형성하는 것으로 추정하게 된다.

일반적으로 도매업자가 적극적인 광고선전 활동을 하는 것으로 마케팅 무형자산이 특정 시장에서 형성되었다고 판단한다. 역사적으로 보면 백서(1998)에서 Eli Lilly & Co.v.Commissioner[103] 판례를 언급하면서 법원이 합리적인 이익배분 비율을 산정하기 위해 지역혜택("Location savings"), 제조무형

100. 적부-국세청-2019-0019

101. OECD 이전가격 지침서 Glossary

102. (홍범교, 2007): 이전가격 상 무형자산의 다양한 정의에 대해 자세한 설명이 있다.

103. 84 T.C. 996, 1114-15(1985)

자산, 마케팅 무형자산과 모회사가 수행한 연구개발에 대한 대가를 감안했다는 것에 유래한다. 또한, 미국 IRS는 2006년에 "Glaxo SmithKline Holdings (Americas)Inc." 및 자회사(이하 "GSK")에 대해 미국에서 마케팅 무형자산이 형성되었다는 것을 주장하여, 영국 모회사에 귀속될 소득 중 상당부분(60%)을 미국에서 과세하였다.[104] 2006년에 미국 IRS와 GSK가 합의한 과세금액 3.4십억 달러는 미국 역사상 기업이 납부한 세금 중 가장 큰 금액이 되었다.[105]

또한, 마케팅 무형자산은 전통적으로 이익분할방법 적용 시 고려되는 제조기술 및 특허권과 대비되어 도매업자의 이전가격 특성을 구별하는 데 중요한 역할을 했다.(참고로, 분석대상기업의 기능 및 위험을 분류하는 기준인 '이전가격 특성'에 대해서는 "이전가격 특성-Ⅲ.5.5)(3)"과 "이전가격 특성 요약-붙임자료 1"에서 상세히 다루고 있다.) 더 자세한 내용은 OECD 이전가격 지침서 Chapter Ⅵ "Special Considerations for Intangibles"를 참고해서 이해하면 된다.[106]

104. (Interna Revenue Service, 2006)

105. (Burnett and Pulliam, 2014)

106. 이 책은 이전가격 기본개념 및 적용 방법론과 관련된 내용을 알기 쉽게 설명하는 것을 주목적으로 작성되었기 때문에, 복잡한 이전가격 거래에 대한 지침인 '무형자산에 대한 이전가격', '그룹 내 서비스에 대한 이전가격', '원가분담약정', '사업조정과 관련된 이전가격' 및 '대차거래를 포함하는 재무거래에 대한 이전가격'은 내용에서 제외했다.

Ⅲ. 비교가능성 분석

1. 개요

OECD 이전가격 지침서는 이 단원을 비교가능성 분석, "Comparability Analysis"로 지칭하고 있고 미국세법 제482조는 § 1.482-1(e), 정상가격범위, "Arm's length range" 편에 담고 있다.

비교가능성 분석에서 주된 업무내용은 ①잠재적으로 비교가능거래 또는 회사를 찾아, ②비교가능성 요건을 비교분석하고, ③차이 부분을 조정하여 정상가격을 산출하는 것이다. 따라서, OECD 이전가격 지침서 또는 미국세법 제482조의 원제목과 실제로 수행하는 업무가 일치하지 않는 현상이 발생한다.

이와 관련하여 OECD 이전가격 지침서 ¶ 3.1은 다음과 같은 설명을 하고 있다.

일반적인 비교가능성에 대한 지침은 제1장 D절에 있다. '비교'라는 의미는 분석대상 특수관계거래와 잠재적으로 비교가능한 거래를 비교·검토하는 것을 의미한다. 비교가능한 거래를 찾는 것은 비교가능성 분석의 일부일 뿐이

며 이는 비교가능성 분석과 혼동되어서는 안 되며, 분리되어서도 안 된다. 잠재적으로 비교가능한 제3자 거래에 대한 정보를 찾고 비교가능한 대상을 식별하는 과정은 납세자의 특수관계거래와 경제적으로 관련 있는 특성 또는 비교가능성 요소(제1장 D.1절 참조)에 대한 사전 분석의 결과를 기준으로 한다. 체계적이고 일관된 접근법은 전체 분석 과정에서 일관성을 유지하도록 하여, 특수관계거래 조건에 대한 초기 분석에서부터 정상가격산출방법의 선택, 잠재적인 비교 대상의 식별, 궁극적으로는 검토 중인 특수관계 거래가 OECD 모델 조세 협약 제9조 1항의 독립기업원칙에 부합하는지 여부에 대한 결론에 이르기까지 모든 분석단계에서 일정한 연관성을 유지할 수 있도록 해야 한다.

설명한 바와 같이 비교가능성 분석에서 주된 업무는 비교가능거래 또는 회사를 찾고 비교가능성 요건에서 차이부분을 조정하여 정상가격을 산출하는 것이다. 따라서, OECD 이전가격 지침서와 실제 업무에서 차이가 발생하는 이유를 이해하기 위해 지금까지 학습한 내용을 다시 한번 간략히 살펴보기로 한다.

- OECD 이전가격 지침서를 비롯한 모든 이전가격 규정은 '정상가격원칙'과 '비교가능성 기준'을 사실관계에 대입하고 합리적이고 납득가능한 정도의 입증을 해야 하는 규정이다. 따라서, 관련 규정은 특정 형식 또는 산출공식이 있어 그러한 공식에 변수를 대입하면 정확한 답이 나오는 규정이 아니고 일종의 사실관계가 자유로운 서술과 논리적인 입증의 문제이다.
- 따라서 제1장 "정상가격원칙과 비교가능성"에서 '정상가격원칙'과 '비교가능성'에 대해서 학습했다. 여기서 우리는 정상가격원칙을 준용하기 위해서는 다양한 비교가능성 요소들을 분석하여야 한다는 것을 배웠다. 특히, 정상가격원

칙과 비교가능성은 동전의 양면과 같이 서로 밀접한 관계가 있고 각 비교가능성 요소들이 요구하는 요건을 만족하는 경우에만 정상가격원칙을 준용할 수 있다는 것을 배웠다.

- 또한 "비교가능성 분석과 정상가격산출방법"에서 우리는 서로 다른 정상가격산출방법이 5가지가 있는데(즉, 비교가능 제3자 가격방법, 재판매가격방법, 원가가산방법, 거래순이익률방법 및 이익분할방법) 각 정상가격산출방법이 요구하는 비교가능성기준이 서로 다르기 때문에 각 방법에 따른 비교가능성 요소 및 적용 방법들을 학습했다.
- 더욱이 많은 비교가능성 요소들이 거래순이익률방법과 관련되어 있고 실제로 거래순이익률방법이 시행된 이후부터 복잡한 비교가능성 요소들을 검토하기 시작했다는 것을 학습하였다.
- 결론적으로 OECD 이전가격 지침서 및 미국세법 제482조가 '정상가격원칙'과 '비교가능성 기준'으로 이전가격세제의 기본체제를 구성하고 때문에, 단순히 '비교가능회사의 검색 및 정상가격산출'이라는 명칭을 사용하지 않고 '비교가능성 분석' 또는 '정상가격 범위'라는 다소 애매모호한 표현을 쓰고 있다.

이와 같은 이해가 바탕이 되면 왜 이 단원이 '비교가능회사의 검색 및 정상가격산출'로 지칭되지 않고 '비교가능성 분석'으로 지칭되었는지 조금은 이해가 될 것으로 믿는다. 그럼 다음에서 각 정상가격산출방법 별로 비교가능거래의 검색방법 및 비교가능성 요소의 검토방법들을 살펴보자.

2. 비교가능한 거래 또는 회사의 검색

앞서 이야기한 바와 같이, 거래순이익률방법의 가장 큰 장점이자 단점은 표준산업분류표에 속해 있는 회사를 기준으로 비교가능회사를 검색한다는 것이다.[107] 물론, 재판매가격방법이나 원가가산방법을 상업 데이터를 기준으로 검색할 수 있으나, ①실무상 재판매가격방법을 적용할 정도의 비교가능성 자료(예, 잠재적으로 비교가능한 거래에 대한 계약조건의 상세 내용, 기능 및 위험의 상세 내용, 회계처리방법의 일치 등)를 확보할 수 없고, ②특히 제품의 제조 및 판매거래에 대한 거래자료가 충분하지 않으며, ③더욱이, 매출총이익을 정상가격 기준으로 사용하기 때문에 정보오류에 따른 민감도가 상대적으로 높다.[108] 따라서, 실무에서는 재판매가격방법 또는 원가가산방법만을 적용하기 위해서 상업 데이터를 사용하는 예는 많지 않다. 따라서, OECD 이전가격 지침서의 비교가능성 분석(특히, A.4.4. "External comparable and sources of information")에서 다루는 대다수 비교가능성 요소의 문제들이 실제로는 거래순이익률방법을 적용하여 표준산업분류를 기준으로 비교가능거래 또는 회사를 검색하는 방법과 관련 있다.

107. UN 이전가격 매뉴얼 ¶3.4.2는 상업 데이터베이스에서 비교가능회사를 검색하는 절차를 상세히 설명하고 있다.

108. 민감도("sensitivity")와 관련된 문제는 "민감도 분석 사례-III.4.3)"에서 후술한다.

3. 비교가능 제3자 가격방법

1) 비교가능거래의 검색

대표적으로 비교가능 제3자 가격방법을 적용하는 경우는 2가지 사례가 있다.

- 첫 번째는 회사가 취급하는 제품의 가격이 공개적으로 게시되는 경우이다. 이 경우는 시카고상품거래소("Chicago Mercantile Exchange"), 런던금융선물거래소("International Exchange Futures") 및 도쿄상품거래소("Tokyo Commodity Exchange")와 같이 선물시장에서 거래되는 품목을 취급하는 경우이다. 이러한 품목에는 옥수수, 커피와 같은 기초농산물, 원유, 무연휘발유, 천연가스와 같은 에너지상품, 알루미늄, 아연, 납과 같은 비철금속과 금, 은, 백금, 필라듐과 같은 귀금속 등이 있다. 이러한 시장에서 거래되는 품목은 가격등락 자료가 실시간으로 공시되기 때문에 거래의 가격 및 시기 등 비교가능성 요소를 검토하여 비교가능한 거래를 찾을 수 있게 된다. 또한, 이러한 제품을 운반하고 보관하는 취급수수료("handling charge")가 문제가 되는 경우가 있는데 이러한 경우는 공개되는 수수료가 자료가 없기 때문에 비교가능 제3자 가격방법보다 원가가산방법 또는 거래순이익률방법을 적용한다.[109]
- 두 번째는 정상가격 사용료율을 산출하기 위해 상업데이터를 사용하는 경우이다. 유료로 사용료와 관련한 계약 내용을 제공하는 상업데이터 회사들이 있고 이를 통해 비교가능 제3자 사용료율을 분석하는 경우이다.

109. United States Steel v. Comm'r(617 F.2d 942-2d Cir. 1980)에서 미국법원은 광석을 운송하는 대가에 대해 비교가능 제3자 가격을 배척하고 이익분할방법으로 정상가격을 산출하였다.

2) 비교가능성 분석

앞에서 이야기한 바와 같이 공개시장에서 잠재적으로 비교가능한 자료를 획득한 이후 아래에서 설명하는 비교가능성 요소를 검토하면 된다.

①제품의 물질적 특성과 품질(특히 제품에 상표권과 같은 무형자산 요소가 있는지 검토)

②거래량

③거래 시기

④배송 조건 및 시기

⑤배송 및 보험의 종류

⑥결제 조건 및 결제환(대한민국 원화, 미국 달러화 등)

⑦거래 지역(지리적 위치)

요약하자면, 잠재적으로 적용가능한 비교가능 제3자 거래가 있는 경우에는 상기 "비교가능성 기준– Ⅱ.2.2)"에서 제시하고 있는 비교가능성 요소를 검토하고 문서화하는 것으로 비교가능성분석 절차는 끝나게 된다.

4. 재판매가격방법과 원가가산방법

1) 비교가능거래의 검색

상기 "비교가능성 기준– Ⅱ.3.2)와 4.2)"에서 논의한 바와 같이, 일반적으로 재판매가격방법 또는 원가가산방법을 적용하기 위해서는 제품의 비교가능성이 대체품 정도로 인식될 수 있는 것이어야 한다.[110] OECD 이전가격 지침서는 명시적인 지침을 제시하고 있지 않고, 다만 미국세법 제492조, Treas. Reg. § 1.482-3(c)(ⅱ)(B)에서 동일한 제품군에 속해 있을 것이라고 규정하고 있다. 따라서, 관련 법령이 유사성이 어느 정도를 기준으로 하고 있는지 명확한 기준이 없고, 기능, 자산 및 위험의 유사성이 더 중요하다는 일반적인 규정만 제시하고 있다.

실무에서는 재판매가격방법 및 원가가산방법은 비교가능성 자료를 충분히 확보할 수 있고, 제품의 제조 및 판매거래에 대한 상세한 자료가 충분히 확보 가능한 경우에만 적용한다. 이러한 경우는 다음과 같다.

①특수관계거래 대상이 되는 분석대상기업이 경쟁자, 대체품 취급 회사 또는 독립 제3자 서비스 회사의 매출총이익 정보를 제품별로 알고 있는 경우

②다른 독립된 제3자가 분석대상 특수관계 기업과 동일한 거래를 하는 경우[111]

이러한 경우 가격정보 및 거래정보를 충분히 획득할 수 있고 회계상 차이점을 구별할 수 있기 때문에 재판매가격방법 또는 원가가산방법을 적용할 수 있게 된다.

2)비교가능성 분석

"비교가능성 기준-Ⅱ.3.2)와 4.2)"에서 제시한 비교가능성 요소를 모두 분석

110. UN 이전가격 매뉴얼 ¶4.3.4.2

111. 일반적으로 이러한 거래를 '내부비교가능거래'라고 지칭한다.

한다.

①제품의 특성

②상표권과 같은 무형자산의 가치

③비용 구조

④사업환경(사업 초기 또는 성숙된 사업)

⑤경영의 효율성

3)민감도 분석 사례

참고로 잠재적으로 동일한 비교가능한 회사가 있는 경우, 거래순이익률방법이 왜 재판매가격방법 또는 원가가산방법이 보다 더 선호되는지 알려주는 지표가 있는데 이것이 민감도 분석이다. 어려운 내용이 아니므로 OECD 이전가격 지침서 Annex I to Chapter Ⅱ "Sensitivity of gross and net profit indicators"에서 설명하는 민감도 분석내용을 간략히 살펴보면 다음과 같다.

¶1. 거래순이익률방법이 비교가능 제3자 가격방법 또는 재판매가격방법보다 제품특성의 차이에 대해 좀 더 덜 민감할 수 있다. 따라서, 실무에서는 거래순이익률방법을 적용함에 있어 제품의 비교가능성보다 기능의 비교가능성에 중점을 두는 경우가 많다. 거래순이익률방법이 기능이 차이를 반영하는 영업비용을 포함한 분석방법이기 때문에 기능에 차이에 대해서도 덜 민감할 수 있다. 다음은 그러한 차이를 설명하고 있다.

사례 1. 마케팅 기능의 정도 차이에 따른 영향 분석

	사례 1 제한적인 마케팅 기능을 수행하는 도매업자업	**사례 2** 적극적인 마케팅 기능을 수행하는 도매업자
매출 (설명 목적상 두 경우 모두 동일한 시장에서 동일한 가격으로 동일한 제품을 동일하게 판매한 경우를 가정한다)	1,000	1,000
구매원가 (제조사로부터 구매한 가격에는 시장에서 수행하는 마케팅 기능이 반영되어 있다)	600	480*
매출총이익	400(40%)	520(52%)
마케팅비용	50	150
기타비용 (간접비용)	300	300
순이익	50(5%)	70(7%)

*구매원가 120의 차이는 시장에서 도매업자로서 수행하는 마케팅 기능에 대한 대가가 반영되어 있다.(추가 마케팅 기능에 대한 100과 이에 대한 마진)

¶ 2. 사례에서 특수관계거래 사례 1에 대한 비교가능거래가 사례 2이고 마케팅 기능에 대한 상세한 정보가 없는 경우 재판매가격방법을 적용할 경우 오류위험은 120(12%×1,000)이고 거래순이익률방법을 적용할 경우 20(2%×1,000)이다. 따라서, 순이익 마진이 기능의 범위와 복잡성 차이에 따른 영향을 매출총이익보다 덜 받는다는 것을 보여준다.

사례 2. 위험의 정도 차이에 따른 영향 분석

	사례 1 도매업자는 제품의 진부화에 따른 재고위험을 부담하기 않는다. 이러한 이유는 제조업자가 진부화 제품에 대한 반품 "but-back" 의무를 부담하고 있기 때문이다.	**사례 2** 도매업자는 제품의 진부화에 따른 재고위험을 부담한다.
매출 (설명 목적상 두 경우 모두 동일한 시장에서 동일한 가격으로 동일한 제품을 동일하게 판매한 경우를 가정한다)	1,000	1,000
구매원가 (제조사로부터 구매한 가격에는 재고자산 진부화 위험에 대한 기능이 포함되어 있다)	700	640*
매출총이익	300(30%)	360(36%)
마케팅비용	0	50
기타비용 (간접비용)	250	250
순이익	50(5%)	60(6%)

*구매원가 60의 차이에는 진부화 위험에 따른 가격 차이이가 반영되어 있다.(재고자산 폐기비용 50+도매업자의 위험에 대한 마진) 즉, 계약상 "buy-back" 조항에 따른 추정가격이다.

¶ 3. 사례에서 특수관계거래 사례 1에 대한 비교가능거래가 사례 2이고 진부화 위험에 대한 추가 비용을 반영하는 정확한 정보가 없는 경우 재판매가격방법을 적용하는 경우 오류위험은 60(6%×1,000)이고 거래순이익률을 적용할 경우 오류위험은 10(1%×1,000)이 될 것이다. 따라서, 위 2와 같은 결론에 도달한다. 다만 계약상 위험배분이 정상가격원칙에 부합하는 경우로 한정한다.

¶ 4. 다른 기능을 수행하는 기업들은 비슷한 수준의 순이익을 실현하면서도 다

양한 범위의 매출총이익 마진을 가질 수 있다. 예를 들어, 비즈니스 평론가들은 거래순이익률방법이 거래량, 기능의 범위와 복잡성, 영업비용의 차이에 덜 민감하다고 지적한다. 반면, 거래순이률방법은 아래에서 설명하는 바와 같이 사용량의 차이에 대해 원가를 더하는 원가가산방법이나 재판매가격방법보다 더 민감할 경우가 있다. 예를 들어 간접고정비용(예: 고정 제조비용 또는 고정 유통 비용)의 수준 차이가 순이익에 영향을 주지만, 가격 차이에 반영되지 않는 경우 매출총이익마진("Resale Profit Margin–RPM")이나 원가에 대한 총 마진("Cost Plus Margin–CPM")이 거래순이익률보다 덜 민감할 수 있다.

사례 3. 제조업자의 효율성 정도 차이에 따른 영향 분석

	사례 1 제조업자가 최대 생산량으로 활동하는 경우: 연 1000 단위	**사례 2** 제조업자가 최대 생산량에 80% 만 활동하는 경우: 연 800 단위
매출 (설명 목적상 두 경우 모두 동일한 생산능력을 가지고 있고 동일한 시장에서 동일한 가격으로 동일한 제품을 동일하게 판매한 경우를 가정한다)*	1,000	800
판매원가 (설명 목적상 두 경우 모두 동일한 제조단위당 변동원가가 있다고 가정한다: 제품제조 0.75 m.u. + 고정인건비 50)	Variable: 700 FIXed: 50 Total: 800	Variable: 600 FIXed: 50 Total: 650
판매원가에 대한 총이익율	200(25%)	150(23%)
간접비용 (설명목적상 두 경우 모두 동일한 간접비가 발생한다고 가정한다)	150	150
순이익	50(5%)	Break-even

*제품의 정상가격은 제조업자의 생산능력에 영향을 받지 않는다고 가정한다.

¶5. 사례와 같이 특수관계거래 사례 1에 대한 비교가능거래가 사례 2이고 생산능력의 차이이에 대한 정확한 정보가 없는 경우 원가가산방법을 적용한 경우 오류위험은 16(2%×800)이고 거래순이익방법을 적용할 경우 오류위험은 50(5%×1,000)이 될 것이다. 이는 순이익 지표가 고정비와 변동비의 비율 및 과잉생산 상황에 더 민감하게 반응할 수 있음을 나타낸다.

5. 거래순이익률방법

거래순이익률방법은 일반적으로 표준산업분류를 기준으로 회사 재무정보와 사업정보를 제공하고 있는 상업데이터를 사용하여 정상가격을 산출한다.

또한, 상업데이터를 사용하여 비교가능회사를 검색하는 경우, 일반적으로 다음과 같은 작업절차를 수행하게 된다.

①분석대상거래의 식별(OECD 이전가격 지침서 A.3.1)

②분석대상기업의 선정(OECD 이전가격 지침서 A.3.3)

③비교가능성 분석 결과를 적용한 비교가능회사 선택 조건 결정(OECD 이전가격 지침서 A.5; UN 이전가격 매뉴얼 ¶3.5)

④잠재적으로 비교가능한 회사의 선정(OECD 이전가격 지침서 A.5) 또는 2단계 분류: 정성적 검색조건(qualitative screen standards)과 정량적 검색조건(quantitative screen standards)

⑤비교가능성 조정(OECD 이전가격 지침서 A.6): 이전가격 특성의 고려

⑥정상가격 범위 산출(OECD 이전가격 지침서 A.7)

1)분석대상거래의 식별

분석대상거래는 특수관계거래별로 식별하는 하는 것이 원칙이나, 다른 특수관계거래가 서로 밀접하게 연결되어 있거나 분리가 가능하지 않을 때는 거래를 통합하여 분석한다.

실무에서는 다음과 같은 거래가 있는 경우를 제외하고, 거래를 통합하여 분석회사 단위로 분석한다.

- 식별 가능한 가치 있는 무형자산 또는 라이선스와 관련된 거래가 있는 경우
- 거래의 형태가 전혀 달라 동일한 정상가격산출방법을 적용할 수 없는 경우(예, 도매거래와 제조거래가 혼합되어 있는 경우)
- 특별한 기술을 필요로 하는 그룹 내 서비스 거래가 있는 경우
- 금전대차거래에 적용하는 정상가격 이자율을 산출하는 경우 또는 자금통합거래의 정상가격을 산출하는 경우

2)분석대상기업의 선정

거래순이익률방법을 포함하여 재판매가격방법 및 원가가산방법을 일방적 방법("one-sided method")라고 칭한다. 이러한 이유는 특수관계거래에 참여한 양 당사자 중 한쪽만의 이익(일반적으로 영업이익)을 비교가능한회사의 이익과 비교하여 정상가격 여부를 판정하기 때문이다. 이 경우 무형자산을 소유하지 않고 복잡한 거래를 하지 않는 다른 한쪽을 분석대상기업으로 선정한다.

OECD 이전가격 지침서 ¶ 3.19: 분석대상기업 선정 사례

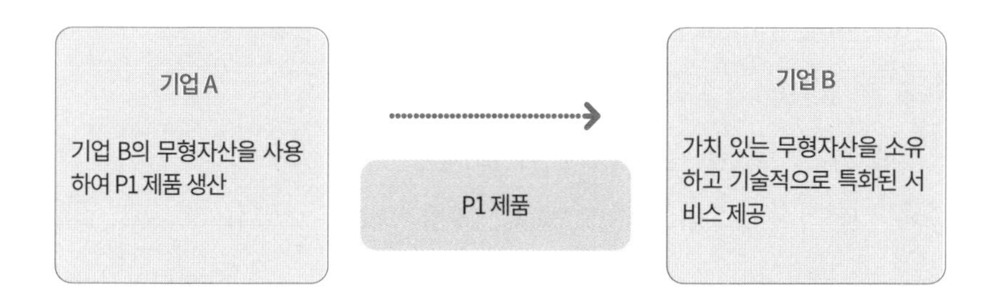

위의 경우, 가치 있는 무형자산을 소유하지 않고, 기술적으로 복잡한 서비스를 제공하지 않는 기업 A를 분석대상기업으로 선정한다.

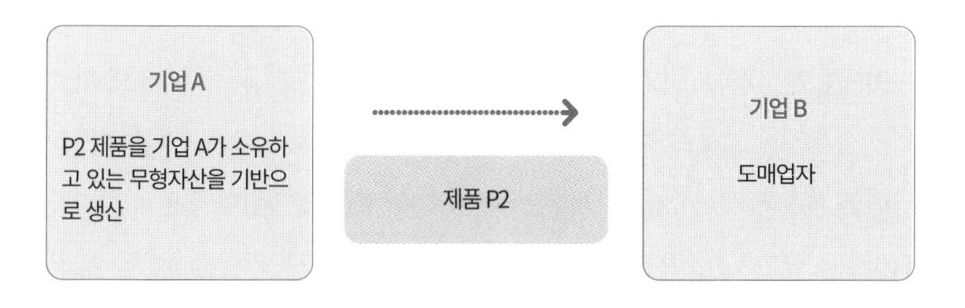

위의 경우, 가치 있는 무형자산을 소유하지 않고, 복잡한 거래에 참여하지 않는 기업 B를 분석대상기업으로 선정한다.

3) 비교가능성 분석 결과를 적용한 비교가능회사 선택 조건 결정

(1) 산업분류코드 결정

각국은 통계나 기타 목적으로 사용하는 산업분류코드를 가지고 있다. 한국도 유엔이 권고하는 국제표준산업분류를 기초로 통계청장이 통계목적으로 한

국표준산업분류 및 코드를 작정하여 발표한다. 분류기준은 산출물(생산된 재화 또는 제공된 서비스) 특성, 투입물의 특성(원재료, 생산공정, 생산기술 및 시설)과 생산활동의 일반적인 결합형태가 있다.[112]

표준산업분류는 각 국가별로 분류방법(예, 분류코드 자릿수)에서 차이가 있으며, 한국의 경우 5자리 산업코드(즉, 대분류, 중분류, 소분류, 세분류, 세세분류)를 사용하여 주요 생산품 및 수행하는 기능에 따라 제조업, 건설업, 도매 및 소매업, 금융 및 보험업, 부동산업, 기술서비스업 등으로 회사를 구분한다. 비교가능회사 검색절차 첫 번째 단계로 분석대상기업과 유사한 산업코드를 선정하는 이유는 상업데이터가 제공하는 표준산업분류는 이전가격 분석 목적상 사용되는 제품 및 기능의 분류 기준과 매우 유사하기 때문이다.

미국정부가 1994년 미국세법 제482조를 개정할 당시 비교가능한 거래 또는 회사가 부재한 경우에 해결책으로 시장접근방법을 기초로 하는 거래순이익률방법을 적용하도록 하였고, 미국정부가 제482조를 개정하면서 명시적으로 의도하지는 않았지만, 이전가격 업무 특성을 표준산업분류 기준과 상당히 일치하게 제도를 개선하였다. 따라서, 일반적으로 거래순이익률방법은 비교가능회사 검색절차의 첫 번째 단계로 통계목적으로 작성된 표준산업분류를 적용하여, 유사한 산업에서 유사한 사업활동을 하는 비교가능회사를 우선적으로 검색한다.[113]

따라서, 표준산업분류 상 분석대상기업과 유사한 제품을 취급하고 유사한 기능을 수행하는 비교가능회사를 검색하는 방법은 '특별한 경우가 아닌 이상

112. (통계청, 2012)

113. 미국세법 또는 OECD 이전가격 지침서 어디에서도 '표준산업분류'에 대한 명시적인 언급은 없다.

상업데이터에서 비교가능회사를 언제든지 검색 및 선정할 수 있다.'라는 장점이 있다. 그러나, 이 방법은 유사한 산업에서 비교가능한 기능 및 위험을 부담하는 회사의 '대략적인 순이익'을 기준으로 정상가격을 산출하기 때문에, '거래순이익률방법이 정상가격원칙에 부합하지 않는다.'는 결정적인 약점이 있고, 이는 학계의 비판을 불러오는 중요한 원인을 제공하였다.

여하튼, 상업데이터를 사용하여 비교가능회사를 찾는 경우에는 분석대상기업이 수행하는 기능 및 취급하는 제품을 가장 잘 대표하는 표준산업분류상 산업코드 선정절차를 비교가능회사 검색의 첫 번째 단계로 수행한다.

참고로, 업무상 대표적으로 사용되는 분류기준은 미국노동청(U.S. Department of Labor)이 발표하는 표준산업분류코드("Standard Industry Code-SIC"), 유럽공동체 경제활동분류("NACE, Statistical Classification of Economic ActIVities") 및 북미산업분류체계("North American Industry Classification System-NAICS") 산업코드가 있으며, 상업데이터를 통해 비교가능회사를 검색하는 첫 번째 단계가 된다.

(2) 지리, 지역, 국가, 시장 결정

지역의 차이가 가격에 미치는 영향을 최소화하기 위하여 비교가능거래 또는 회사는 분석대상기업과 동일한 지리적 시장(예, 동일 국가)에서 활동하는 기업을 우선적으로 고려한다.

그러나, 많은 국가, 특히 개발도상국에서는 독립적인 비교가능거래에 대한 공공정보가 없거나 제한되는 경우가 종종 있다.

따라서, 동일한 지리적 시장에 비교가능회가 없는 경우, 실무상 지역을 확장하여 분석대상기업이 위치한 한 국가에 국한하지 않고 지역(예, 유럽 및 미주 등)을 기준으로 비교가능회사를 검색하는 방법을 적용한다.

(3) 사업활동 키워드 검색

앞의 과정을 통해 얻은 잠재적으로 비교가능한 회사에 대해서 분석대상기업의 주요 기능, 자산 및 위험과 관련한 키워드를 적용하여, 비교가능회사의 수를 줄이는 절차이다. 키워드는 가장 중요한 활동(제조, 도매, 연구개발 서비스 등), 시장수준(예, 총판, 도매, 소매 등) 또는 관련 제품으로 선정한다.

이때 주의할 점은 키워드 분석은 개별 비교가능회사의 자세한 분석 없이, 키워드를 통해 다량의 비교가능회사를 기계적으로 제거하기 때문에, 실제로 비교가능성이 높은 회사 또는 경쟁회사가 검색에서 제외될 수 있다는 것이다. 분석의 오류를 줄이기 위해 이러한 회사가 분석범위에서 제외되지 않게 키워드 선정 시 특별한 주의가 필요하다.

(4) 재무정보의 가용성

잠재적으로 선정된 비교가능회사가 유용한 재무정보를 제공하지 않는 경우, 결과를 산출할 수 없게 된다. 일반적으로 다년도 데이터를 사용하는 경우를 감안하여, 분석대상 연도를 기준으로 3개 사업연도에 대한 재무자료가 확보가능한지 검토한다.

(5) 매출 수준(또는 자산, 직원 수와 같은 다른 규모 지표)

사업규모가 반드시 정상가격 결정에 중요한 영향을 주는 것은 아니다.[114] 그

114. 사업규모와 정상가격산출의 직접적인 연관성에 대한 학술자료는 아직 없다.

러나, 일반적으로 사업규모가 유사한 경우 비교가능성이 높다고 인식되기 때문에, 매출, 자산가치, 직원 수 등으로 비교가능하지 않은 회사를 제거할 수 있다. 그러나, 제거기준은 분석대상기업의 경제적으로 중요한 가치창출 활동을 반영하여야 한다.

(6) 독립성, 공개 vs 비공개 기업

독립된 제3자 거래 간에 적용된 가격 또는 이윤을 비교하기 위하여 일정수준 이상의 특수관계거래를 수행하고 있는 비교가능회사는 검색에서 제외하여야 한다. 그러나, 일반적으로 해외 상업데이터는 한국회계기준 감사보고서에서 제공하는 상세한 특수관계거래 내용을 제공하지 않는다. 대신, 특수관계지분비율 또는 잠재적인 특수관계수행 가능성 등 간접적인 독립기업 기준을 제공하고 있으므로, 독립기업 여부를 판정하는 데 많은 어려움이 따른다. 필요한 경우, 잠재적으로 비교가능한 회사의 인터넷 공개자료 또는 홈페이지 등을 상세히 분석하여 특수관계거래 내용을 별도로 검토하여야 한다.

공개 기업과 비공개 기업 관련 문제는 공개기업이 감사를 받은 재무제표를 제공하기 때문에 재무자료 및 주석정보의 신뢰성을 담보하는 데 상당히 유리하다. 따라서, 감사를 받은 재무제표를 제공하는 회사를 우선적으로 비교가능회사로 선정한다.

그러나, 이 기준으로 잠재적으로 비교가능한 회사를 모두 제거하게 되면, 실제적으로 사용할 수 있는 비교가능회사가 부족하게 되는 경우가 종종 있다. 또한, 분석대상기업이 감사를 받을 정도의 규모가 되지 않는 경우에는 이 검색기준은 일반적인 비교가능성 기준과 충돌될 수 있는 문제점이 있다.

(7)재무제표 유형

비교가능한 거래의 재무제표가 국제회계기준("International Financial Reporting Standards-IFRS") 또는 일반회계기준("Generally Accepted Accounting Principles-GAAP")을 충족하는 자료인지를 검토하는 것은 비교가능성 기준의 일관성을 유지하는 데 상당히 중요하다.

상업데이터에는 수많은 국가에서 사업을 수행하는 다양한 기업이 있고 이러한 기업 중에는 국제회계기준 또는 일반회계기준과 다른 회계처리방법을 적용하는 사례가 많다. 특히, 어떤 기업은 감가상각비용 또는 이자비용을 판매비와 관리비로 분류하지만, 다른 어떤 기업은 이러한 비용을 영업 외 비용을 분류하는 경우가 있다. 따라서, 회계처리기준이 기업마다 (특히, 해외 법인인 경우) 모두 다르다는 점을 감안하여 업무를 수행한다.

4) 2차 분류: 정량적 검색과 정성적 검색

위와 같이 1차 검토 작업이 마무리되면, 2차 분류 작업을 수행한다. 2차 분류 작업은 정량적 검색조건("quantitative screen standards")과 정성적 검색조건("qualitative screen standards")을 적용할 수 있다. 대표적으로 적용되는 정략적 검색기준은 다음과 같다.[115]

- 크기와 관련된 검색기준: 매출, 자산, 직원수(특히, 거래의 크기정도는 판매자와 구매자 간에 거래를 주도할 수 있는 영향력과 관계한다)
- 무형자산 관련된 검색기준: 총자산 대비 무형자산의 순가치 비율, 매출 대비

115. OECD 이전가격 지침서 ¶3.43

연구개발비용 비율(가치 있는 무형자산을 소유하거나 사업상 중요한 연구개발 활동을 수행하는 회사를 제외하는 기준이다)

- 수출거래금과 관련된 검색기준: 총매출 대비 해외판매 매출 비율
- 재고자산 크기 정도와 관련된 검색기준
- 사업 초기 기업, 파산기업 등 특수한 사업환경에 처해 있는 회사를 제거할 수 있는 기타 기준

그러나, 정량적 검색기준은 ①비교가능성 분석 결과에 따른 경제적으로 중요한 특성을 반영해야 하며, ②분석대상기업의 가치창출활동과 관련이 있어야 하고, ③기능과 위험에 대응하여야 한다.[116] 이러한 이유는 정략적 검색이 잠재적으로 비교가능한 회사의 범위를 분석대상기업의 기능 및 위험과 일치하게 하는 효과가 있지만, 개별 회사의 사업내용을 자세히 검토하지 않은 상태에서 재무적 비율로 비교가능회사를 제거하기 때문에 실제로 아주 유사한 비교가능회사를 제거하는 오류를 범할 수 있기 때문이다.

또한, 분석대상 특수관계거래와 관련된 재무비율을 적용하는 것은 허용되지 않는다. 예를 들어, 분석대상거래가 특수관계기업 간의 매출거래인 경우 매출과 관련된 기준을 사용하게 되면 특수관계비율로 제3자 거래를 제거하는 효과가 만들어진다.[117]

비교가능거래 검색의 마지막 단계는 각 비교가능거래 또는 회사를 정성적으로 검토하는 것이다. 예를 들어, 웹사이트 및 기타 공개 정보를 통해 비교가능

116. UN 이전가격 매뉴얼 ¶3.5.2.36

117. UN 이전가격 매뉴얼 ¶3.5.2.38 예제(Examples of diagnostic ratios)

회사의 최종 후보 목록의 비교가능성 요건을 다시 확인하는 것이 포함된다.

5) 비교가능성 조정

비교가능성 조정의 종류는 크게 ①재무제표상 회계불일치의 조정과 ②자산·부채 및 운영자산 조정이 있다.

(1) 회계불일치의 조정

회계불일치가 발생하는 이유는 한 국가로 검색지역을 제한하지 않고 아시아, 유럽 및 미주 등으로 지역을 확장하는 경우, 또는 각 국가 또는 기업이 다양한 방법으로 동일한 거래를 회계처리 하기 때문이다.[118] 회계상 불일치가 발생하는 대표적인 사례는 다음과 같다.

- 판매 리베이트를 제공하는 경우: 회계 관행에 따라 매출의 감소 또는 마케팅 비용으로 기록될 수 있으므로 매출총이익률이 왜곡된다.
- 연구개발 비용: 판관비 또는 매출원가에 반영될 수 있어서 매출총이익률이 왜곡된다.
- 직접비용과 간접비용의 명확한 구분이 없는 경우: 감가상각 기간의 차이, 직원 스톡옵션에 대한 다른 회계처리 방법으로 인해 매출총이익 또는 영업이익이 왜곡된다.
- 영업 외 비용에 포함되는 비용의 차이: 국가 간 회계기준 및 회사 간 보고 방법에 따라 영업 외 비용을 영업비용으로 처리할 수 있다.

118. UN 이전가격 매뉴얼 ¶3.5.3.6

(2) 자산·부채 조정, 운영자산 조정

자산·부채 조정을 하는 것은 경제학적 기초논리에 따라 분석대상기업과 비교가능회사 간에 자산(예, 매출채권 및 재고자산)과 부채(예, 매입채무) 수준에 차이가 있는 경우, 이를 조정하는 것이다. 차이를 조정하는 방법은 차이금액을 ①분석대상기업의 수익과 비용에 조정하는 방법, ②각 비교가능회사의 수익과 비용에 조정하는 방법 및 ③차이를 "0"으로 조정하는 방법이 있다. 이 중에서 가장 일반적으로 사용하는 방법은 ②각 비교가능회사의 수익과 비용에 조정하는 방법이다.[119] UN 이전가격 매뉴얼 ¶3.5.3.10-11에서 제공하는 운영자산 조정에 대한 간략한 사례를 보면 다음과 같다.

운전자본조정={[분석대상기업 운전자본/분석대상기업 이익지표(영업이익률)]-[비교가능회사 운전자본/비교가능회사 이익지표(영업이익률)]}×이자

운전자본조정

항목	분석대상	비교가능
매출 (A)	100	120
이자 및 세전 이익 (EBIT) (B)	5	7
영업 이익률 (PLI) (B/A in %) (C)	5%	5.8%
매출채권 (D)	100	110
재고자산 (E)	20	40

119. OECD 이전가격 지침서 Annex to Chapter III "Example of a working capital adjustment" 자산 및 부채조정에 대한 자세한 설명이 있다.

항목	분석대상	비교가능
매입채무 (F)	50	50
순운전자본 (G) (D+E-F)	70	100
순운전자본 대 매출 비율 (G/A in %)	70%	83.3%
분석대상 거래와 비교가능거래 간 순운전자본 대 매출 비율 차이 (H)		-13.3%
운전자본에 대한 이자율 (I)		5%
조정 (J) (I×H)		-0.665%
운전자본 조정		
비교가능거래의 PLI 재계산 (C-J)		5.1%

(3) 이전가격 특성

자산 및 부채 조정과 더불어 실무상 익숙해져야 할 개념이 있는데 이것이 '이전가격 특성'이다. 이전가격 특성은 이전가격 업무에서 일반적으로 적용되는 기업의 특성을 기능 및 위험 수준에 따라 분류한 것이다.[120] 일반적으로 이전가격 특성은 다음과 같이 분류된다.

120. 해당 이전가격 특성 분류가 어디에서 누구로부터 시작되었는지 정확하지 않다. 다만 업무상 일반적으로 적용되던 것을 PwC가 "International Transfer Pricing"(PwC, 2015)라는 책을 통해 정리해서 발표하던 것을 UN이 이전가격 매뉴얼 ¶1.3.3.15-18에 다시 정리해 놓았다.

사업기능 관련 분류(UN 이전가격 매뉴얼 ¶ 1.3.3.14)

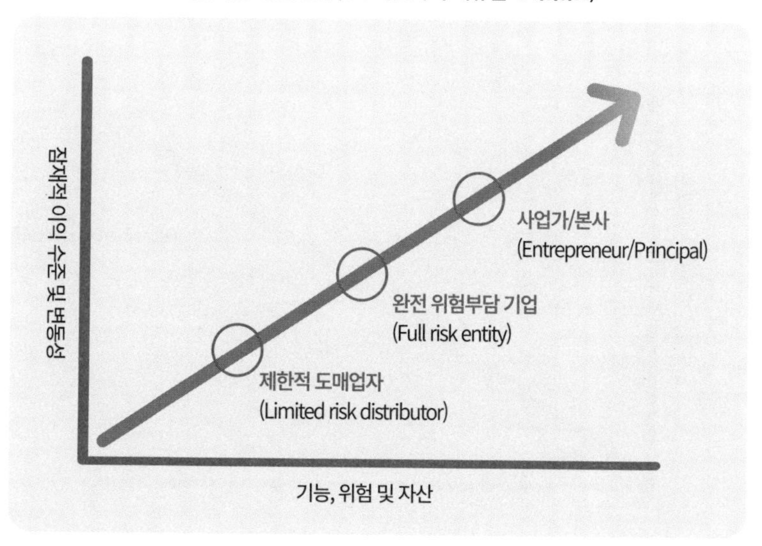

판매기능 관련 분류(UN 이전가격 매뉴얼 ¶ 1.3.3.16)

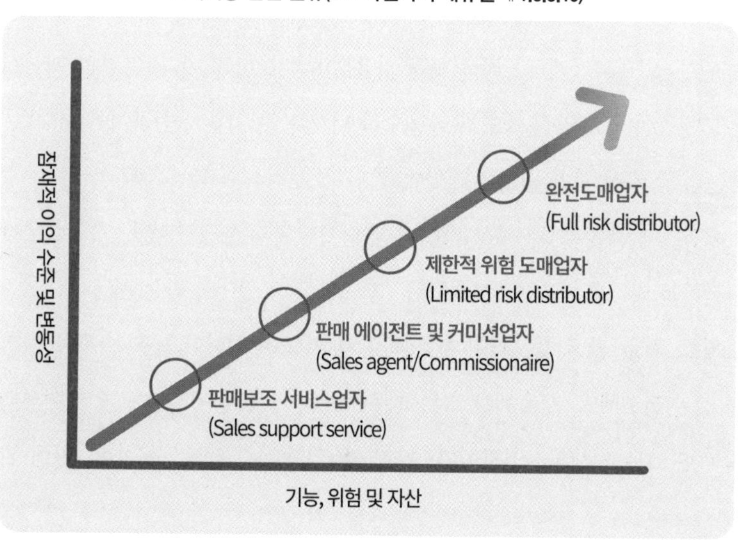

제조기능 관련 분류 (UN 이전가격 매뉴얼 ¶1.3.3.16)

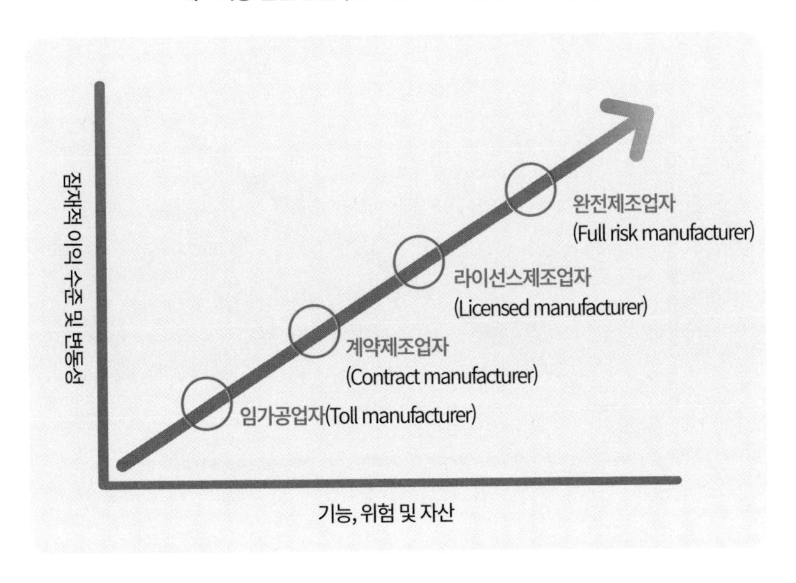

해당 분류가 이전가격만을 위해서 기업의 특성을 분류한 것은 아니고, 산업의 관행 및 투자거래의 일반모형을 차용하여 분류한 것이다. 분류의 핵심개념은 '기능, 위험 및 자산 정도가 많을수록 더 많은 이익을 실현하여야 한다'는 경제논리 중 가장 기초가 되는 개념이다.

이전가격 특성분류가 규정 또는 법에 포함되지는 않았지만, 기업실무자는 이전가격 업무를 처리하기 위해서는 반드시 알고 있어야 하는 개념이다.[121]

예를 들어, 판매기능 관련 분류에서 각 기능과 위험이 높은 순으로 나열하면, ①완전도매업자, ②제한적 위험 도매업자, ③판매 에이전트 및 커미션업자 및 ④판매보조 서비스업자이다. 완전도매업자는 ①상품의 구매와 판매 활동

121. 이해를 돕기 위해 붙임자료 1 "이전가격 특성 요약"에 각 분류표상 업체의 기능 및 특징을 정리해 놓았다.

수행에 따른 재고를 보유하고, ②수출입 통관업무를 수행하며, ③상품의 판매와 관련된 전반적인 유통 및 판매업무를 수행한다. 특이한 것은 완전도매업자는 해당 시장에서 상품의 인지도를 형성하고 또는 높이기 위하여 적극적인 마케팅 활동을 수행하고, 관련비용을 부담한다. 적극적인 광고 활동을 수행하고 다수의 제품별로 특화된 영업사원을 보유하고 있는 경우, 이러한 적극적인 마케팅 활동은 상기 "마케팅 무형자산-Ⅱ.6.4)"에서 설명하고 있는 마케팅 무형자산과 관련한 세무상 문제를 야기할 수 있다.

반면, 제한적 위험 도매업자는 완전도매업자와 유사한 일반적인 판매 및 영업활동을 수행하나, 시장에서 제품의 인지도를 형성하고 높이기 위하여 적극적인 마케팅 활동을 수행하지 않는다. 분석대상기업의 기능, 자산 및 위험을 분석하고 나면, 분석대상기업의 사업활동이 위 표에서 제시하고 있는 이전가격 특성 중 어디에 해당하는지 확인하고, 비교가능회사를 검색하거나 비교가능 조정을 하는 데 사용한다. 특히, 분석대상기업과 비교가능회사의 기능, 자산 및 위험의 차이를 이전가격 특성에 따라 도표로 한눈에 알아볼 수 있게 정리가 가능하다는 장점이 있다.

또한, 앞서 논의한 자산과 부채의 조정은 일반적으로 분류표상 각기 다른 기능 및 위험을 수행하는 회사들의 기능 및 위험 정도를 유사한 수준으로 조정하는 효과가 있다.[122] 예를 들어, 완전도매업자와 제한적 위험 도매업자의 자산 및 부채를 조정하게 되면 일반적으로 완전제조업자가 매출에 대한 매출채권 또는 매입채무 비율이 제한적 위험 도매업자보다 높으므로 제한적 위험 도매업자의 매출 또는 수익을 가산조정하게 된다.

122. OECD 이전가격 지침서 Annex to Chapter III "Example of a working capital adjustment"

6) 정상가격범위 산출

상기와 같이 1차 검색, 2차 검색 및 비교가능성 조정이 끝나면, 정상가격을 산출할 수 있게 된다. 정상가격을 산출하기 위해서 사분위값, 평균값 및 가중평균값 등을 사용할 수 있다. 특히 거래순이익률방법을 적용하는 경우 사분위값 등 통계적인 기법을 사용하게 된다. 이러한 이유는 거래순이익률방법이 산업의 통계치를 기준으로 정상가격을 산출하기 때문에 내재적으로 비교가능회가 가지고 있는 분석의 오류를 줄이기 위해서 적용된다.[123]

미국정부도 1994년에서 제482조를 최종 개정안을 공표하면서 다음과 같이 설명하고 있다.[124]

> *1993년 개정안 당시 비교가능이익방법(CPM)을 적용하는 경우에 통계적 기법의 수용안을 고려했다. 그러나, 1994년 개정안은 모든 정상가격산출방법에 정확하지 않은 비교가능거래를 적용하는 것을 허용했고 이에 따라 비교가능성 기준이 확장됨으로 인해 발생할 수 있는 오류를 줄이고자 사분위값으로 표현되는 정상가격범위규정을 treasury reg. § 1.482-1(e)(2)(iii)와 § 1.482-1(e)(2)(iii)(C)에 신설하였다.*

규정의 역사를 보면 '정상가격'이 아닌 '정상가격범위'를 산출하는 이유는 거래순이익률방법이 일정 산업코드에 속해 있는 회사를 비교가능회사로 선정하기 때문에 발생하는 통계적인 오류를 줄여야 하기 때문이다. 예를 들어, 표준

123. OECD 이전가격 지침서 ¶3.62

124. TD 8552; RIN 1545-AL80, 59 FR 34971(the 1994 final regulation)

정규분포에서 양 극단 값을 포함하는 수치상 오류 또는 산업평균자료에 가까워지는 오류를 피하고자 정상가격범위 규정을 둔 것이다. 정상가격범위를 산출하는 방법은 국조법 기본통칙 8-15…1 '사분위 범위'에도 설명되어 있다.

(1) 다년도 자료

정상가격범위를 산출하는 방법은 비교가능회사의 ①개별연도를 기준으로 사분위값을 산출하는 방법과 ②3개년 또는 5개년 손익자료를 가중평균하여 사분위값을 산출하는 방법이 있다. 미국정부가 비교가능이익방법의 적용을 허용하면서, 기존에 있던 사업전략 규정과 다년도 자료 사용을 일치시키기 위하여 § 1.482-1(f)(2)(iii) 신설한 조항이다.[125]

국조법도 시행규칙 제9조에 다년도 자료 사용과 관련한 규정을 가지고 있다.

국조법 시행규칙 제9조(다년도 자료 사용)

영 제15조 제3항에 따라 다음 각 호의 경우에는 정상가격산출방법을 적용할 때 여러 사업연도의 자료를 사용할 수 있다.

1. 경기 변동 등 경제 여건의 변화에 따른 효과가 여러 사업연도에 걸쳐 제품의 가격에 영향을 미치는 경우
2. 시장 침투전략, 제품 수명 주기를 고려한 판매 전략 등 사업전략이 여러 사업연도에 걸쳐 제품의 가격에 영향을 미치는 경우

125. Ibid

3. 그밖에 거래의 실질 및 관행에 비추어 여러 사업연도의 자료를 사용하는 것
이 합리적이라고 인정되는 경우

OECD 이전가격 지침서 ¶3.75-79(B.5 "Multiple year data")도 국조법 제9조의 규정과 크게 다르지 않기 때문에 상기 규정을 고려하여 다년도 자료의 사용을 결정하면 된다.

(2) 결손

OECD 이전가격 지침서는 결손을 비교가능성 요소(D. "Guidance for applying the arm's length principle") 중 하나로 설명하고 있고, UN 이전가격 매뉴얼은 비교가능회사 검색의 조건(¶3.6.4)으로 설명하고 있다.

결손은 위의 2가지 경우에 모두 해당한다. OECD 이전가격 지침서에 포함된 내용은 다국적 기업의 해외특수관계 기업이 계속해서 결손을 신고하는 경우에 이전가격 상 문제이다. 예를 들어 시장침투전략을 시행하는 다국적 기업의 해외특수관계 기업은 시장진입을 위해 일정 기간 손실을 기록할 수 있다. 이럴 때, 비교가능성 요소 중 하나인 사업전략 또는 경제환경을 고려하여 정상가격을 결정하라는 것이다.

반면, UN 이전가격 매뉴얼 ¶3.6.4에서 제시하고 있는 내용은 비교가능회사를 선택 시 편향된 비교가능 자료를 검색에서 제외하여야 한다는 것이다. 예를 들어, 특정 연도에 경기침체로 인해 특수관계거래와 독립된 제3자 거래가 동일한 방식으로 영향을 받은 경우를 제외하고, 계속해서 결손을 기록하는 회사는 비교가능성 기준을 충족하지 못하기 때문에 비교가능회사에서 제외되어야 한다는 것이다.

그러나, 실무에서 결손이 문제가 되는 것은 비교가능회사를 검색할 때 주로 발생한다. 계속해서 결손을 보고하는 회사는 일반적으로 '계속기업 원칙'에 위배되어, 정상적인 사업을 수행하지 않는 것으로 보기 때문이다. 그러나, 무조건 손실을 기록하는 회사를 검색에서 제외하는 것은 아니고, 이러한 결손이 그 지역의 전체적인 경기침체 등 경제 영향으로 발생한 것이지, 또는 개별기업에 해당하는 특수한 요소가 있는지를 검토하는 것이 바람직하다.

6. 이익분할방법

1)개요

실무상 이익분할방법을 적용할 경우, 비교가능성 분석에 큰 의미를 부여하지 않는다. 이러한 이유는 이익분할방법에 대한 정상가격원칙은 비교가능거래를 기준으로 정해지지 않기 때문이다. 즉, 이익분할방법을 적용하기 위해 반드시 비교가능 제3자 거래가 필요한 것은 아니기 때문에 비교가능성 기준을 검색가능한 제3자 비교가능거래로 한정하지 않는다.[126]

일반적인 이익분할방법을 적용하기 위해서는 ①거래 양 당사자가 거래에 실현한 결합이익을 산출하고, ②그 결합이익을 거래 당사자의 공헌도에 따라 배분하기 때문에, 거래 당사자의 기능, 자산 및 위험 분석에서 가치창출요소와 경제적으로 중요한 활동을 구별하는 것이 더 중요하다.

126. 백서(1988, Chapter 5 "Fourth Method Analysis under Section 482", "제482조 내에서 제4방법의 적용")

물론, 일반적인 이익분할방법 이외에 잔여이익분할방법[127]은 비교가능 제3자 거래를 찾아 1차적으로 일반적인 요소와 관련된 이익을 배분하지만, 원론적으로 이익분할방법은 비교가능 제3자 거래가 필요하지 않다.

2)이익분할방법 비교가능성 분석 요소

(1)적용 요건

다음과 같은 경우 이익분할방법을 적용한다.

- 다국적 기업의 사업이 고도로 통합되어 있어 일방의 기능 및 위험을 거래의 다른 당사자의 기능 및 위험을 제외하고 독립적으로 평가할 수 없는 경우(OECD 이전가격 지침서 ¶2.134)
- 1개 이상의 경제적으로 중요한 위험요소를 거래 양 당사자가 서로 통합하여 부담하는 경우(OECD 이전가격 지침서 ¶2.139)
- 거래 양 당사자가 독특하고 가치 있는 ("unique and valuable") 무형자산을 소유하거나 그러한 무형자산 형성과 관련된 특별한 활동 또는 기여를 하고 있는 경우(OECD 이전가격 지침서 ¶2.130)[128]

127. OECD 이전가격 지침서 C.3.1.2. "Residual analysis"

128. 여기서 말하는 '독특하고 가치 있는' 무형자산은 다음의 것을 말한다.(OECD 이전가격 지침서 ¶2.130) ① 비교가능한 상황에서 독립된 제3자가 제공한 기여활동과는 비교가능성이 없고, ②사업활동에 있어 중요한 현재 또는 잠재적인 경제적 이익을 포함하는 무형자산.

(2)적용 방법

1)관련이익("relevant profit")의 산출(OECD 이전가격 지침서 ¶ 2.154): 거래(일반적으로 무형자산과 관련된 거래)와 관련된 이익을 구분하여 배분대상 결합이익을 산출한다.

- 관련이익이 명확하게 구분되는 경우에는 구분재무제표를 사용한다.(OECD 이전가격 지침서 ¶ 2.157)
- 그러나, 관련이익이 명확하게 구분되지 않는 경우, 자산가치평가 방법, 미래소득할인방법 또는 현금흐름할인방법 등 간접적인 산출방법을 사용하여 결합재무제표를 다시 작성한다.(OECD 이전가격 지침서 ¶ 2.175)

2)배분 대상 이익결정(OECD 이전가격 지침서 ¶ 2.162)

- 통상적으로 영업이익을 사용한다. 그러나, 경우에 따라 매출 또는 매출총이익에 비용을 차감하는 방식을 사용하기도 한다.

3)공헌도에 따른 배분기준 결정(OECD 이전가격 지침서 ¶ 2.169-72)

- 산술적 기준인 자산, 비용, 매출, 직원 수, 투입시간 등으로 할 수 있다.
- 또는 상대적 기준(예, 마케팅 활동의 직원 규모 또는 분석대상기업의 기여 정도)을 사용할 수 있다.

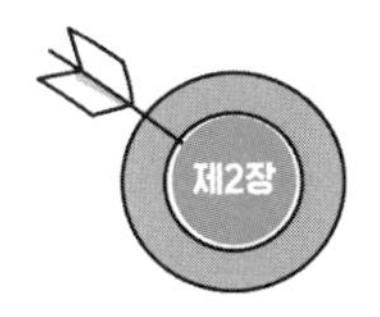

미국 재무성1988 의회 보고서

제2장에서는 미국 재무성 1988 의회 보고서 '특수기업 간 가격 책정에 대한 연구(A Study of Intercompany Pricing)'(백서(1988) 또는 the White Paper)에 서술된 주요 이전가격 문제를 다룬다.

백서(1988)는 미국 재무성이 1988년에 작성해서 의회에 전달한 보고서로, 수많은 학자 및 학계가 이 보고서에 대해 논평했고, 아직도 이전가격 분야에서는 자주 언급되는 문서이다. 비록 문서가 1988년에서 작성되어 시간상 오래전 자료이기는 하나, 이전가격 실무를 처리하는 데 중요한 핵심 개념들의 자세한 설명이 있다. 특히, 이러한 개념들의 탄생 배경을 설명하고 있고, 본 문서에서 논의된 내용 중 많은 부분이 OECD가 1995년에 이전가격 지침서를 개정하는 데 상당한 영향을 미쳤다. 따라서, OECD 이전가격 지침서 각 문단을 정확하게 이해하기 위해서는 필수적으로 이해하고 있어야 할 내용들을 국문으로 실었다.

Ⅰ. 개요 및 배경

1. 개요

제482조는 재무장관(the "Secretary of the Treasury")이 특수관계거래에 있어 조세포탈("evasion of taxes") 방지와 수익의 정확한 반영("reflect their incomes clearly")을 목적으로 납세자의 수익, 손금과 과세항목을 수정할 수 있게 하였다. 1986년 개정 조세법("1986 Act")는 제482조를 개정하여 무형자산의 양도 또는 라이선스에서 발생하는 소득이 해당 무형자산에 귀속되는 소득과 일치해야 한다고 규정하고 있다.[129]

또한, 1986년 개정 조세법은 다음과 같은 항목에 대하여 명확히 하였다.[130]

129. 제482조 Treasury reg. § 936(h)(3)(e): "무형자산에 귀속되는 대응소득" 또는 "대응소득원칙"(the "commensurate with the income attributable to the intangible" 또는 the "commensurate with income standard")

130. (Internal Revenue Service, 2007, "Memorandum: POSTN-123864-06")

①정상가격에 대한 법적 기준: 무형자산의 이전가격 대가와 소득과 일치문제 ("transfer prices for intangible property must be commensurate with income")

②중요한 변경으로 무형자산에 귀속되는 소득에 차이가 발생한 경우, 이를 조정하기 위한 시기적 그리고 미래지향적 이전가격의 조정

③비교가능회사가 존재하지 않은 경우 적용된 제4방법(fourth method)의 행정적 해결방법[131]

2. 1986 이전가격 법률과 시행령

1) 역사적 배경

1917년부터 1921년까지 미국 과세관청("Internal Revenue Service-IRS")은 특수관계 기업의 수익과 비용을 배분할 수 있는 권한이 있었다.[132] 대체적으로 이러한 권한은 특수관계 기업에게 결합재무제표를 제출하도록 하여 이행되었는데, 이러한 관행은 국제거래를 하는 기업에게 조세포탈을 할 수 있는 여지를 주었다.

1928 개정세법에 의해 현재 제482조(당시에는 제45조)를 규정하였다. 제482조는 미국 과세관청은 조세회피("tax avoidance")와 특수관계 기업의 수익을 정확하고 진실하게 계산하기 위하여 제482조를 운영하였다.[133]

131. 미국 재무성은 법원이 임의적으로 무형자산에 대해 이익분할방법을 적용하여 이전가격문제를 해결하는 것에 문제가 있다고 보았고, 비교가능거래가 없는 경우 해결방법을 제시하기 위해 보고서를 작성하였다.

132. Regulation 41, Articles 77-78, War Revenue Act of 1917, ch. 63, 40 Stat. 300(1917)

133. 규정 문구는 "to ensure the clear reflection of the income of the related parties to determine their true tax liability"으로 되어 있으며, "정확하고 진실한" 수익의 반영이라는 문장은 후에 미국법원이 이전가격 문제를 결정하는 데 중요한 법 논리가 된다.

2) 1960년대 초 규정과 판례

1960년 이전 제482조(제45조)는 기업들에게 큰 영향을 주지 않았고, 법률적 변화도 거의 없었다. 또한, 제482조가 정상가격원칙(즉, 독립된 납세자 간에 정상가격으로 거래한 가격)을 두고 있었으나, 특별한 가격산출방법을 제시하지는 않았다.

제482조를 해석함에 있어 조세회피("tax avoidance")[134]와 특수관계 기업의 수익의 정확한 반영("clear reflection of the income")[135] 개념을 사용하였고, 이 개념은 법원과 과세관청 선례(예규) 및 법원의 판결에서 극도로 확장되어 해석되었다. 이때 대부분의 사례는 주식 등의 무과세 양도로 인한 비용을 손금처리 하는 것[136]과 곡물을 재배하는 기업의 비용을 곡물 수확 및 판매하는 기업이 인식한 것[137]에 한정되어 있었다.

특히 법원은 다양하고 임의적인 기준을 적용하였는데, 그 기준은 완전하고("full") 공정한 가치("fair value")[138], 공정하고 합리적인 가격(a "fair and reasonable price")[139], 또는 합리적인 이익을 포함하는 공정한 가격(a "fair price including reasonable profit")[140] 등으로 적용되었다.

134. Asiatic Petroleum Co. v. Comm'r, 79 F.2d 234, 236(2d Cir.), cert, denied, 296 U.S. 645(1935)(보고서 목적에 따라 "세금포탈" 개념은 민사적 세금회피를 포함한다.)

135. Central Cuba Sugar Co. v. Comm', 198 F.2d 214, 215(2d Cir.), cert, denied, 344 U.S. 874(1952)(규정의 적용 목적상 세금회피에 대한 '의도'를 조건으로 하지 않는다)

136. National Securities Corp. v. Comm'r, 137 F.2d 600(3d Cir.), cert, denied, 320 U.S. 794(1943)

137. Central Cuba Sugar, supra n. 135; Rooney v. U.S., 305 F.2d 681 (9th Cir. 1962)

138. Friedlander Corp. v. Comm'r, 25 T.C. 70, 77(1955)

139. Polack's Frutal Works v. Comm'r, 21 T.C. 953, 975(1954)

140. Grenada Industries v. Comm'r, 17 T.C. 231(1951), aff 'd, 202 F.2d 873(5th Cir.), cert, denied, 346 U.S. 819(1953)

1964년 이전에서는 과세관청은 결합재무제표 기준으로 과세하는 것은 허용되지 않는다고 믿었다.[141] 1964년에 조세법원은 도심에 의류가게를 운영하는 기업이 도심 외각에 있는 특수관계 기업에게 자신의 결손을 이용하게 하는 행태에 대하여 두 기업 간의 손익을 결합하여 과세하였고, 이는 다른 납세자에게 개별기업 원칙이 침해당하는 것과 관련한 불안감을 조성하였다.[142]

3) 1960년대 변천사

1960년 초반부터 다국적 기업들의 사업형태가 변화되면서 현재 제482조는 새로운 사업형태로 인하여 미국의 과세권을 지키는 데 한계가 있다고 보았다.

미국의회의 실무위원회(the "Ways and Means Committee")는 제482조에 유형자산의 거래에 대한 규정을 신설하기로 했다. 납세자가 비교가능 제3자 가격방법에 의해 정상가격을 적용했음을 증명하기 전에는 과세소득은 적정하지 않는다는 것을 규정했다. 또한, 미국과세소득에 귀속되지 않은 해외단체의 자산, 인적재원, 사무실 및 그 외 시설들은 미국과세당국의 입장에서 적정하지 않은 다양한 활동을 하는 것으로 판단되었다.

그러나, 하원위원은 이미 제482조가 이러한 사업활동에 대하여 규제할 수

141. Seminole Flavor Co. v. Comm'r, 4 T.C. 1215(1945); cf. Moline Properties v. Comm'r, 319 U.S. 436(1943)-본 사례는 극심한 소득이전의 대표적인 사례이다. 또한, 국제거래 법리인 소득의 귀속주의("assignment of income"), 실질과세원칙("substance over form"), 법인격의 부인("disregard of corporate entity"), 또는 법인의 대리인 간주("treatment of corporate entity as an agent")는 법원이 적절한 소득금액을 인(人) 또는 기업에게 배분하기 위하여 사용되었다. 그러나, 제482조가 적용되는 경우에는 상기의 원칙을 적용하지 않았다.(참조, Hospital Corporation of America v. Comm'r, 81 T.C. 520(1983)-사례에서 해외관계법인을 세무상 허구(sham)로 보지 않고 미국의 무형자산을 사용하는 법인으로 보아 제482조를 적용하였다)

142. Hamburgers York Road, Inc. v. Comm'r, 41 T.C. 821(1964); Aiken Drive- In Theatre Corp. v. U.S., 281 F.2d 7(4th Cir. 1960): 이전이 금지된 결손을 다른 법인에게 이전하는 것은 정확한 법인소득을 반영하지 않기 때문에 제482조를 적용할 근거가 되었다.

있는 충분한 권한을 과세관청에 주었다고 믿었기 때문에 실행위원회의 제안을 받아들이지 않았다.

4)이전가격세제

재무성은 1968 개정세법 최종안에 정상가격원칙을 확인하는 조항을 신설했다.[143] 또한 서비스, 라이선스 무형자산의 양도 및 유형자산의 거래에 대한 개별조항을 신설했다.[144]

(1)서비스

서비스 거래에 대해서는 제3자 비교가능거래가 없는 경우 어떤 방법을 적용할지 특정하지 않았다.

(2)무형자산

§ 1.482-2(d)(2)(ii)는 라이선스 또는 무형자산 양도거래와 관련된 조항이 있었고 정상가격과 관련하여 다음과 같이 규정하였다.

정상가격을 결정하기 위해 적용되는 기준은 동일한 환경에서 독립된 제3자가 동일한 무형자산에 대해 지불했을 것으로 예상되는 금액이다. 양도자가 동일한

143. 개정안은 1965년에 발표되었다가 1966년에 다시 발표되었으며, 1968년에 최종안이 발표되었다. Proposed Treas. Reg. §1.482-1(d) and 2, 30 Fed. Reg. 4256(1965); Proposed Treas. Reg. §1.482-1(d) and 2, 31 Fed. Reg. 10394(1966); and T.D. 6952, 1968-1 C.B. 218.

144. 유형자산, 무형자산 및 서비스 조항 이외에도 safe harbors 관련 조항과 특수관계 기업 대여거래에 대한 이자조항이 있었다. Treas. Reg. §1.482- 2(a)~(c)

또는 유사한 환경에서 독립된 제3자에게 동일한 또는 유사한 무형자산을 이전한 경우, 해당 이전에 대한 대가는 일반적으로 정상가격의 가장 좋은 지표다.

제3자 비교가능거래가 없는 경우, 제482조는 12가지 요소[145](산업 내 일반적인으로 적용되는 요율, 경쟁사의 제안, 자산의 독창성과 그 법적보호, 무형자산에서 발생할 예상수익, 그리고 무형자산을 활용하기 위해 필요한 투자 등)를 제시하였다.

(3) 유형자산

제3자 방법(비교가능 제3자 가격방법, 재판매가격방법, 원가가산방법)을 제시하였고, 특정되지 않은 방법 이른바 '제4방법[146]'을 제시하였다. 또한, 세이프하버 규정은 특정산업에서는 그 범위가 비합리적으로 크거나 작다는 것과 적용상 원칙이 없다는 이유로 제외되었다.

3. 제482조와 관련한 미국 행정 경험

국제거래조사국("International Examiners-IEs")은 가격 ("pricing") 관련 자료를 수집하는 것과 무형자산 가치평가 문제가 조사에 있어 가장 어려운 2가지 난점이라고 답변하였다.

145. Treas. Reg. §1. 482-2(d)(2)(iii): 2023년 현재는 Treas. Reg. §1. 482-4(c)(2)(iii)으로 변경되었다.

146. Treas. Reg. §1. 482-2(e)(1)(iii)

1)가격정보

납세자는 일반적으로 해외특수관계거래에 대한 제3자 거래정보가 없었기 때문에 이러한 정보를 납세자로부터 수집하는 것은 매우 어렵고 많은 시간이 걸렸다.

특히 조세피난처에 자회사를 두고 있는 기업에 대한 자료를 수집하는 데 상당한 어려움이 있었고, 이와 관련한 비밀유지관련 법규(the "financial and commercial secrecy laws")도 정부가 관련 자료를 수집하는 데 난관이 되었다. 이후 제982조[147]를 근거로 자료를 수집하고자 했지만, 큰 효과를 거두지 못했다.[148]

또한, 해외에 모회사를 두고 있는 경우, 타국의 자료제출 규정으로 인하여 자료를 수집하는 데 더욱 어려움이 있었다.

제6001조가 납세자에게 일반적으로 요구되는 재무자료와 기록을 보관하도록 규제하고 있었으나, 제6001조가 제482조와 어떤 관계가 있고, 어떤 특정자료를 요청할 수 있는지 불분명 했다.

납세자가 동기자료를 보유하고 있지 않다는 것은 많은 문제를 야기했다. 특히 1986년 법안에서도 지적한 바와 같이, 로열티인 경우 납세자가 산업평균 로열티를 사용하고 있는 것이 문제가 되었다.[149] 납세자는 해외특수관계거래에 대해 적정한 가격자료가 없는 경우가 대부분이었기 때문에, 자료요청 당시 사용할 수 있는 일시적인 자료를 가지고 거래의 합리성을 입증하고 있었다.

147. 제982조는 세무조사 중 공식적인 절차에 따라 해외자료를 요구받은 납세자가 90일 내에 자료를 제출하지 않는 경우, 납세자는 해당 자료를 법원의 증거자료로 사용할 수 없을 수 있다고 규정하고 있다.

148. Vetco V. United States, 644 F.2d 1324(9th Cir. 1981), cert, denied, 454 U.S. 1098(1982): 스위스관계기업의 재무자료를 요구하는 것은 스위스 형법에 저촉되었다.

149. H.R. Rep. No. 426, 99th Cong., 1st Sess. 424(1985)[hereinafter 1985 House Rep.] 자료에 의하면 조사사례 중 41%가 비교가능거래로 산업평균을 사용하였다. Appendix A.

따라서, 위와 관련된 문제는 제482조에 자료요청 및 자료보관 의무를 부과하는 근거법규를 신설하는 것으로 해결하여야 한다. 특히, 납세자가 관련 자료를 작성하고, 보관하는 의무를 신설하여야 한다.

2)무형자산

최근 이전가격 과세사례가 대부분이 무형자산과 관련되어 있고, 이러한 과세사례에서 비교가능거래가 존재하지 않는다는 것이 문제이다. 로열티 거래뿐만 아니라 무형자산 양도의 경우에는 자산의 가치평가에 있어 상당한 어려움이 있다.[150]

더욱이 비교가능회사가 존재하지 않은 경우, 무형자산 관련 규정이 12가지 요소를 나열하여 무형자산을 평가하도록 하고 있으나, 경험상 12가지만으로 무형자산을 평가하는 것은 많은 어려움이 따른다. 특히, 무형자산이 유형자산거래(제품의 판매 또는 임대)와 함께 거래된 경우에는 더욱 어려움이 따른다.

예들 들어, 상표 또는 로고와 함께 유형자산이 거래된 경우 상표 또는 로고가 거래가격에 미친 영향을 제거해야 하는 어려움이 따른다.[151](사례: Eli Lilly & Co.v.Comm'r)

특히, 특정 서비스와 결합하여 무형자산을 양도하는 경우(관련 주요 직원을 파견하고 모회사가 주요 노하우를 제공하는 경우)에는 서비스에 대한 가치평

150. 국제거래 조사국(IE) 조사사례 중 40%가 무형자산을 평가할 능력이 없었기 때문에 관례법령에 따라 무형자산거래를 하지 못하였다고 답하였다. Appendix B. at Question 72.

151. Eli Lilly & Co. v. Comm'r, 84 T.C. 996(1985), rev'd in part, aff'd in part and remanded, Nos. 86-2911 and 86-3116(7th Cir. August 31, 1988)[Lilly] Lilly와 관련된 자세한 분석 자료는 이 장 4. "비교가능거래의 검색"과 5. "제482조 내에서 제4방법의 적용"에 있다.

가 문제로 인해 무형자산을 평가하는 것이 더욱 힘들었다.[152]

또한, 제품의 제조 무형자산이 전체 수익에 기여한 정도와 마케팅 활동으로 발생한 부분을 구분하기 어려웠다.[153]

따라서, 제482조는 비교가능거래가 존재하지 않는 무형자산거래에 추가적인 보안이 필요하다.

3)유형자산 이전에 대한 정상가격산출방법의 적용

유형자산의 경우, 납세자와 관세관청 모두 이전가격산출방법의 정해진 순서에 따라 가격을 결정하였다.[154] [155]

현재 방법상 우선순위를 두고 있는 가장 큰 이유는 납세자와 과세관청이 다른 방법으로 정상가격을 입증하는 문제를 줄일 수 있다고 보고 있기 때문이다. 그러나, 현재 규정은 별다른 설명 없이 단순히 납세자와 과세관청이 우선순위에 따라 정상가격을 결정하도록 하고 있을 뿐이다. 그러나, 재판매가격방법(RPM)은 제품의 도매거래에 일반적으로 적용하도록 하고 있고 원가가산방법

---

152. Treas. Reg. § 1.482-2(b)에는 서비스가 무형자산 양도거래의 부수적인 또는 부가적인 거래인 경우, 구별하여 분석하지 않아도 된다는 규정이 있다. 그러나, 이러한 조항은 납세자가 제조기술을 사업운영에 별도의 세금계산 없이 통합 이전하는 부정적인 결과를 낳았다. 이후 규정은 만약 제조과정에 제조기술이 도입된 이후, 모회사가 해외특수관계 기업에게 제공하는 서비스는 별도 분석하여야 한다고 개정하였다.

153. Lilly 소송(supra n. 151)에서 조세법원은 궁극적으로 "최선의 판단"(best judgement-한국의 경우에는 '자유심증주의' 정도에 해당한다)을 근거로 마케팅활동에 대한 모회사의 수익을 결정하였다. Lilly, 84 T.C. at 1167; See also G. D. Searle and Co. v. Comm'r[Searle], 88 T.C. 252, 376(1987)

154. Treas. Reg. §1 .482-2(e)(1)(ii) and (iii)

155. 이때 당시에는 비교가능 제3자 가격방법을 우선적으로 적용했고 특별한 경우에만 재판매가격방법, 원가가산방법 또는 기타방법을 적용했다. 그 당시 비교가능 제3자 가격방법을 적용하기 위한 비교가능거래 검색이 비교적 손쉽게 이루어진 것으로 보인다. 따라서, 비교가능 제3자 가격방법을 우선적으로 적용하는데 큰 무리가 없는 것으로 평가하고 있고, 기능 및 위험분석을 하여 정상가격을 입증 또는 과세하는 방법은 이때 당시에는 특이한 업무방법으로 보고 있다.

(CPM)은 제조거래에 적용하도록 하고 있기 때문에, 재판매가격방법을 원가가산방법에 우선하여 적용하도록 한 규정은 이론적으로 아무런 근거가 없다.[156] 실무적으로 납세자 또는 과세관청은 비교가능 제3자 가격(또는 거래)이 있는 경우 이를 적용하였고, 이러한 가격 또는 거래가 존재하지 않는 경우, 거래에 경제적 환경을 가장 잘 반영하는 개별적인 방법을 적용하였다. 일부 논의에서 우선순위에 대한 이론적 이유가 있다고 주장하고 있으나, 별다른 이유가 없어 보인다. 따라서, 가장 적합한 자료가 존재하고 가장 적은 조정이 필요한 합리적인 방법을 우선순위 없이 적용하는 것이 바람직해 보인다.

이러한 문제를 해결하기 위한 하나의 방법으로 기능분석이 있다.[157] 기능분석이 독립적인 정상가격결정방법은 아니지만, 거래의 비교가능성을 분석하고 제4방법을 적용할 수 있는 좋은 근거를 제공한다.

4. 비교가능거래의 검색

1)개요

제482조는 정상가격을 결정함에 있어 비교가능 제품, 서비스 및 무형자산거래에 상당히 의존하였다. 따라서, 비교가능거래가 있는 경우에는 정상가격 결

156. Lilly(supra n. 151)의 경우, 납세자가 재판매가격방법으로 정상가격을 입증하려고 했고, 미국 IRS는 원가가산방법을 적용하고자 했다. 그러나, 법원은 과세관청의 원가가산방법과 납세자의 재판매가격방법 및 "fourth method"를 모두 부인했고 문제가 제기된 사업연도 최초 2개년도에는 이익분할방법을 적용하기로 결정했다. 그러나, 마지막 사업연도에는 비교가능 제3자 가격방법을 적용했다. 참조 Lilly infra 4. "비교가능거래의 검색"과 5. "제482조 내에서 제4방법의 적용"

157. I.R.M. §4233(523.2). 업무지침은 거의 대부분의 사례에 기능분석방법을 적용할 수 있다고 제시하고 있다.

정이 쉽고 간단하였으나, 그렇지 않은 경우에는 충분하지 않은 규정으로 인해 납세자, 과세관청 그리고 법원이 골머리를 써야 했다.

여기에서는 유형자산 판매, 서비스의 제공 그리고 무형자산의 양도 및 라이선스거래와 관련된 비교가능거래의 선택 문제를 다룬 몇 가지 법원 판례를 다루고자 한다. 이 판례들에서 공통적으로 비교가능거래의 검색이 어렵다는 문제가 제기되었고, 만약 이러한 유사한 거래를 찾는다고 하여도 잘못된 사용 및 적용의 또 다른 문제를 야기했다. 법원이 이러한 문제들에 대해 제시한 해결책의 자세한 내용은 '5. 제482조 내에서 제4방법의 적용'에서 다루도록 하겠다.

2)특별한 무형자산

고도수익(특별한 무형자산으로 인한)을 실현하는 제품에 대하여 많은 이슈가 있었다. Lilly 사례(supra n. 151)에서 본 바와 같이, 미국 모회사인 Lilly U.S.는 제351조에 따라 고도수익을 발생시키는 제조무형자산(특허권 및 노하우, Darvon과 Darvon-N)을 신설된 Puerto Rico 소재 자회사 Lilly P.R.에게 무과세 거래로 양도한다. 또한, Lilly U.S.는 양도대가로 Lilly P.R.의 주식을 취득한다. 미국과세관청은 당해 거래가 무과세거래임에도 불구하고, "제품의 무형자산으로부터 발생한 소득은 미국 Lilly U.S.에 귀속되어야 한다."고 주장하였다.

소송준비과정에서 정부 측 전문가들은 이러한 고도수익을 발생시키는 무형자산은 특수관계를 제외하고는 양도 또는 양수 되지 않는다는 것을 확인하였다. 따라서, 제3자가 Darvon과 관련된 무형자산을 거래한 사례를 찾을 수 없었기 때문에 검색 가능한 비교가능 제3자 거래가 존재하지 않았다.

법원은 정부의 주장을 100% 받아들이지 않았고, 법원도 1971년과 1972년 당시 소송대상 특허제품과 유사한 비교가능거래를 찾는 데 실패하였다.[158] 법원은 Lilly U.S.와 Lilly P.R. 간에 무형자산의 양도대가를 주식으로 교환한 사실이 미국의 이익침탈에 원인이 되었다고 보았다. 또한, 법원은 일반적인 경우 모회사 Lilly U.S.가 양도한 무형자산과 관련하여 발생한 또는 계속 발생하고 있는 연구개발 비용정도를 Lilly P.R.로부터 보상 받았을 것이라고 보았고, 이러한 이유로 미국의 과세권에 대한 침탈 행위가 있었다고 보았다. 상고에서 고등법원은 1심 조세법원의 연구개발 비용의 보상 논리는 반박하였으나, 이익분할 방법을 적용한 것에 대해서는 인정하였다.

Searle case[159]: 소송인(납세자)은 제약제품 중 가장 수익성이 좋은 제품의 특허권(또는 라이선스)을 Puerto Rico에 소재하는 미국 자회사 SCO에 양도하였다. 문제가 되는 제품은 소송인 회사의 전체 수익에 80%를 차지하였다. Lilly의 경우와 같이 미국정부는 제482조에 의한 수익환수가 정당하다고 주장하였다. 납세자는 § 1.482-2(d)(2)(ii)에 근거하여, 두 개의 비교가능거래에서 제3자는 8% 및 10% 로열티를 지급하였고, 따라서, 제3자라면 더 이상의 로열티를 지급하지 않을 것이라고 주장하였다. 그러나, 법원은 첫 번째 비교가능거래는 FDA 승인 전 로열티율로 계약이 체결될 당시 미국에 판매되지 않았기 때문에, 적합하지 않다는 결론을 내렸다. 법원은 납세자가 비교가능거래라고 주장하는 거래에 포함된 무형자산 보다 납세자의 무형자산이 휠씬 더 가치 있다고 보았다.

따라서, 법원은 방대한 양의 자료에도 불구하고, "직접적인 비교가능거래를 찾은 것이 어렵다."는 결론을 내렸다. 이러한 비교가능거래를 찾는 것에 대한

158. 1973년에 대해서는 Darvon 특허권이 종료되었기 때문에 제3자 비교가능거래를 찾을 수 있었다.

159. supra n. 153.

난관은 비단 제약산업에만 국한된 것이 아니다.

Hospital Corporation of America[160]: 미국 병원경영지원 회사인 HCA가 사우디에 소재한 병원의 의사 및 직원을 고용하기 위해 협상을 했다. 겉으로는 Cayman Islands에 소재한 주식회사가 협상을 하는 것으로 보였으나, HCA가 실제적인 업무를 수행하였고 적은 비용으로 노하우, 경험, 경원지원 그리고 기타 무형자산을 제공하고 있었다. 법원은 Cayman 법인에게 법인이 제공한 경영서비스 소득 중 25%를 배분하였다.

Ciba-Geigy Corp. v. Comm'r[161]: 법원은 비교가능거래를 찾지 못했다. 정부는 이 사건에서 미국 자회사가 외국 모회사에게 제초제와 관련하여 지급하는 로열티를 낮추려고 하였다. 사례에서 법원은 동일한 제품의 비교가능거래를 시장차이, 라이선스 계약체결 시기, 원재료의 차이 등을 이유로 모두 받아들이지 않았다. 대신 제3자 유사 회사 직원의 증언(이 정도 되면 몇 퍼센트 로열티를 받을 것인지에 대한)을 받아들였다.

E. I . DuPont de Nemours & Co. v. United States(Dupont 사례)[162]: 본 사건에서는 재판매가격방법의 비교가능성이 문제 되었다. 스위스에 설립된 DuPont International S.A., DISA는 유럽시장에 제품을 판매하기 위한 총판 역할을 수행하였다. Dupont사의 내부기록에 의하며, DISA에 낮은 가격으로 판매하여 제품판매로 인한 대부분의 수익이 미국에 비해 상당히 낮은 법인세

160. supra n. 141.

161. 85 T.C. 172(1985).

162. 608 F.2d 445(Ct. Cl. 1979).

율을 규정하고 있는 스위스 DISA에 귀속하게 하였다.[163] DISA가 판매된 제품에 대하여 특별한 서비스를 제공하지 않았음에도 불구하고, Dupont는 DISA에게 제품판매로 인한 수익의 75%를 귀속하게 하였다.

정부는 전문가 증언을 토대로 DISA의 Berry ratio가 32개 기능상 유사한 회사의 Berry ratio보다 상당히 높다고 주장하였다. 추가적으로 이익배분 후에도 DISA의 자산수익률("Return on Capital")은 1133개 잠재적인 비교가능회사의 자산수익률보다 96% 높았다.[164]

그러나, 납세자는 재판매가격만을 주장하였으며, 유사한 제품과 유사한 기능을 수행하는 회사의 수익률이 19.5%에서 38%이고 DISA는 26%이기 때문에 정당하다는 입장을 주장했다. 법원은 납세자의 주장을 기각하였다.

납세자는 유사 재판업자가 DISA와 비교가능 하다고 주장하고 있으나, 법원은 다음과 같이 판결했다. "납세자가 선정한 재판업자는 제품의 도매활동을 수행한다는 일반적인 사실 이외에 관련 법률에서 요구하는 조건을 충족하지 않는다. 제품과 관련된 마케팅비용, 기능의 비교가능성, 지역 및 경제조건의 일치를 입증하는 그 어떤 자료도 없다. 대신 제출된 자료는 오히려 그 차이만을 입증하고 있다. 피고는 원고가 주장한 비교가능회사 중 6개가 비교가능 하다고 주장하나 이들 또한, 판매비 비중이 너무 높아 비교가능성이 떨어진다. 더욱이 이들은 다른 제품, 다른 시장에서 다른 기능을 수행하는 것으로 보인다."

163. DuPont 사례는 추후 해외법인을 사용하여 미국의 소득을 이전하는 행위로 보았고 이에 따라 미국의회는 이러한 행위를 차단하고자 Subpart F 조항을 신설하였다. the Revenue Act of 1962. H.R. Rep. No. 1447, 87th Cong., 2d Sess. 28(1962)

164. 5. "제482조 내에서 제4방법의 적용"에 분석에 대한 자세한 내용이 있다.

United States Steel v. Comm'r[165]: 본 사건에서도 비교가능성이 문제되었다. 납세자가 100% 소유하고 있는 Navios라는 운송회사는 광석을 베네수엘라에서 미국까지 운송하는 대가를 정상가격보다 높게 받고 있었다. 과세관청은 U.S. Steel이 다른 제3자와 더 낮은 가격에 체결한 비교가능거래를 통해 거래가격이 정상가격이 아닌 가격으로 결정되었다고 주장하였다. 이러한 주장에 대해 납세자는 Navios가 제3자와 동일한 거래를 하는 비교가능거래에서 동일한 가격을 확인하여 주장하였다. 그러나, 과세관청은 납세자가 주장한 거래는 거래개수가 작고, 장기계약도 아니며 운송량이 적다는 이유를 들어 배척하였다.

그러나, 법원은 비교가능거래에 대해 판결을 하지 않았다. 대신 조세피난처에서 유사한 운송회사가 청구하는 비용과 이익에 집중하여 이익분할 방법을 선택했다. 상고에서 납세자가 주장한 비교가능회사는 법률적인 요건을 갖추었고, 따라서, 제482조에 따라 이익의 이전이 없다고 보았다.[166]

3)산업통계

과세관청과 납세자는 몇몇의 사례에서 이전가격 조정에 대한 입장을 증명하기 위해 산업통계 자료를 사용하였다. 산업통계자료는 재판매가격방법과 원가가산방법의 이익률을 계산하기 위하여 사용되어 왔다. 그러나, 법원은 특정한 사례를 제외하고 산업통계 자료를 받아들이지 않았다.

Dupont 사례에서 납세자는 자신의 26% 마진율을 증명하기 위하여 미국 과세관청이 1960년에 발표한 통계자료를 사용하였다. 비교가능회사는 9%에서

165. 617 F.2d 942 (2d Cir. 1980), rev'q T.C. Memo. 1977-140.

166. 617 F.2d at 951.

33% 수익률 범위를 나타냈으며, 평균은 21%였다. 그러나, 법원은 미국 과세관청이 발표한 자료가 비교가능성을 담보하는 것이 아니기 때문에 산업통계 자료를 기각하였다.

PPG Industries Inc. v. Comm'r[167] 사례에서는 과세관청이 발표한 자료("the Source Book of Statistics")를 미국 모회사와 스위스 자회사의 이익을 배분하기 위하여 사용하였다. 그러나, 법원은 자료가 비교가능성을 담보하지 못한다는 같은 이유로 기각하였다.

Ross Glove Co. v. Comm'r[168]의 경우, 과세관청은 외국에 소재한 글로브 제조회사의 소득을 미국 모회사로 조정하였다. 이때 과세관청은 외국소재 제조회사의 매출총이익이 매출에 3%를 넘지 못할 정도로 수익이 많이 남지 않는 사업이라는 전문가 증언을 적용하였으나, 법원은 그러한 증언이 필리핀 소재 외국 제조회사의 수익률과 관계가 없다는 이유를 들어 배척하였다. 이러한 결정의 근거는 외국소재 제조회사가 미국의 일반적인 제조회사의 수익률보다 높다는 사실에 있었다. 또한, Edwards v. Comm'r[169]와 Nissho Iwai American Corp. v. Comm'r[170]에서도 산업통계 자료가 사용되었다.

4) 비교가능거래가 없는 경우와 관련한 규정

비교가능거래가 없는 경우에 정부과세방식에 대해 알아보자. Dupont 사례

167. 55 T.C. 928 (1970)

168. 60 T.C. 569 (1973)

169. 67 T.C. 224 (1976)

170. T.C. Memo. 1985-578

에서 판사는 현재 이전가격 규정은 전체적으로 잘못되어 있다고 지적하면서, 다음과 같이 판시했다.

> *유형자산의 판매와 관련된 거래에서 정부의 입장은 정상가격을 산출하기 위하여 '가격산출방법(pricing method)'에 집착하는 것 이외에 다른 것으로 보이지 않는다.(Treas. Reg. §1.482-2(3)(e)(1)(iii)) 더욱이 납세자가 정확하게 지적한 바와 같이, 규정은 이미 이익기준을 제외하고 있다.(H. R. Rep. No. 2508, 87th Cong., 2d Sess. 18-19(1962)(the "Conference Report") 또한, 다른 많은 사례에서도 제482조 상 관련된 다툼을 해결하기 위한 법원의 부담은 상당하고 많은 시간과 비용이 든다는 것이다.*[171]

비교가능거래가 없는 경우, 법원, 정부 및 납세자는 제4방법이라고 불리는 새로운 가격산출방법을 개발해야 했다.

5. 제482조 내에서 제4방법의 적용

1)개요

§ 1.482- 2(e)(1)(iii)상 기타방법인 제4방법은 그 정의상 유형자산 거래에만 적용되어야 했으나, 제4방법의 적용 범위가 확대되어 재판매가격방법이나 원가가산방법이 사용될 수 없는 모든 사건에 적용되었다. 다음은 제4방법과 관

171. 78-1 USTC para. 9374, at 83,910 (Ct. Cl. Trial Div. 1978)

련된 주요 설명이다.

2) 이익분할방법

비교가능거래가 없는 경우, 법원이 가장 많이 사용한 방법은 이익분할방법이다. 법원은 거래와 관련하여 배분될 소득을 합산한 후, 법원이 합리적이라고 생각되는 임의의 배분율을 적용하였다. 법원의 이러한 방법의 신뢰도는 합산 소득의 정확성과 이익분할에 적용된 요소의 합리성이다.

Lilly[172]: 법원은 비교가능거래가 없다는 이유로 소송당사자가 주장한 재판매방법과 원가가산방법을 기각하였다. 법원은 § 1.482-2(e)(1)(iii)상 기타방법 규정에 따라 합리적인 방법을 찾기 위해 노력했다. 또한, 법원은 과세관청이 이전가격 조정을 한 사례 중 1/3의 경우가 제4방법을 적용하였다는 사실을 적시하였고, 이 사건에서는 이익분할방법 적용이 가능하다고 결정하였다.[173]

법원은 이익분할방법을 인용하기 위해 PPG Industries Inc.[174] 사례에 상당히 많이 의존하였다. PPG Industries Inc. 사건에서 법원은 비교가능 제3자 가격방법방법을 적용하여 결정하는 부담을 피하기 위해 이익분할방법을 적용했고, 여기서는 55:45 이익분할방법을 사용하였다.

또한, Lilly 법원은 이익분할방법을 적용한 Lufkin Foundry & Machine Co. v. Comm'r[175]를 참조하였다. 상고에서 고등법원은 하급심에서 적용한 이익분

172. supra n. 151. See discussion of Lilly 4. "비교가능거래의 검색"

173. 84 T.C. at 1148-49. 3. "제482조와 관련한 미국 행정 경험"에서 설명하고 있는 설문 및 연구결과에 대한 자세한 내용이 있다.

174. supra n. 167.

175. T.C. Memo. 1971-101, rev'd, 468 F.2d 805(5th Cir. 1972)

할방법을 배척하였다. 이유는 법규에서 정하고 있는 다른 3가지 방법을 법원이 심의하지 않았고, 이익분할방법이 본 사건에서 당사자가 제3자라면 하였을 것으로 보이지 않는다는 것이다. 하급법원은 다음과 같이 반박하였다.

법규상 3가지 방법의 적용을 위한 비교가능거래가 존재하지 않았고, 제4방법의 적용이 이 사건에서 더 적당하였기 때문에 그러한 판결은 불가피한 선택이다.

지역혜택("Location Savings")[176], 제조무형자산, 마케팅 무형자산과 모회사가 수행한 연구개발에 대한 대가를 감안하여, 조세법원(하급심)은 1971년($25,489,000)과 1972년($19,277,000)에 대한 합산 소득을 산출했다. 법원은 3가지 분할요소 중 제조무형자산은 Lilly P.R.에 귀속되며, 마케팅 무형자산은 Lilly U.S.에 귀속된다고 보았다. 따라서, 법원은 45% 무형자산 소득은 Lilly U.S. 배분하고, 나머지 55%에 해당하는 제조무형자산에 대한 소득은 Lilly P.R.에서 배분하였다. 이 과정에서 납세자가 마케팅 무형자산은 전체 소득의 형성과정에서 중요한 가치가 없다고 주장하였음에도 불구하고, 법원은 45:55가 어떻게 산출되었는지 설명이 없었고, 단지 납세자의 정상가격에 대한 주장이 입증되지 않았고, 법원이 보기에 그러한 비율이 합리적으로 보인다는 이유만을 설명했다.[177] 상고에서 대법원은 조세법원의 이익분할방법을 받아들였다.

176. 지역혜택은 모든 해외특수관계 기업에게 적용된 것이 아니고 회의보고서 Rev. Proc. 63-10, 1963-1 C.B. 490, 494.에 따라 특정 Puerto Rico 관계기업에게 적용되었다. 이러한 이유는 제482조가 정상가격원칙을 적용하여 시장특성을 특정 관계기업에게 적용하였기 때문이다.

177. 84 T.C. at 1167.

Searle: 본 사건은 Lilly 사례 이후 바로 법원소송이 진행되었다. Lilly의 경우와 다른 주요한 사실은 Searle는 중요한 제조무형자산을 거의 모두 Puerto Rico에 소재하는 자회사에게 양도했다는 것과, 미국의 모회사가 자회사가 제조한 제품을 구매하여 미국에 판매한 것이 아니라, 단순히 에이전트 역할만을 수행했다는 것이다. 당해 사건에서 제품의 판매 및 구매거래가 없기 때문에 이익분할대상 거래가 없음에도 불구하고, 법원은 이익분할방법을 적용하였다.[178]

사건에서 법원은 Lilly와는 다르게 제조관련 소득, 마케팅 및 연구개발과 관련 비용 및 소득을 구분하지 않았다. 법원은 "미국 모회사가 제공하는 서비스에 대해 SCO는 추가적인 로열티를 지급했어야 하기 때문에", "이익분할방법에 의해 미국에 귀속될 소득이 모회사 소유의 무형자산으로 인한 서비스 대가로 보던 추가 로열티로 보던 결과는 같다."라고 판결하였다.

이익분할방법은 제936(h)조에도 규정되어 있다. 이 경우, 제936(h)조는 납세가가 특수관계자와 제품의 소유권을 공유하는 경우에는 납세자는 이익분할방법을 선택하여 50:50으로 이익을 배분한다. 또한, 제936(h)조가 선택되는 경우에는 제482조는 이익의 배분규정은 적용되지 않는다.

그러나, 제936(h)조의 50:50 이익분할방법은 쟁점이 되었으며, 조세법원과 의회는 50:50의 배분율이 몇몇의 사건에서 적용하지 않았고, 이익분할방법은 비교가능회사가 없는 경우에 적용하는 것으로 인식되었다.(상세한 기능, 위험 및 자산에 대한 분석 이후) 거래의 한쪽 당사자가 미미한 기능을 수행하는 경우에는 50:50을 적용하는 것이 합리적이지 않았다.

Hospital Corporation of America: 본 사건은 위에서 설명한 50:50이 다르

178. 88 T.C. at 376.

게 결정된 사례이다. 법원은 미국 모회사인 HCA가 자회사에 제공하는 여러 가지 서비스를 언급하였다. 이러한 서비스에는 경영계약관련 관리, 인원 충원, 병원 운영 및 모회사가 소유하고 있는 경험, 노하우 및 경영시스템 등과 관련된 무형자산이 포함되어 있었다. 이러한 상황에서 상당한 정도의 서비스와 결합된 무형자산에 대해 법원이 정상가격을 산출하는 것은 상당히 어려웠다. 따라서, 법원은 이러한 기능에 대한 상대적 가치를 산출하여 이익분할방법을 적용하였다. 법원은 사건에서 자회사가 주장한 75:25(HCA 75, 자회사 25)을 받아들였으나, 이러한 배분에 대한 설득력 있는 근거는 없었다.[179]

Searle 사건과 같이 Hospital Corporation of America는 이전가격 문제가 아니었으며, 특히 유형자산과 관련된 제4방법과 관련된 것도 아니었다. 그러나, 두 사건에서 상당히 가치 있는 또는 특별한 무형자산이 문제가 되는 경우에는 비교가능거래가 존재하지 않았기 때문에 전통적인 방법은 적용이 불가능하였다. 이러한 상황에서는 각 거래당사자의 기능을 심도 있게 분석하여 결합이익을 분할하는 이익분할방법이 합리적으로 보였다.

3) 이익률방법: 비용 대비 소득 비율

이익분할방법이 흔하게 적용되었음에도 불구하고 Dupont 경우는 2가지 다른 방법을 사용했다.

과세관청의 주장을 입증하기 위해 정부는 2가지 방법을 사용했다. 첫 번째 방법은 영업비용 대비 매출총이익의 비율이다.("Berry ratio") 이익의 배분 전 DISA의 Berry ratio는 1959년에 281.5% 1960년에 391.1%였다. 이익 배분 후에

179. 81 T.C. at 601.

는 1959년에 108.6%, 1960년에 179.3%였다. 6개 경영관리 회사와 5개 광고회사 그리고 DISA와 유사한 기능을 수행하는 21개 도매업자는 평균 Berry ratio가 108.3%에서 129.3%였다. 따라서, 이익배분 전 DISA의 Berry ratio는 이들 평균에 3배가 넘었다. 이들 비교가능회사는 100년이 넘는 사업활동 역사에서 단 한 번도 이러한 수익률을 달성한 사례가 없었다. 이익배분 후에도 DISA의 Berry ratio는 여전히 이들 평균을 상회하였다.

두 번째 방법은 Dr. Irving Plotkin에 의해 개발된 방법으로, 자산의 수익률을 측정하는 것이다. 이러한 분석을 위해 1,133개의 비교가능회사가 선택되었다. 이들 비교가능회사는 기능의 유사성을 검색하여 선택된 것이 아니라, 단순히 유사 산업에 속해 있는 회사를 전부 선택한 것이다. 이익 배분 전에는 DISA는 1959년에 450% 그리고 1960년에 147.2%를 기록했으며 이것은 1133개 회사의 자산수익률보다 높았다. 특히 이익 배분 후에도 DISA의 자산수익률은 이들 유사회사의 수익률보다 96% 높았다. 이러한 조사결과를 근거로 법원은 과세관청의 입장을 수용하였다.

Dupont 사건에서 사용된 Berry ratio 또는 자산수익률이 주목할 만하나, 이러한 자료는 법원이 소송당사자의 입장을 수용하는 데 참고된 것이지, 법원이 제482조에 근거하여 이익을 배분하기 위한 직접적인 자료로 인용된 것은 아니었다.

자산 수익율은 Lilly 사건에서도 주장되었다.[180] 새로운 제약제품과 관련된 모회사 연구개발 비용에 대한 어떠한 보상도 없었다. 법원은 Puerto Rico 자회사가 모회사에 연구개발비용을 지급했어야 하기 때문에 자회사의 이익 중 상

180. 84 T.C. at 1157, 1161.

당부분이 모회사로 귀속되어야 한다고 보았다.[181] 법원은 자산수익률의 차이를 자회사의 연구개발비용을 이해하는 데 사용한 것뿐만 아니라, 이전가격에 포함되지 않은 가치있는 무형자산이 존재하는지를 판단하는 데도 사용하였다. 따라서, 자산수익률은 자산의 수익이 어떤 요소에 의해 차이가 나는지 추가적인 조사를 하게 하는 근거가 되었다.

Dr. Wheeler가 작성한 자산수익률은 다음과 같다.[182]

분류/연도	1971	1972	1973
평균 고용 자산수익률			
모회사 (통합 수익률)	19.9%	23.8%	30.4%
Puerto Rico 자회사	138.4%	142.6%	100.7%
매출 대비 조정후 과세소득 비율			
모회사 (통합 수익률)	16.9%	20.4%	24.7%
Puerto Rico 자회사	69.6%	68.9%	58.8%
매출 대비 영업비용 비율			
모회사 (통합 수익률)	41.5%	39.8%	38.9%
Puerto Rico 자회사	9.8%	11.6%	16.2%

181. 법원은 과세관청 전문가 증인으로 나온 Dr. James Wheeler가 다음과 같이 증언한 것에 상당히 의존하였다. "만약 납세자가 Darvon관련 무형자산을 Puerto Rico 자회사에게 양도한 것처럼 나머지 무형자산을 이전하였다면, 납세자는 그나마 연구개발 활동을 수행할 자금능력도 없었을 것이다." 또한, 법원은 이러한 소득이전 행위를 "life-blood(피를 빨아먹는)"라고 특정하였다. 84 T.C. 1160-1161. 상기 4. "비교가능거래의 검색"에서 설명한 바와 같이 조세법원은 이 문제에 대해 입장을 바꾸었다.

182. 84 T.C. at 1086-88, 1092-93. 참조 Wheeler, An Academic Look at Transfer Pricing in a Global Economy, Tax Notes, July 4, 1988, at 91.

Searle에서도 과세소득율이 유사한 분포로 나타났다. 1968년 무형자산이 양도되기 바로 전년도에 Searle는 $81,800,000 매출과 $46,700,000 과세소득을 실현했다. 또한, 이 자료는 간접적인 비교자료로 사용되었다. 문제가 된 과세연도 1974년에 $38,200,000, 1975년에 $46,700,000으로 매출금액이 감소하였고, 1974년에 결손 –$9,800,000, 1975년에 $23,100,000을 신고하였다. 같은 연도에 Puerto Rico 자회사는 다음과 같은 매출과 순소득을 실현하였다.

연도	순매출	순이익
1974	$114,784,000	$74,560,000
1975	$138,044,000	$72,240,000

또한, 소득율은 다음과 같았다.

구분/연도	1974	1975
평균 고용 자산수익률: 본사 (통합 수익률)	(31.2%)	(42.3%)
Puerto Rico 자회사	109.2%	119.0%
매출 대비 매출원가 비율:		
본사 (통합 수익률)	54.0%	56.2%
Puerto Rico 자회사	13.3%	13.6%
매출 대비 영업비용 비율: 본사 (통합 수익률)	98.7%	106.5%
Puerto Rico 자회사	5.4%	35.6%

중요한 것은 Lilly와 Searle 사건에서 정부가 제공한 자료는 이전가격을 결정하는 데 결정적인 자료로 사용되지 않았다는 것이다. Dupont 사례에서 Dr. Plotkin의 법원증원과 동일하게 "특수관계거래에 조정이 필요하다는 것"만을 제시하였다.[183] 앞에서 언급한 바와 같이, 과세관청과 재무성은 비교가능거래가 없는 경우, 이러한 수익률 자료는 단순히 거래의 적정성 여부만을 입증하는 부수자료가 아니라, 이전가격을 결정하는 직접적인 자료로 사용될 수 있다고 믿었다.

다른 소송에서 이전가격 접근방법으로 관세청에서 정한 가격자료를 사용한 것이 있다. Ross Glove Co. 사례에서 조세법원은 필리핀에서 수입한 관세가격에 원가를 가산하는 방법을 수용하였다. 그러나, Brittingham v. Commissioner 사례에서는 조세법원은 "관세청에 납세자가 신고한 방법이 있더라도, 그 방법이 납세자를 법률적으로 구속하는 것은 아니다."고 명확히 판시하였다.

4)관세평가 방법

법원은 이전가격 문제를 해결하는 다른 대안으로 미국 관세청의 관세자료를 사용하였다. 예를 들어 Ross Glove Co. 사건에서 조세법원은 납세자가 원가가산방법의 정당성을 증명하기 위하여 필리핀 자회사로부터 구매한 글로브 가격에 원가를 가산한 방법을 받아들였다. 그러나, Brittingham v.

183. 미국 대법원은 Lilly 사건에서 Lilly P.R.의 무형자산 소유권에 대한 문제가 제기되었기 때문에 이러한 분석에 대해 큰 관심을 두지 않았다.

Commissioner[184]에서 조세법원은 "납세자가 신고한 관세가격에 문제가 있는 경우, 납세자가 반드시 신고한 관세가격 또는 방법에 의존하는 것은 아니다." 고 판시하였다.[185]

184. 66 T.C. 373 (1976), aff'd, 598 F.2d 1375(5th Cir. 1979)

185. Brittingham 사건으로 인해 미국 국회는 수입자가 소득세 신고를 하는데 있어 신고한 관세가격보다 높지 않은 가격으로 신고하여야 하는 강제조항(Section 1059A in 1986)을 신설하였다.

Ⅱ. 1986년 세법개정안 이후 제482조

앞에서는 과세관청과 법원이 제482조를 운영하고 해석한 역사를 살펴보았다. 비교가능거래가 없는 유형자산, 무형자산 및 서비스에 대하여 제482조는 규정상 부족함이 있었고, 특히 상당한 이익을 발생시키는 고도의 무형자산이 관련된 경우, 납세자, 과세관청 그리고 정부 모두 골머리를 앓았다.

1986 세법개정안에서 의회는 고도 수익을 발생시키는 무형자산과 관련된 이전가격 문제에 대응하려고 하였다. 특히, 제482조는 자산 양도로 인한 수익 또는 무형자산에 대한 로열티는 그 무형자산에 귀속되는 소득에 상응하여야 한다는 목적을 달성하기 위하여 개정되었다.("income from a transfer or license of intangible property shall be commensurate with the income attributable to the intangible.")

여기서는 대응소득원칙과 시기적 조정의 필요성에 대하여 논의한다. 또한, 이러한 이전가격 원칙이 국제적인 과세기준과 일치하는지를 논의한다. 마지막으로 제482조의 조정을 피하기 위한 세이프하버 규정의 적정성에 대하여 논의한다.

1. 대응소득원칙

1) 관련 규정의 발전

1986년 개정된 세법은 제482조에 따라 "특수관계 간 무형자산의 양도 또는 로열티 거래에 대한 대가는 그 무형자산에 귀속되는 소득에 상응(the "commensurate with the income attributable to the intangibles")하여야 한다."고 규정하고 있다.[186] 이 규정은 제조 무형자산과 마케팅 무형자산 모두에 적용된다.[187] 개정법 역사를 보면, 미국의회는 "법원의 이전가격원칙 해석은 미국의 적정한 이익을 확보하는 데 실패하였다."는 것에 상당한 우려를 가지고 있었고, 이에 따라 제482조를 개정하였다는 것이 명확하다.[188] 그러나, 개정된

186. (e) Treatment of Certain Royalty Payments.-(1)In General.-Section 482(relating to allocation of income and deductions among taxpayers)는 다음 문장을 마지막 부분에 추가하여 개정되었다. "In the case of any transfer(or license) of intangible property(within the meaning of section 936(h)(3)(B)), the income with respect to such transfer or license shall be commensurate with the income attributable to the intangible." (2) Technical Amendment.-Subparagraph (A) of section 367(d)(2)(relating to transfers of intangibles treated as transfer pursuant to sale for contingent payments) 또한 규정 마지막 부분에 다음 문장을 추가하여 개정되었다. "the amounts taken into account under clause (ii) shall be commensurate with the income attributable to the intangible." Sec. 1231(e)(1), Tax Reform Act of 1986, 100 Stat. 2085(1986)

187. 이러한 목적으로, 무형자산의 범위는 제936(h)(3)(B)조에 규정된 ①특허권, 발명품, 공식, 절차, 디자인, 패턴 또는 노하우, ②저작권, 음악 또는 예술 작품, ③상표, 상호, 제품명, ④가맹점영업권, 라이선스 또는 계약, ⑤방법, 프로그램, 시스템, 절차, 캠페인, 설문, 연구, 예측, 평가, 고객목록 또는 기술적 정보, 또는 ⑥사적서비스와 독립적으로 구별되며 상당한 가치 있는 이와 유사한 무형자산을 기준으로 대략적으로 정의되어 있다. 또한, 노하우에 대한 유형자산 처리와 관련해서는 Treas. Reg. §1 .482-2(d)(3)(ii)과 제351조 상 Rul. 64-56, 1964-1 C.B. 113를 참조하기 바란다.

188. 의회회의보고서(1985 House Rep., supra n. 149, at 420-427; 1986 Conf. Rep., at 11-637-638.)에서 몇몇의 발표자는 commensurate with income 조항은 Nestle Co., Inc. v. Comm'r, T.C. Memo. 1963-14에서 유래되었고, 당해 판례에서 법원은 고도수익 무형자산에 대하여 납세자가 해외특수관계 기업에게 추후 인상된 로열티를 받는 거래를 금지하였다. 그러나, 유력한 의견은 거래에서 지급된 로열티가 당사자들이 받은 혜택의 가치에 상응(commensurate with the value)하고 합리적인 경우, 추후 로열티를 인상하여 지급하는 거래를 금지할 필요는 없다고 제시하였다. 그러나, 회의보고서 어디에도 미국의회가 Nestle 사건을 인정하였다거나 부정하였다는 기록은 없다.

법은 단순히 이전 법률을 명확히 하는 데 그쳤고, 과세관청의 이전 과세관행을 변경시키는 데는 실패하였다.

법률개정에 가장 큰 난점은 고도수익 무형자산을 조세피난처에 양도 또는 로열티 거래로 체결하는 것이었다. 이러한 무형자산거래는 특수관계를 제외하면 제3자 간에는 발생하지 않기 때문에, 비교가능거래를 찾는 것이 불가능하였다. 이러한 거래에서 대가 지급관계의 정당성을 입증하기 위하여, 납세자는 산업평균자료를 사용하든지, 거래당시의 제한된 정보만을 기준으로 하든지, 아니면 단순히 양도된 무형자산의 수익률을 고려하지 않았다. 납세자는 제품의 유사성이 없는데도 사용하였고, 지역차이도 고려하지 않았고, 장기 또는 단기 계약의 차이점 등을 전혀 고려하지 않았다. 또한, 기능상 전혀 다른 사업활동을 하고 있는데도 불구하고, 수익을 계산하기 위하여 이들 거래를 사용하였다.

의회는 현행 규정은 비교가능거래에 상당한 의존도가 있고, 이러한 비교가능거래가 없는 사례에 대한 규정이 없기 때문에 모든 사건에서 규정이 처음 목적한 진실한 과세소득("true taxable income")을 확보하는 데 문제가 있었다고 보았다. 결과적으로, 의회는 비교가능거래가 없는 경우에 발생하는 문제를 해결하기 위한 법률보안에 그 초점을 맞추었다.[189] 양도된 무형자산이 발생시키는 소득이 그 출발점이었다. 무형자산의 사용으로 인한 소득을 특수관계자 간에 수행한 경제적 기여도와 부담한 위험에 따라 배분하기 위해 수행한 기능, 경제적 비용 및 부담한 위험을 자세히 분석하여야 한다. 무형자산과 관련된 수익과 그 수익을 배분하는 측면에서 보면, 경제적 기여도에 따라 배분하는 것이

189. 1985 House Rep., supra n. 149, at 426.

제3자의 관행과 일치한다.[190] 따라서, 대응소득원칙은 특수관계거래에서 제3자가 실현했을 정상수익을 실현하게 하는 것이 궁극적인 목적이다.

대응소득원칙을 적용하기 위하여 가장 기본이 되는 배분수익을 결정하기 위해 수익의 기준시기(즉, 양도가 발생한 시점만을 기준으로 할 것인지, 아니면 대상연도 또는 다른 시기 기준을 적용할 것인지에 대한 문제)를 결정하여야 한다. 미국의회는 만약 거래된 시기만을 기준으로 하게 되면, 납세자가 무형자산의 개발초기에 이를 양도하고, 그 시기만을 기준으로 (미래 소득이 상당히 많이 발생하는 경우) 비합리적인 로열티 계약을 체결할 것이다. 또한, 이후에 이러한 입장을 증명하기 위해 거래가 일어난 최초 시기에는 단순히 미래의 소득이 얼마나 발생할지 몰랐다고 할 것을 우려했다. 따라서, 미국의회는 기준이 되는 소득은 미래에 있을 수 있는 상당한 환경의 변화(무형자산으로부터 결과적으로 발생되는 수익, 경제적 업무수행, 경제적 비용 그리고 위험의 부담을 포함)를 반영할 수 있는 시기적 조정을 반영하여, 실제소득이 되어야 한다고 결정하였다. 이러한 규정은 제3자 거래의 관행과 일치한다.

법률 기록에 의하면, 무형자산의 이전가격을 결정하기 위해서는 대응소득원칙은 특정되거나 고정된 방법일 필요는 없다. 예를 들어, 양도자가 무형자산 유용과 관련된 모든 수익을 실현해야 한다는 것을 의미하는 것은 아니며, 또한, 무형자산 양도에 있어 특정한 법률적 형태에 의존하지 않는다. 더불어, 위와 같은 사항을 규정하는 것도 아니다.[191] 따라서, 본 규정은 무형자산에 대한 로열티 거래, 무형자산을 동반하는 유형자산의 판매거래, 그리고 서비스 제공

190. 1986 Conf. Rep., at 11-637.

191. 1985 House Rep., supra n. 149, at 424.

을 전제로 하는 무형자산 양도거래를 모두 포함한다. 특히, 본 규정은 모든 라이선스거래에 임가공업자("Contract Manufacture")의 수익률을 강제하지 않는다.

2)적용 범위

법률 기록에 대응소득원칙의 적용 범위가 언급되지 않았으며, 2가지 방법이 제시되었다. 첫 번째는 이중과세 측면이며, 다른 한 가지는 급박한 법률적 변경을 요하는 사건에 대해서만 제한적으로 적용하는 것이다.

(1)이중과세 및 기타 세무 현안

이중과세는 다음과 같은 경우에 발생한다. 당사국들이 동일 거래에 대해 다른 법률을 가지고 있는 경우, 또는 동일한 법률을 가지고 있으나 행정상 다르게 운영하거나 법률해석을 다르게 하면서 대응조정을 허용하지 않는 경우, 그리고 대응조정은 허용하나 이러한 것이 법률적 절차에 가로막혀 실제적으로 행사할 수 없는 경우이다.(예를 들어, 환급요청에 요청기한이 정해져 있는 경우[192])

납세자 또는 다른 이해관계자는 "대응소득원칙은 이중과세를 야기할 것이기 때문에 미국의회는 이를 전격적으로 시행하여서는 안 된다."고 주장한다. 대응소득원칙이 정상적으로 운영되기 위해서는, 반드시 정상가격원칙이 전제되어야 한다. 따라서, 과세관청과 재무성은 대응소득원칙이 이중과세를 야기한다는 것에 동의하지 않는다.

192. International Fiscal Association, Cahiers de Droit Fiscal International(Studies on International Fiscal Law), Vol. LVI, at 1-6(1971)

사실, 무형자산의 국외양도(미국 모회사가 해외자회사에게 무형자산을 양도하는 경우)와 관련된 대응소득원칙의 대다수는 이중과세와 관계가 없다. 이 경우, 미국의 외국납부세액공제("foreign tax credit") 규정과 외국소득 및 해외에서 사용되는 무형자산과 관련된 로열티의 성격 규정을 통해 일반적으로 이중과세가 일어나지 않는다.[193] 더욱이, 의회가 관심을 갖고 있는 무형자산 양도거래는 조세피난처에 소재하는 제조관계기업에게 무형자산을 양도하는 것인데, 이 경우 이중과세 문제가 발생할 여지가 없다. 이러한 경우, 해외 사업활동과 관련하여 적정한 소득이 미국에 귀속되었는지에 대한 문제는 미국 입장에서 획득해야 할 적정한 소득이 누락되었는지 또는 원천징수를 위한 해외소득의 성격이 적정하게 구분되었는지에 대한 문제이지 이중과세와는 관련이 없다.

(2)규정 변경의 필요성

대응소득원칙은 Lilly과 Searle의 경우와 같이, 제482조를 적용할 경우 직면할 수 있는 문제를 해결하기 위하여 도입되었다. 본 규정이 고도수익 무형자산의 문제와 관련되어 있으므로 규정은 저세율 국가에 고도수익 무형자산을 양도하는 거래에 한정해야 한다는 목소리가 있었다.[194] 그러나, 법률은 국내유입("inbound") 또는 국외유출 거래("outbound"), 질적 또는 양적 제한 없이 모든

193. 해외특수관계 기업이 궁극적으로 이들의 잔여이익을 배당형태로 지급하고, 역외국가에서 보상받을 수 있는 방법이 없는 경우에는 미국소득에 포함되는 국외원천소득의 금액은 지급된 로열티 금액과 일치해야 한다.(대상이 되는 금액의 제한규정은 제904조에 있다) 이때 해외특수관계 기업이 납부한 세액은 모회사가 지급한 로열티 금액으로 간주한다. 따라서, 외국납부 세액공제 제도는 미국 세무입장에서 계산한 로열티 금액과는 상관없이 이중과세를 방지하고자 하였다.

194. Wright & Clowery, The Super-Royalty; A Suggested Regulatory Approach. Tax Notes, July 27, 1987, at 429-436.

특수관계거래에 적용되었다. 더욱이, 본 연구에서 선택한 정상가격산출방법에 대한 경제학적 논리는 무형자산의 형태 또는 라이선스거래의 거주자 요건과 관계없이 모든 무형자산거래에 적용된다. 따라서, 대응소득원칙은 고도수익 무형자산을 포함하여 모든 무형자산거래에 적용되어야 한다. 여기에서 제시하는 기준은 대응소득원칙이 고도수익 무형자산 뿐만 아니라 모든 무형자산에 적용되는 것을 전제로 작성되었다.

3) 일반 무형자산과 고도수익 무형자산에 대응소득원칙을 적용하는 경우

(1) 일반 무형자산

일반수익 무형자산을 특수관계자 간에 거래하는 경우 제3자 라이선스거래를 찾을 가능성이 높다. 이러한 라이선스거래는 정상가격을 산출할 수 있는 근거가 된다. 계약의 조건을 협상하기 위해 제3자 간에 협상한 내용은 결합소득(또는 비용의 보상)을 특수관계자거래 당사자 간에 어떻게 배분할지를 결정하는 근거를 제시한다. 따라서, 제3자 당사자 간에 보상을 어떻게 받을 것인지 결정한 내용은 무형자산을 유용하여 귀속되는 소득의 상대적 기준을 보여준다.

일반수익 무형자산에 대한 대응소득원칙의 적용은 1986년 개정 전 비교가능거래가 존재했을 경우에 적용했던 방법과 일치한다. 일례로, 향수제품의 제조공법에 대한 라이선스 계약은 비교가능성은 낮지만 관련 비교가능거래가 존재할 가능성이 높다. 따라서, 적정한 비교가능거래가 존재하는 경우에는 정상가격을 산출할 수 있거나, 또는 무형자산에 귀속되는 소득에 상응("commensurate with income or return")할 것이다. 또한, 만약 거래가 내적 또는 외적 비교가능성 요건을 충족한다면, 기존 규정으로 산정한 적정이익은 대응소득원칙으로 산출한 소득과 일치할 것이다.

(2)고도수익 무형자산

고도수익 무형자산인 경우, 비교가능 라이선스거래가 존재하지 않기 때문에 제482조를 이러한 무형자산에 적용하는 것은 어렵다.[195] 결과적으로 고도수익 무형자산에 대한 특수관계 이전가격이 로열티로 거래된 경우, 일반수익 무형자산의 라이선스거래는 이러한 거래와 유사하지 않다.(즉, 일반수익 무형자산으로 제482조를 적용하여 정상가격을 산출할 수 없다) 고도수익 무형자산이 창출하는 막대한 이익으로 인해, 만약 로열티만으로 이전가격 조정을 하는 경우에는 대응소득원칙에 의한 이익의 배분은 일반수익 무형자산의 로열티보다 너무 크게 되어 정상가격이 아닐 가능성이 높다. 따라서, 이렇게 비합리적으로 높은 로열티율은 제3자의 거래와 비교해도 절대 발생할 가능성이 없을 것이라고 반박될 것이다.

그러나, 경제적인 측면에서 양수자가 수행하는 아주 낮은 경제적 기여도를 감안하면, 전례 없이 높은 로열티('Super-royalty')의 적용이 필요할 것이다.[196] 대응소득원칙에 의해 적정한 이익배분을 위하여 고도수익 무형자산에 높은 로열티를 적용하는 것에 대해서, 그러한 결정이 곧 정상가격이 아니라고 말할 수

195. 고도수익 무형자산의 정의는 산업의 일반적인 수익률에 비해 상당히 높은 수익을 창출하는 무형자산을 말한다. 이 보고서에서는 고도수익에 대한 정의를 하지 않았음에도 불구하고 고도수익 무형자산이란 AIDS 백신, 감기치료제 또는 가솔린 대체제와 같이 수요가 계속해서 발생하고 특허권 등으로 제품에 대한 보호가 있어 상당한 수익을 실현할 수 있는 무형자산을 말한다. 유사하게 특허권으로 제품을 좀 더 효율적 또는 효과적으로 생산하게 하거나 적은 부작용을 일으키는 제품과 관련한 무형자산도 여기에 포함될 수 있다.

196. 독일 과세관청도 유사한 상황에 처해있고 이러한 거래에서 로열티를 계산하면 정상가격이라고 볼 수 없을 정도의 높은 로열티 금액이 계산된다. 참조 Jacob, The New "Super-Royalty" Provisions of Internal Revenue Code 1986; A German Perspective, 27 European Taxation 320(1987)

없다. 그러나, 이러한 논리가 납세자가 높은 로열티 거래를 할 수 있게 허용하는 것을 의미하는 것은 아니다. 따라서, 대응소득원칙을 신설하는 것이 해외에 모회사가 있는 미국관계기업들(또는 반대의 경우)이 이러한 높은 로열티 거래를 할 수 있게 허용하는 것은 아니다.

즉, 대응소득원칙은 새로운 로열티 수준을 제시하는 것이 아니다. 대응소득원칙은 특수한 무형자산(고도수익과 비교가능거래의 부존재)에 있어 적정하지 않은 비교가능거래를 적용할 경우, 정상가격을 산출할 수 없다는 문제에 대응하기 위한 것이다.

대응소득원칙은 특수관계 간에 적정한 이익배분을 위해, 양도된 자산에 귀속되는 소득산출에 그 규정의 초점이 맞추어져 있다. 드문 경우, 고도수익 무형자산에 비교가능거래가 존재하는 경우에는 비교가능거래를 기준으로 로열티율이 결정하여야 한다. 이러한 이유는 비교가능거래를 통한 방법이 지금까지 제3자가 수행했을 방법(정도)을 가장 잘 대변하기 때문이다.

4)특별한 거래

(1)일시불 지급 또는 로열티 거래

몇몇의 의견은 대응소득원칙은 일시불 지급 로열티 또는 양도거래를 금지하지 말아야 한다고 주장한다. 과세관청과 재무성 입장은 "납세자는 양도 또는 라이선스거래를 선택하여 체결할 수 있으나, 그러한 거래의 결과는 대응소득원칙을 충족하기 위하여 시기지급방법("Periodic Payment Approach")의 결과와 일치하여야 한다."이다. 결과적으로 납세자가 명확한 증거(정확한 또는 정확하지 않은 비교가능거래)를 통해, 이러한 행정이 정상가격원칙에 비추어 비합리적이라는 것을 입증하지 못하는 경우에는 일시불 지급 로열티 또는 양도 거래에 대해 시기지급방법을 적용한다. 해석상의 이유로, 개정된 제482조는 무형자산의 양도 또는 일시불 지급을 기준으로 하는 라이선스거래를 포함하는 모든 무형자간 거래에 적용된다. 더욱이, 이러한 거래를 대응소득원칙 규정에서 제외하면 실질과세("form over substance rule")를 관련 거래에 적용하여야 하는 경우, 일시불 지급거래는 보는 관점에 따라 다른 법률규정이 적용되어야 한다. 따라서, 대응소득원칙 하에서 시기적 조정은 일시불 지급인 경우에도 적용되어야 한다.

(2)제367(d)조와 관계

제376(d)조는 1986년 개정세법 일환으로 신설된 것으로 다음과 같이 규정하고 있다. "미국거주자가 국외기업에 제351조와 제361조에서 규정하는 무형자산 양도거래를 하는 경우, 실제지급 금액과 관계없이 매도자는 자산의 내용연수기간 동안 연간 지불금액을 받는 것으로 본다. 또한, 이러한 지급금액은 미국의 원천소득으로 본다." "이후 제3자에게 무형자산 또는 그 무형자산의 주식을 양도하는 경우에는 소득의 즉시실현 문제가 된다." 1986 개정세법은 "대응소득원칙이 제367(d)조 상의 매도자에게 귀속되는 지급액을 산출하기 위한 것"으로 규정하고 있다.[197] 일시불 지급 로열티 또는 판매금액의 시기 조정 규정은 제367(d)상 적정성을 확보하기 위한 것이다. 그러나, 제367(d)조는 다음과 같은 예외 규정을 두고 있다. "그 무형자산거래가 객관적인 가치평가를 통

197. Staff of Joint Comm. on Taxation, General Explanation of the Revenue Provisions of the Deficit Reduction Act of 1984, 98th Cong., 2d Sess. 432-433(1984)[hereinafter General Explanation of the DRA of 1984]

해 정상가격으로 볼 수 있고 제3자가 의미 있는 이해관계를 가지고 있는 경우, 시기 조정 규정을 적용 받지 않는다."

양도 그리고 무형자산의 라이선스거래는 제351조 또는 제361조에서 규정하는 거래가 아니기 때문에 관련 거래는 통상 제367(d)조의 적용을 받지 않는다.[198] 법률안은 실제 라이선스 또는 무형자산 양도거래가 발생한 경우, 매도자의 수익에 대한 조정은 제367(d)조와는 별개로 제482조에 의해서만 이루어진다. 그러나, 특수관계자와의 양도 또는 라이선스거래에 대가가 없는 경우, 또는 거래가 정상가격과는 상당한 차이가 있어 거래자체가 조작된 것으로 보이는 경우에는 제367(d)조가 적용된다.[199]

요약하면, 대응소득원칙은 특수관계 무형자산거래를 마치 자산의 내용연수기간 동안 라이선스 계약으로 거래된 것으로 보기 때문에 제376(d)조 상의 결과와 유사하게 된다. 그러나, 제367(d)조가 양도 또는 라이선스거래와 관련하여, 일정 형태의 거래에 대해서만 원천소득 규정을 적용하고 있기 때문에 개정법률안은 어떤 양도거래 또는 라이선스거래가 대응소득원칙 규정과 제367(d)조 상 미국원천소득에 모두 적용되는지 명확히 할 필요가 있다. 또한, 경제적 실체를 반영하지 않으면서 정상가격에 일정금액을 벗어나는 거래에 대해서는 정상가격을 산출하기 위해 제367(d)조가 적용되어야 한다. 따라서, 적정한 귀속소득에 상당한 정도로 벗어나는 거래는 이 거래가 양도이든 라이선스이든 제376(d)조에 의해 규정되어야 한다.

198. Treas. Reg. S1.367(d)-IT(g)(4)(ⅰ)

199. Treas. Reg. §1.367(d)-IT(g)(4)(ⅱ)

(3) 원가분담약정

규정의 역사는 진실한 연구개발 비용을 배분하는 것은 무형자산의 소유권을 무형자산의 사용자로 귀속하는 적정한 방법으로 보아왔다. 따라서, 라이선스 거래와 무형자산 양도거래는 제482조에 적용되지 않았으며, 원가분담거래는 1984년 개정세법 제367(d)조에 의해 장려되었다.

2. 국제조세원칙과 일치 여부

1) 개요

1986년 개정세법 시행 이후, 미국 납세자와 외국정부는 대응소득원칙 규정이 이미 체결된 조세조약과 자국 내 세법에서 규정한 정상가격원칙에 어긋난다는 반론을 제기하였다. 미국이 적용하는 이전가격 규정은 다른 많은 국가가 적용하는 규정과 다르기 때문에 대응소득원칙은 이중과세를 야기할 것이라고 주장하고 있다. 이러한 논란을 완화하기 위하여 재무성 관계자는 공개적으로 다음과 같이 발표하였다.

> *미국의회는 신설된 규정이 정상가격원칙에서 벗어나는 것을 의도하지 않았고, 미국 재무성도 법률 해석에 있어 위의 원칙과 합치되게 할 것이다.*[200]

200. J. Roger Mentz, 재무부 조세정책 담당 차관보가 Philip M. Crane 하원의원에게 보낸 서한(1987년 5월 26일); Stephen E. Shay, 재무부 국제 조세 고문의 국제재정협회 연설(1987년 2월 12일). 부록 C는 이전가격 책정 문제를 다루는 데 있어 주요 조약 파트너들에 의해 채택된 법적 및 행정적 접근 방식을 요약하고 있다.

2) 국제조세원칙과 정상가격원칙

이중과세 문제는 정부 간 협상 또는 계약에 있어 이전가격 방법을 다르게 적용할 때 발생한다. 특히, 조세조약에서 특정 과세소득 조정을 규정하는 경우, 특수관계자의 거래가 제3자 거래와 다른 것을 근거로 체납액을 산출하는 경우에 그렇다. 예를 들어, OECD 모델협약은 특수관계 기업의 거래 조건이 다음과 같은 경우 조정을 허용하고 있다. "양 기업 간의 상업상 또는 재정상의 관계에 있어 독립기업 간에 설정되는 조건과 다른 조건이 설정되거나 부과된 경우"("conditions are made or imposed between the two enterprises in their commercial or financial relations which differ from those which would be made between independent enterprises") OECD 모델협약은 타방 체약국이 일방 체약국의 조정을 고려하여 조정하고, 그러한 조정이 상기 원칙에 부합하는 경우에는 타방 체약국 조정을 허용하고 있다. 또한, 양 체약국이 적용되는 적정 조정원칙에 의견이 일치하지 않아 다른 의견을 제시하는 경우에는 OECD 모델협약은 '상호합의규정'을 적용하도록 하고 있다. 또 다른 대표적인 조세협약 모델인 UN 모델도 특수관계에 대한 조항 제9조를 두고 있으며 OECD 모델협약과 다름이 없다.[201]

1981년 재무성은 조세협약의 시작점을 제시하기 위하여 미국 모델협약을 발표하였다.[202] 미국세법 규정의 변경에 따라 본 모델협약은 수차례 개정작

---

201. United Nations Model Double Taxation Convention Between Developed and Developing Countries, U.N. Doc. ST/ESA/102, at 27(1980)[hereinafter U.N. Model Convention]

202. U.S. Treasury Dept., Proposed Model Convention Between the United States of America and … for the Avoidance of Double Taxation and the Prevention of Fiscal Evasion with Respect to Taxes on Income and Capital(1981)

업을 거쳤으나, 특수관계거래에 대한 조항은 변경된 바가 없으며 관련조항은 OECD 모델협약과 거의 일치한다.[203]

정상가격원칙은 미국이 체결한 모든 조세조약에 포함되어 있다. 또한, 미국 모델협약(the "U.S. Model Convention")에도 포함되어 있고, 미국이 체결하지 않은 조세조약에도 포함되어 있다.[204] 따라서, 정상가격원칙은 명백하게 국제기구가 수용한 이전가격 문제의 중심 원칙이며 대부분 산업국가가 정상가격원칙을 이전가격 문제를 해결하는 기준으로 수용하고 있다. 이러한 차고 넘치는 증거는 "정상가격원칙이 이전가격 문제를 해결하는 국제적인 기준"이라는 것을 증명하고 있다.[205]

정책상 측면에서 국제거래에 있어, 국가 간 치열한 과세권 다툼을 줄이는 것이 미국의 이해관계와 일치하고, 미국은 이러한 이유로 정상가격원칙을 계속적으로 준수할 것이다.

---

203. 미국 모델협약은 OECD 모델협약 제9조에 세 번째 문단으로 삽입하여 각 국가의 법률에 따라 소득을 조정할 수 있는 권한을 유보하였다. 이 문단은 각 체약당사국이 제1항에 따라 정상가격원칙에 부합하는 경우 OECD 모델협약 상 '이윤'이라는 범위에서만 과세조정을 해야 한다는 제한이 없다는 것을 명백히 한 것이다. 조항은 다음과 같다. "3. The provisions of paragraph 1 shall not limit any provisions of the law of either Contracting State which permit the distribution, apportionment or allocation of income, deductions, credits, or allowances between persons, whether or not residents of a Contracting State, owned or controlled directly or indirectly by the same interests when necessary, in order to prevent evasions of taxes or clearly to reflect the income of any of such persons."

204. 참조 Cross-Border Transactions Between Related Companies: A Summary of Tax Rules(W. R. Lawlor, ed. 1985): 대부분 국가가 이전가격의 기본 규칙으로 정상가격원칙을 채택하고 있고, 25개국의 이전가격 관행에 대한 설명이 있다.

205. 최근 논문자료에 따르면 "정상가격원칙이 각 정부의 이전가격 행정을 제한하면 안 된다."고 제시하고 있다. Langbein, The Unitary Method and the Myth of Arm's Length, Tax Notes, Feb. 17, 1986, at 625.

3) 정상가격원칙 하에서 이익기준방법의 적용

정상가격원칙이 국제과세 기준으로 적용되기 때문에 만약 미국이 대응소득원칙을 시행함에 있어, 정각가격 원칙에 배치되는 것이 있다면, 과세권을 결정하는 데 심각한 문제를 야기할 것이다. 비교가능거래가 없는 특수한 경우에만 무형자산의 사용으로부터 발생하는 소득(또는 이익)을 강조하는 것이 국제조세 측면에서 정상가격원칙을 위반하는 것인지 의문이 된다.

정상가격원칙을 설명하는 데 있어 가장 일반적으로 참조하는 자료가 OECD가 1989년에 발표한 보고서이다.("OECD, Transfer Pricing and Multinational Enterprise") 이 보고서는 모든 특수관계거래에 정상가격원칙을 적용하도록 하고 있다. 무형자산과 관련해서는 다음과 같이 정의하고 있다.

> *특수관계 기업 간에 특허권 또는 노하우 계약을 체결할 경우 세무 목적상 이전가격을 산출하기 위하여 적용되는 일반적인 원칙은 제3자 간 체결한 정상가격으로 거래한 가격이다.*

보고서에서 정상가격산출방법이 아니라고 한 글로벌 이전가격방법("global methods for transfer pricing")[206]에 주목할 필요가 있다. 이 방법은 특수관계자 간에 이익을 배분하기 위하여 때로는 특수관계자 간에 발생한 비용을 적용하고 또 때로는 매출 또는 직원 수 등 이러한 요소들을 고려한 일정의 공식(formula)을 사용한다. 보고서는 이러한 방법이 임의적이기 때문에 정상가격

206. OECD 이전가격 지침서 상 '글로벌 내부규정 접근방법'(Chapter Ⅰ, C. "A non-arm's-length approach: global formulary apportionment")에 해당한다.

산출방법이 될 수 없다고 배척하고 있다.

또한, 보고서는 정상가격산출방법에 의한 효과를 다음과 같이 제시하고 있다.

> *아주 특별한 경우를 제외하고, 실제거래 과세를 위한 기초로 삼든지, 다른 거래를 무시하든지, 아니면 대체하든지 간에 정상가격원칙은 세무 목적상 실제거래를 정상가격으로 조정하는 것이다.*

그러나, 보고서 어디에도 특수관계자 이익이 정상가격원칙과 관련이 없다고 제시되어 있지 않다. 사실 보고서 몇몇 부분은 이익 또는 이익률에 대해서만 특정하여 허용한 부분이 있다.

> *글로벌 방법의 비판은 변론으로 하고, 정상가격을 산출하려는 노력의 일환으로 다국적 기업의 전체 이익을 고려하는 것이 정상가격의 적정성 여부를 보안하는 측면에서 도움이 되는 경우가 있다. 대상 국가 간 상호합의 과정에서 다른 정상가격산출방법에 심각한 문제가 있고, 당사자 국가가 서로 수용할 수 있는 공통의 접근방법과 자료의 교환이 가능한 경우 그러하다.*

정상가격을 산출하는 과정에서 보고서는 "이익이 언제 발생하고 이익의 정도를 결정하는 경우"에는 각 특수관계자가 수행한 경제적 기능을 분석하는 것을 허용하고 있다.

보고서에서 이익을 언급한 다른 부분은 다음과 같다. 유형자산의 거래 있어 정상가격산출방법의 결과를 확인하는 방법으로 비교가능 이익("comparable profit") 또는 투자자산 이익률("return on capital invested")의 방법을 제시하고 있다. 이러한 방법을 전통적인 방법의 부수적인 방법으로 제시되고 있으나, 보고서는 적정한 이전가격을 찾는 데 합리적인 방법으로 제시하고 있다.

무형자산의 가치평가와 관련하여, 보고서는 "일반적으로 실무에서 사용하는 방법은 한 기업의 이익 추세를 충분한 기간 동안 유사한 환경에서 유사한 기능을 수행하는 제3자와 비교하는 것"이라고 제시하고 있다. 또한, 보고서는 기업 회계기준의 불일치와 노하우 부분을 전체 이익에서 분리하는 것이 어렵기 때문에, 이러한 방법이 실질적인 가치가 있는지에 대해서는 의문을 던지고 있다. 그러나, 이러한 방법이 정상가격원칙에 배치되기 때문에 비교가능거래가 없는 경우, 이러한 방법을 적용할 수 있는지에 대한 의견은 제시하고 있지 않는다.

4)시기 조정

여기에서는 "라이선스거래에서 매년 실현하는 실제 이익을 반영하기 위하여 시기 조정("Periodic Adjustments")은 반드시 필요하다."는 것과 관련되어 설명한다. 정상가격인 경우에 시기 조정을 하는 이유는 다음과 같다. 장기간 기간에 대한 조정을 한다. 정상가격으로 협의된 고정된 라이선스 계약, 특히 그러한 계약에 포함된 무형자산이 고도수익 무형자산인 경우, 실제이익이라 함은 제3자 간에 라이선스 계약에서는 기대이익을 기준으로 한다는 사실 등이 시기 조정을 하는 이유이다. 또한, 납세자가 제3자 간에 그러한 조정을 하지 않는 다는 것을 증명하는 경우, 조정대상에서 제외된다. 과세관청과 재무성은 이러한 시기 조정이 미국의 이중과세 방지 협약에 적용된 정상가격과 일치한다고 생각한다.

5)상호합의에 의한 해결

과세관청과 재무성은 시기 조정, 일시불 지급에 대한 규정, 필요한 정보에 대한 접근권한 등을 포함하는 대응소득원칙이 조세협약국과 충돌을 야기할 수 있고, 이로 인해 조세협약국과 상호합의를 해야 할 수 있다는 것을 인식하고 있다. 그리고, 조세협약 행적 및 해석에 있어 다른 문제를 야기할 수 있다는 것을 인지하고 있다. 이러한 이유로, 미국 관련당국과 재무성은 미국 의회가 의도한 바와 일치하는 선에서 다른 체약국과 상호합의 또는 상호조정을 통해 이러한 문제를 해결할 것이다.

3. 시기 조정

1)개요

무형자산의 거래는 무형자산에 귀속되는 수익에 상응하여야 한다는 것은 '거래의 결과로 실현한 실제소득'을 말한다.[207] '수익에 상응'하여야 한다는 것은 무형자산과 관련된 수익의 상당한 변경이 거래금액에 반영되어야 하는 것을 의미하고, 또한, 특수관계인 간에 경제적 활동, 자산, 경제적 비용 및 위험의 상당한 변경이 반영되어야 한다는 것을 의미한다.

의회 개정안은 무형자산관련 이익이 실제수익을 반영하기 위한 조정임을 제시하였고, 이는 법원판결(R.T. French v. Comm'r)에 대응하기 위한 것이다.[208] 당해 사건에서 법원은 "장기적으로 고정된 로열티 계약은 계약당시 당사자들이 알 수 없는 사후사건을 이유로 제482조상 조정대상이 되지 않는다."고 판시

207. 1985 House Rep., supra n. 149, at 425.

208. 50 T.C. 836(1973)

하였다. 따라서, 의회 개정안은, 특히 고도수익 무형자산인 경우, 만약 그 무형자산과 관련된 수익성이 매우 높거나 낮고 또는 미래의 이익조정을 위한 별도의 방법을 합의하지 않는 경우, 제3자 간에는 계약을 체결하지 않는다는 입장을 견지하고 있다. 금융감독원(the "Securities and Exchange Commission")과 다른 자료들에 의하면 이러한 입장과 일치한다. 더욱이 장기 사업전략 측면에서 보면, 제3자 간에는 재계약 조항이 없는 경우에도 무형자산과 관련된 변경사항을 반영하기 위하여 재개약을 할 것이다.[209]

제3자가 어떻게 하였는지 과거 자료를 제외하더라도, 비교가능거래가 없는 경우, 실제수익은 계약당시에 정상가격을 제시하는 가장 좋은 방법이다. 따라서, 특수관계 라이선스 계약을 재계약 가능하고 미래의 수익흐름의 변경에 따라 시기 조정을 하는 것은 정상가격원칙과 정확하게 일치한다.

비교가능거래가 존재하는 경우 또는 어떠한 경우든, 이 자료를 근거로 이전가격은 결정되어야 한다. 만약 납세자가 장기계약에 있어 재계약이 불가능한 제3자 계약을 제시한다면, 시기 조정은 배제될 것이다. 규정의 조건을 만족하는 비교가능거래가 존재하는 경우, 특수관계자의 최초 및 이후 계약의 거래 대금은 이 계약에 따라 결정될 것이다. 비교가능거래는 항상 가장 좋은 가늠자가 된다. 그러나, 고도수익 무형자산인 경우, 비교가능 조건을 만족하는 제3자의

209. 관계기업 간에도 계약조건을 협상하는 것이 일반적이므로 계약서 내에 관계기업 간에 명시적으로 조건을 협상할 수 있는 조항은 큰 의미가 없다. 또한, 이러한 조항이 이전가격 조정을 위한 전제 조건이 되어서도 안 된다. 더욱이 관계기업 간에 이러한 조항만으로는 관계기업거래가 유사한 환경의 제3자가 했을 조건으로 체결되었다고 확신할 수도 없다. 만약 계약이 예상했던 것보다 더 많은 수익을 발생시키는 경우에는, 이러한 조항에도 불구하고 계약당사자는 계약을 재협상하거나 수정하는 것을 거부할 것이다. 따라서, 제3자가 체결하는 계약조항만으로 특수관계 기업 거래가 정상가격으로 이루어졌다고 확신할 수 없다.(1985 House Rep., supra n. 149 at 425-426.) 재협상 또는 수정조항이 없는 경우에도 관계기업 간에는 계약조항이 그들의 세무 또는 사업에 유리 또는 불리한지를 파악하여, 그러한 조항에 대해 재협상 내지 수정을 할 것이다. Compare R.T. French Co. v. Comm'r, 60 T.C. 836(1973), with Nestle Co., Inc. v. Comm'r, T.C. Memo. 1963-14.

거래는 정확한 비교가능거래여야 한다.

정상가격원칙 하에서 다른 경우에도 사후 이익을 제외할 수 있을 것이다. 이러한 경우, 납세자는 사후이익을 기준으로 조정되는 것을 피하기 위하여 아래 요건에 대한 당사자 입장을 증명하여야 한다.

①당해 사건이 라이선스 계약 이후에 발생했으나 사건이 예상하지 못한 이익변경을 야기했다.

②당해 계약 내용에 제3자 간은 계약 내용을 조정했을 것을 의미하는 조항이 없어야 한다.

③제3자 간에 이러한 예상하지 못한 이익변경에 대해 관련조항을 계약서에 포함하지 않았을 것이다.

예들 들어, 유사한 약효를 가지고 있는 12개 심장약이 있고, 이들 모두 시장에서 지배적인 위치에 있지 않다고 가정하자. 이들 몇 개에 대해 사후변경조항 따라 로열티 금액을 변경하지 않는 제3자 계약을 체결할 수 있다. 또 다른 예로, 납세자가 특수관계인의 경쟁자와 다른 약의 주요성분을 거래한 계약을 했고, 마침 경쟁자들의 제품이 심각한 부작용을 야기하여, 이 제품의 이익이 갑자기 증가했다. 이러한 경우에도 납세자가 위의 세 가지 요건을 입증하는 경우, 제품의 이익증가로 인한 조정을 면할 수 있다.

상기에서 논의한 바와 같이, 미국의회는 납세자가 제품초기단계에 미래의 이익변경을 예측할 수 없다는 이유로 낮은 로열티 금액을 합리화하는 전례에 특별한 관심을 가지고 있다. 이러한 이유로, 사후이익변경이 예상하지 못한 것에 대한 높은 단계의 입증책임을 납세자에 지우는 것이 바람직할 것이다. 그러나, 납세자가 정확하지 않은 또는 비교가능성이 떨어지는 비교가능거래에서도 사후 조정이 없다는 것을 증명하는 것은 매우 어려울 것이다.

모든 무형자산과 관련된 수익의 사후변경이 조정을 야기하는 것은 아니다. 무형자산과 관련된 수익을 결정하는 것이 무형자산 수익을 배분하는 첫 번째 단계이다. 두 번째 단계는 각 계약당사자의 경제적 활동, 비용 및 위험에 따라 수익을 배분하는 것이다. 만약 수익의 증가가 양수자의 노력으로만 발생된 것이라면, 증가부분에 대한 이익은 모두 양수자에게 배분될 것이고, 양도자에게는 별도의 조정이 되지 않을 것이다.

2)시기에 대한 검토

대응소득원칙상 적정한 소득을 실현하기 위하여 연도별 조정이 반드시 필요한 것은 아니다. 미미한 금액인 경우를 제외하고, 상당한 금액이 되는 사례에서 조정이 필요하다. 그리고 이와 관련하여 납세자가 적정한 소득을 결정하고 벌칙을 피하기 위하여 이전가격 구조를 언제 검토해야 하는지, 과세관청은 조사과정 중 언제 조정을 해야 하는지, 관련 법률이 사안을 상당한 정도로규정해야 하는지, 조정은 소급 또는 미래를 향하여 적용되어야 하는지, 조정은 무형자산의 양도거래와 로열티 일시불 지급에만 적용되어야 하는지, 상계조정은 허용되어야 하는지 등의 문제가 발생하게 된다.

납세자가 무형자산의 이전가격 거래를 검토하고 과세관청이 조정을 하는 시기 및 빈도는 고정된 법률로 규율할 수 없다. 양수자가 무형자산으로부터 상당한 정도의 이익변경을 실현하는 경우(이것이 처음에 예견되었던지 관계없이), 납세자와 과세관청은 반드시 거래를 검토하여야 한다. 그러나, 납세자가 이것이 위에서 설명한 조정의 예외 조건에 규합됨을 명확한 증거로 입증하는 경우에는 예외이다. 정확한 시기의 구분이 없는 경우도 점진적인 변경이 당초 계약을 체결한 시기에 계약당사자가 예상한 것과 비교하면 많은 차이가 나는 경우도 있다.

일반적으로, 납세자는 이전가격이 최초 계약 이후 변경에 합치하도록 필요한 모든 경우에 무형자산의 이전가격 거래를 검토하여야 한다. 기술적 변화가 심하거나 제품의 수명이 짧은 산업에 속한 경우, 납세자는 매년 이전가격 거래를 검토하여야 한다. 요약하면 납세자는 이들의 미국소득이 대응소득원칙에 부합하도록, 필요한 모든 경우에 심도 있게 거래내역을 검토하여야 한다. 이러한 규정을 위반한 납세자는 심각한 과소납부와 그와 관련된 벌금에 처해질 수 있다.[210]

다른 한편으로, 과세관청은 시기와 관계없이 과거연도 무형자산 소득과 비교하여 무형자산 소득에 식별가능한 변경이 있는 경우, 조정을 할 수 있게 허용하여야 한다. 즉, 만약 과세관청의 입장이 정확한 또는 비교가능성이 떨어지는 비교가능거래에 의하여 입증되거나, 이러한 비교가능거래가 없는 경우, 과세관청이 사용할 수 있는 기타 방법인 수익률 분석에서 입증되는 경우, 과세관청은 조정이 지난 과세연도 소득금액과 비교하여 식별가능한 변경이 있다는 사실을 추가로 입증하지 않아도 된다. 이러한 이유는, 과세관청이 무형자산 소득에 식별가능한 변경이 없어 조정을 못하게 되는 경우를 방지하기 위해서이다. 만약 과세관청이 과거연도에 어떤 소득이 대응소득원칙과 일치한다고 승인하였다고 하더라도, 이러한 승인내용이 현재 조정과 관계가 없다는 것이다. 적어도 제안된 조정 금액이 납세자가 거래와 관련하여 신고한 소득과 비교하여 상당할 경우에만 조정이 허용되게 하여야 한다. 또한, 1986년 이후 시행되

210. 납세자의 정상가격 산출방법에 대한 정보를 획득하고 정상가격원칙에 위배되는 사례를 확인하기 위해서는 관련조항 및 법률이 개정되어야 한다.

는 세무조사에 관심을 가져야 한다.

일정요소가 상당한 정도로 변경되는 경우, 이 변경이 그 납세자의 무형자산 소득에 상당한 변경이 있고, 세무조사로 이어진다는 것을 제시할 수 있는 미국 과세관청 내부 매뉴얼을 발표하는 것도 좋을 것 같다. 일정요소에는 ①공략 중인 시장의 크기와 숫자, ②제품의 시장점유율, ③제품의 매출 규모, ④제품의 매출액, ⑤기술의 사용 빈도수, ⑥기술의 개발, ⑦마케팅비용, ⑧제품원가, ⑨무형자산 사용을 위하여 각 당사자가 제공한 서비스, ⑩제품의 이익과 생산비용절감액 등이 있다.

대응소득원칙 규정에 의한 시기 조정은 일반적으로 납세자의 미래 과세연도를 대상으로 이루어져야 한다. 즉, 납세자의 조사 대상연도와 그 미래 과세연도를 대상으로 이루어져야 한다.(이 또한 다른 무형자산 수익의 상당한 변경과 관련이 없다는 것을 전제로 한다) 납세자가 거래당시 알려진 사실과 예측 가능한 고도 수익성을 감안하여 단계적 로열티율을 책정하지 않은 이상, 정상가격원칙은 이전가격이 실제수익과 상응하도록 하여야 한다.(즉, 이전가격의 조정이 무형자산 소득금액과 일치하는 것을 말한다)

3)일시불 지급

대응소득원칙은 무형자산 양도거래, 일시불 지급 또는 조건 없는 라이선스 거래에 적용된다. 따라서, 대응소득원칙 상에 시기 조정은 일시불 지급 양도거래, 로열티 거래 및 시기적 지급 로열티 거래 모두에 적용되어야 한다. 일시불 지급 양도거래인 경우, 과세관청은 그 거래시점이 지난 이후에 변경사항을 보고 거래가 정상적으로 되어 있지 않다는 것을 알 수 있는 한계가 있다.

다른 또 하나의 방법은 양도거래를 라이선스거래로 세법상 성격을 재규정하여, 과세관청이 대응소득원칙에 충족될 수 있는 추가 로열티 금액을 과세하도록 하는 것이다. 제3자 간에도 종종 무형자산 양도거래를 한다. 따라서, 특수관계자 간 매매거래를 누락하는 것은 정상가격원칙에 벗어나는 것으로 보아야 한다.

또 다른 방법으로 과세관청이 매출거래를 그대로 인정하고, 제482조를 적용하여 최초 일시불 지급 금액을 증가시키는 방법을 적용할 수 있다. 일시불 지급 양도거래에서 납세자에게 지급기간 동안 부과제척기간이 적용되지 않게 하지 않는 한, 의회가 의도한 바와 다르게 부과제척기간이 도과된 기간에 대해서는 조정을 할 수 없게 된다. 그러나, 부과제척기간이 완성되지 않을 경우, 다른 문제가 생길 수 있다. 일례로, 거래 중간에 최초의 일시불 금액에 조정되는 금액에 대해 자산의 사용기간을 기준으로 미래소득으로 재계산하여야 하나, 양도거래 이전 부과제척기간이 도과하는 과세연도에 대한 처리 문제가 발생한다. 또한, 선택규정이든 강제규정이든 상관없이, 부과제척기간이 적용되지 않는 경우, 세무조사에 있어 과세관청이 임의적으로 조사기간을 너무 길게 연장할 수 있게 된다.

따라서, 일시불 지급 양도거래는 대응소득원칙에 충족될 수 있도록 기간마다 검토할 수 있게 허용하는 것이 바람직하다. 이러한 방법은 해당 거래를 양도거래로 보면서, 양도금액이 대응소득원칙에 충족될 수 있는 조정을 가능하게 한다. 또한, 조정 금액을 적용하기 위한 내제된 부과제척기간 문제 또는 다른 문제를 최소화할 수 있다. 이 방법 하에서는 일시불 지급 매출금액은 그 거래가 발생한 연도의 과세소득(익금)으로 처리될 것이나, 이 금액은 향후 미래소득과 상응하는 선급금액("prepayment of the commensurate with income amounts")으로 처리된다. 따라서, 총 소득과 상응하는 금액이 선급금액을 초과하는 경우에는 제482조에 따른 조정은 없게 된다.

이 방법 하에서는 일시불 지급액은 그 지급액이 있던 때에 투자자산에 지급된 일시지급액("certificate of deposit–CD")으로 본다. 그 투자금액은 매년 납세자의 과세연도 마지막 날에 만기되는 것으로 자산의 사용기간을 감안하여 미국연방 이자율을 적용한다.(또는 그 자산의 개발국가의 이자율을 사용한다) 매 과세기간 말에 CD의 잔액을 계산한다. 이 금액에 수익에 상응하는 금액을 차감한다. 차감 후 잔액은 다시 CD의 잔액으로 다음 과세연도말에 만기되는 금액으로 본다. 매년 위와 같은 계산을 한다. CD의 잔액이 모두 소멸되는 때에는 납세자는 수익에 상응하는 전액을 과세소득에 포함한다.

사례에서 미화 $1,000에 양도된 자산이 10년 동안 대응소득원칙을 충족하기 위한 금액을 산출하면 다음과 같다.

	Col. 1	Col. 2	Col. 3
연도	일시불 지급액에 시간 가치 반환(10% 가정)을 추가하여 연말에 증가금액(3열의 금액에 대응소득을 더한 금액)	무형자산에 귀속되는 대응 소득	연 초의 남은 일시불 지급액 (전년도 1열에서 전년도 2열을 뺀 금액)
1	$1,100	$100	$1,000
2	$1,100	$100	$1,000
3	$1,100	$200	$900
4	$990	$200	$790
5	$850	$200	$650
6	$715	$500	$215
7	$237	$500	$0
8		$500	$0
9		$200	$0
10		$200	$0

*일지지급 금액은 매년 말 10%씩 시간에 따른 수익금액이 있다고 가정하였다.

상기에 $1,000인 일시불 지급액은 column 1에서 보이는 것과 같이 column 2에 있는 수익에 상응하는 금액을 차감하여 계산한다. 계산은 year 7과 같이 수익에 흐름이 0이 될 때까지 한다. 수익이 0이 된 이후에는 수익에 상응하는 전액을 모두 소득에 포함한다.[211]

제482조는 과세관청에 의해서만 적용되기 때문에 과다신고 금액은 반환되지 않는다. 그러나, 국내 라이선스거래에서 국외 지급되는 일시불 금액이 과다해 지는 것을 막기 위하여, 과세당국이 과다 일시불 금액이 명백히 수익에 상응하는 금액을 초과하는 경우에는 환급을 할 수 있도록 하여야 한다.

4) 로열티 거래와 상계

대응소득원칙에 따라 분석을 할 경우, 거래당사자가 계약한 로열티율이 어떤 과세연도에는 너무 많고 어떤 과세연도에는 반대일 경우가 있다. 현재의 규정상 제482조는 매년 조정을 원칙으로 하고 있다. § 1.482-1(d)(3)규정에 의하여, 과세금액으로 제시된 조정 금액과 특수관계거래에서 발생된 과다소득 간에 과세연도 중 ("intra-year") 상계만을 인정한다. 따라서, 과세관청은 납세자가 기타 다른 연도에 과다 지급받은 로열티 금액에 별도의 조정 없이 조정

211. 무형자산에 대한 우발적 수익과 관련된 미국세법(IRC)을 적용하던 조세조약 관련 조항을 적용하던 대응소득원칙은 무형자산 양도거래를 로열티로 보아 처리하는 한 것과 같은 결과를 가져온다. 어떤 이유에서든 미국 국세청 및 재무성은 미국 조세조약 측면에서나 원천징수 측면에서 무형자산의 양도거래를 매출거래에서 제외할 의도가 없었다. 미국 국세청 및 재무성은 일시금(lump sum)으로 지불된 무형자산의 양도거래(이전가격)에 제482조에 따른 정상가격을 결정하고, 이 거래가 대응소득원칙에 규합되게 하기 위해, 해당 일시금을 선급금으로 보아 그 거래의 기간에 일치하도록 기간을 산정하였고, 이러한 처리방법은 부과제척기간으로 인한 불합리한 결과를 방지하게 하였다. 따라서, 거래의 기간은 로열티 기간에 준하여 결정된다.(특히, 매출 또는 생산량에 우발조항) 또한, 계약상 대응소득원칙이 매출과 연계되었다고 하더라도, 대응소득원칙은 생산능력, 사용량 또는 감소량 등과는 관계가 없다. 예를 들어, 특정연도에 매출이 상당히 증가하였어도 지급금액을 산출하는 방식이 이러한 매출증가액을 반영하지 않지만 정상가격 요건을 만족할 수도 있다.

금액을 산정할 수 있게 하여야 한다. 일례로, 사업순환시기 또는 수요의 변화로 인해, 수익의 변동이 잦은 제품을 생산하는 무형자산에 대해 로열티를 지급한다고 가정하자. 시간이 지남에 따라, 평균적인 로열티 금액은 적정하나 연도별로 보면 어떤 연도에는 너무 많거나 또는 반대일 수 있다.

이러한 개방형 거래에 내제된 문제들 때문에, 현재 규정은 다중연도 상계를 금지하고 있다. 이러한 과격한 규정은 다음과 같은 방법으로 완화할 수 있다. 시기 조정이 상당한 정도의 변경이 있을 때만 적용되고, 납세자가 환경의 변화에 따라 스스로 미래사업연도 로열티 금액을 조정하는 하는 것이다. 또한, 이러한 방법은 조정 금액이 납세자에게 유리할 경우, 해당 문제가 적정한지 검토하기 위하여 납세자가 지속적으로 거래를 검토할 유인책을 제공한다.

4. 명확성의 확보(세이프하버 규정)

1)개요

제482조의 가장 많은 반대의견은 납세자가 이전가격을 결정함에 있어 과다납부를 하지 않으면서 동시에 과세관청이 만족할 만한 법적 안전성을 보장하지 않는다는 것이다. 또한, 정부입장에서 보면 현 제482조는 과세관청이나 법원이 비교가능거래가 없는 경우, 적정한 과세조정을 하기 위한 정확한 규정을

제공하고 있지 않는다는 것이다.[212] 이러한 문제에 가장 흔한 해결방법으로 대두되는 것이 제482조상 정상가격원칙이 사실분석을 요구하는 것을 대신하여, 세이프하버 또는 쉽고 기계적인 검토방법을 수용하는 것이다.[213]

2) 세이프하버와 관련된 일반적인 문제

여러 세이프하버 방법이 제시되었으며, 이 제시된 방법은 다음과 같은 2가지 공통점이 있다. ①절대적인 세이프하버로 일정요건을 만족하면 납세자에게 제482조에 의한 조정을 완전히 면제해 주는 방법, ②조건부 세이프하버로 과세관청이 배척할 권한이 있으나, 과세관청에게 입증책임을 부여하는 방법이 그것이다. ②조건부 규정 하에서는 납세자의 거래가격을 부정하기 위해서는 과세관청은 증거를 통해 제482조의 조정이 필요 하는 것을 입증하여야 한다.[214]

여러 세이프하버 방법 중에는 다음과 같이 납세자에게는 유리하고 정부에게는 불리한 공통적인 문제점도 있다. 이들 모두 납부세액을 줄이는 목적만을 부여하고 있다. 세이프하버를 적용하는 납세자는 일반적인 규정보다 낮은 세금부담을 지게 된다. 납세자 중 세이프하버를 적용하게 되면 일반적인 규정보다 높은 세금부담을 지게 되는 경우, 납세자는 일반적인 규정을 선택하기 때문이다. 행정비용을 줄이고 법적안전성을 보장하는 것은 납세자가 일반적인 규정을 적용할 때 세금부담이 줄어드는 경쟁적인 경우에 필요하다. 그러나, 일반적

212. GAO, IRS Could Better Protect U.S. Tax Interests, ABA Comm. on Affiliated and Related Corporations, Administrative Recommendation No. 8 (1986) [hereinafter ABA Admin. Rec.]; Langbein, supra n. 205, at 655.

213. 참조 GAO, IRS Could Better Protect U.S. Tax Interests.

214. 특히 'Maquiladora'라는 멕시코 Safe Hobour 규정에 의해 미국의 많은 기업이 멕시코에서 제조활동을 수행하였다. 멕시코에서 완성품을 제조하여 미국 또는 다른 국가에 제품을 판매하는 경우, 정상가격 수익으로 Safe Hobour 규정인 Cost plus(+) 6.5% 또는 6.9%를 적용하여 주기 때문이다.(Uribe, 2023)

으로 과세관청 입장에서 보면, 세이프하버는 행정비용을 줄이는 효과밖에 없다.

이상적으로 세이프하버 규정은 쉽고 저렴한 방법으로 과세관청의 조사에 대응할 수 있는 방법이다. 절대적인 세이프하버 방법은 중요하지 않은 사건을 모두 조사에서 제외할 것이나, 납세자의 과오로 인해 과세관청이 조사를 하게 되면, 상당한 금액의 조정이 필요한 경우에도 조사에서 제외될 것이다. 따라서, 이러한 모든 문제를 해결할 수 있는 세이프하버 방법이 있는지가 의문이다.

과세관청의 제482조 관련 관행으로 보면, 세이프하버는 교훈적이다. 가장 좋은 예로 현재 이자율과 관련된 § 1.482-2(a)(2)(iii)이다. 과세관청의 입장에서 보면, 세이프하버를 운영한 결과는 만족스럽지 않다. 당초 세이프하버 이자율이 4%에서 6%로 규정되어 있었다. 당해 이자율은 1968년 당시에는 충분했을 것이다. 그러나, 이자율은 시간이 지남에 따라 급속하게 변경되었다. 또한, 정부는 시장 이자율이 증가함에도 불구하고 규정상 이자율을 변경하는 데 늦장을 부렸다.[215] 현재 세이프하버 이자율은 제1274(d)조에 의해 시장 이자율을 매월 반영하는 연방이자율을 적용하고 있다. 그러나, 이러한 것이 일면 만족스러운 해결책으로 보이나, 정부가 다음 세이프하버 이자율을 선택하는 공백 기간 동안 납세자는 반사적인 이익을 보게 된다.

다른 예로, § 1.482-2(c)(2)(ii)는 유형자산 사용과 관련된 임대소득의 세이프하버를 규정하고 있다. 경험적으로 보면, 이러한 세이프하버 임대소득은 과도하게 납세자에게 유리하였다.(즉, 너무 낮은 임대료 수익)[216] 이번 년도에 이

215. T.D. 8204, 1988-24 I.R.B. 11.

216. T.D. 8204, 1988-24 I.R.B. 11.

규정은 폐지되었으며 현재까지 대체 임대료가 발표되지 않았다.[217]

정부의 제482조상 세이프하버 관련 경험으로 보면, 정상가격으로 간주된 금액은 일반적으로 시장율과 다르다는 것이다. 이러한 결과로 보면, 제482조상 많은 이전가격 문제를 야기한 무형자산 그리고 유형자산의 가치를 평가하기 위한 세이프하버를 결정하는 것은 어려울 것이다. 또한, 규정을 시행하기 위하여 복잡성과 신뢰성을 모두 갖춘 자료를 획득하는 것이 어렵다는 점을 감안하면, 세이프하버 기준을 조정하는 데 상당한 시간이 걸릴 것이다. 따라서, 어떠한 경우든지 관계없이, 세이프하버 규정이 가지고 있는 원초적인 문제는 계속적인 검토 및 개정 또는 과세권을 확보하기 위한 보수적인 세이프하버 적용으로도 개선되지 않을 것이다. 세이프하버가 시장율과 다른 경우에는 납세자는 이러한 것을 어떻게 하든 유리하게 이용할 것이다.

3)특정 제안

다음은 제시된 세이프하버 규정의 요약이다.

(1)산업관행 기준 이익

이 방법은 1986년 개정세법 제482조와 상충된다. 산업평균은 고도수익 무형자산의 정상가격을 대표하지 못한다. 따라서, 산업평균방법은 대부분 이전가격 사례에 정상가격을 산출할 수 있는 근거를 제시하지 못하기 때문에 허용되지 않았다.

217. 참조 Reg. § 1.482-2(c)(2)(ii)

(2)이익분할-최저 미국과세소득 확보

이 방법은 미국에 50% 정도의 일정소득을 보장한다.[218] 대응소득원칙은 계약당사자가 수행한 경제적 기능을 합리적으로 반영하기 위해 특수관계 이익을 배분한다. 그러나, 세이프하버에 의한 방법은 사건별로 계약당사들의 경제적 기여도를 개별적으로 정하여야 하는 원칙과 충돌한다. 더구나, 고정된 미국의 일정이익 보장은 만약에 무형자산이 해외에서 개발된 경우, 타국가의 반대에 부딪칠 수 있다.

(3)납세자가 제안한 통합비용을 근거로 한 이익분할(ABA[219] Proposal)

이 방법은 각기 다른 종류의 비용이 결합이익을 생성하는 데 동일한 기여도가 있다고 가정하는 것이다. 예를 들어, 고도로 훈련된 기술서비스는 그렇지 않은 경우보다 이익발생에 있어 기여도가 더 클 수가 있다. 더구나, 연구개발비용과 같이 간접비가 특정 제품이 어느 정도 기여했는지 계산하는 것이 어렵고, 납세자가 이러한 비용을 제품에서 제품으로 또는 법인에서 법인으로 이전하여 조작할 수 있다.(예를 들어, 직원파견)

(4)자산과 비용을 기준으로 한 이익분할(ABA Proposal)[220]

두 번째 ABA 세이프하버 방법은 첫 번째 방법을 개선한 것이다. 모든 기준

218. 1985 House Rep., supra n. 149, at 424-25.

219. 'ABA'는 'Asset-Based Approach'의 약자이다.

220. Admin. Rec, supra n. 212, a,t 14. ABA 관련된 법률개정안은 유형자산의 이전만을 대상으로 하였고, 기타 다른 법률개정안은 무형자산의 이전을 대상으로 하였다. Safe harbors 조항이 이전되는 자산의 유형과 상관없이 유리한 면과 불리한 면이 동시에 존재하기 때문에 여기에서는 이 사안에 대해서는 논의하지 않았다.

을 비용에 의존하는 것이 아니라 50%는 비용을 기준으로 하고 50%는 무형자산 매출액과 관련된 자산의 시장가치 의존하는 방법이다. 최소한 결합이익의 25%가 양수자에게 배분된다. 만약 계약당사자 한쪽이 특이한 방법으로 자산을 소유하고 있어도, 이것이 마치 고도로 효율적인 것처럼 취급된다. 더구나, 자산은 법인과 법인 간에 임의적으로 사고 팔 수 있기 때문에 그 자산의 가치평가 문제가 발생하고, 또한, 자산은 이익을 전환할 단순한 목적으로 거래될 수 있다. 이러한 문제로 인해, 계약당사자 한쪽이 수익발생에 미미한 활동을 했음에도 불구하고, 상당한 이익을 배분 받을 수 있다.

(5) 세금유인 테스트

이 방법은 타국의 세율이 미국의 90% 이상일 때 적용할 수 있다. 이 이론이 바탕에는 "만약 납세자의 세율이 소득을 이전할 유인이 없는 경우, 납세자는 정상가격으로 세금을 신고할 것이다."라는 전제가 있다. 이 방법이 보기에는 실질적인 효과가 있어 보이나, 다음과 같은 문제가 있다. 제482조의 이전가격 조정은 납세자가 소득을 이전할 의도를 전제하고 있지 않는다. 납세자가 전 세계 소득을 과다 납부하고 미국에는 과소 납부하고 있는 경우 조정은 반드시 되어야 한다. 더구나 행정적인 이유로 미국은 조세협약에 의하지 아니하고는 과세소득을 포기하지 않을 것이다. 따라서, 납세자가 고세율 국가에 소득을 의도적 또는 우연히 이전하였더라도 세이프하버와 관계없이, 제482조에 의한 이전가격 조정 대상이 되어야 한다. 그러나, 실무적으로는 미국 모회사가 미국보다 높은 유효세율 국가와 거래한 경우, 과세관청은 상대적으로 적은 조정액을 제시한다.

(6) 이익배분 테스트

이 방법은 적어도 로열티 지급전 순이익의 25%가 미국에 귀속된다. 만약 거래 상대 자회사가 10%의 경제적 기여도가 있어도 75%의 이익을 획득할 수 있기 때문에, 이 방법은 대응소득원칙과 정면으로 충돌한다.

(7) 사전가격 승인 테스트

이 방법은 만약 과세관청이 과거 연도에 대해 일정한 가격결정방법이 합리적이라고 승인한 경우, 차기 연도에 이 방법이 잘못 돼 있다고 주장하기 위해서는 과세관청이 입증책임을 지는 방법이다. 이 방법은 과세관청이 과거연도에 대해 일정 가격결정방법을 승인할 때에는 여러 가지 이유가 있기 때문에 허용될 수 없다. 과세관청에게 기존의 승인된 방법에 대해 비합리적인지 압박을 가하는 것은 과세관청의 오류를 영구화하고 변화되는 환경에 과세관청을 몰아넣는 꼴이 된다.

4) 입증책임의 전환

일정의 세이프하버는 입증책임을 과세관청에게 전가한다. 납세자가 가격결정과 관련된 자료 전체를 제공한 경우에만 입증책임이 과세관청에 전가된다. 제6001조는 모든 납세자에게 제482조 포함하여 세무적 입장을 증명하기 위해 적정한 장부와 기록을 보관하도록 규정하고 있다. 따라서, 납세자가 입증책임을 전가하기 위해서는 위의 관련규정을 모두 준수하여야 한다.

과세관청과 재무성은 입증책임을 전가하는 하는 방법은 수용할 수 없다고 본다. 제482조 관련된 핵심적 문제는 사실관계 파악이고, 과세관청이 아닌 납세자가 관련 자료에 대한 이해도가 가장 높고 그러한 자료를 보관하고 있다는 것이다. 따라서, 제482조 관련문제에 대하여 과세관청에게 입증책임을 전가하는 것은 수용 가능하지 않다.

Ⅲ. 무형자산의 평가 방법

대응소득원칙 시행의 주요한 이유는 무형자산을 이용하는 특수관계자 간에 발생한 소득에 대한 정확한 규정이 없었기 때문이다. 앞에서 논의한 바와 같이, 적정하지 않은 비교가능거래 또는 이익분할방법에 유래된 준 이익분할방법을 특수한 무형자산거래와 관련된 문제에 적용하여 왔다.

여기에서는 적정한 비교가능거래를 정의하고자 한다. 또한, 비교가능거래에 의존하지 않은 대체 정상가격산출방법을 제시하고자 한다. 본 방법 적용을 위해 자세히 설명된 14개의 사례는 Appendix E[221]에 있다. 이 방법은 1986년 세법개정 이전에 과세관청, 납세자 및 법원이 수익을 배분하기 위하여 사용한 방법과 일반적으로 일치한다. 만약 이 방법이 수용된다면, 1986년 세법개정 이전에 사례에도 합리적으로 적용될 수 있을 것이다.

221. 이 책에서는 Appendix D와 E에 나온 사례에 대한 언급은 하지 않았다. 그러나, 이것은 단순히 책자가 너무 복잡해지는 것을 피하고자 한 것이지 Appendix에서 나온 사례가 중요하지 않다는 것은 아니다. 가능하면 원문을 통해 Appendix에 나온 사례들을 상세히 읽어 볼 것을 권장한다.

1. 제482조 적용과 관련된 경제학 이론

1)개요

현 제482조는 소득을 배분하기 위해 시장접근방법("Market-based approach")을 적용한다. 시장접근방법의 목적은 시장 운영법칙에 의해 배분되었을 소득을 배분하기 위해서이다. 즉, 특수관계인은 유사한 조건에 제3자가가 실현했을 소득과 동일한 소득을 실현하여야 한다. 또한, 이 방법은 각 특수관계거래를 별도의 거래로 보아 개별 거래에 대해 각각의 이전가격을 결정한다.[222]

전 세무정책 차관보인 Stanley Surreys는 다음과 같이 시장접근방법에 대해 서술하였다.(특히, 제3자가 세액을 계산하는 방법에 대해)

세무행정당국은 시장에 의해 결정된 거래에 대해서는 의문을 제기하지 않는다. 만약 A 회사가 제3자인 B에게 제품을 일정가격에 판매하거나 서비스를 일정가격에 제공한다면 이 두 회사의 수익은 그 거래된 가격으로 결정될 것이다. 한쪽은 회사 규모가 크고 다른 한쪽은 작을 수 있고, 또한 한쪽은 독점적인 위치에 있을 수 있다. 그리고 한쪽은 재무상 건실할 수 있고 다른 한쪽은 그렇지 않을 수 있다. 그러나, 이러한 요소 또는 거래에 영향을 줄 수 있는

222. 이러한 방법을 적용함에 있어 고려해야 할 사항은 시장접근방법(market-based) 배분액을 찾아내는 동시에 측정값(estimation) 또는 거래에 적용된 평균값을 적용한다는 것이다. 이러한 측정값을 사용하는 것은 정형화된 배분방법(formulary apportionment) 방법과 일정부분 유사하다.

요소는 세무행정당국의 관심사항이 아니다.[223]

시장에 의한 세무행정 시스템이 수용되고 나서 그는 다음과 같이 결론 내렸다.

> *추측컨대, 대부분의 거래가 일반적으로 시장의 원칙에 의해 결정된다. 따라서, 특수관계 기업 간 거래도 일반원칙인 시장원칙에 의해 결정되는 것이 합리적일 것이다. 또한, 특수관계거래에 따라 지배되는 수익 또는 이익의 실제 배분액을 검토하거나, 거래가 일반적인 시장원칙에 맞지 않는 경우, 조정금액을 산출할 때 정상가격원칙을 적용하는 것은 이론적으로 적합하다.*[224]

최근 시장접근방법에 의한 정상가격원칙이 일반원칙 측면에서 오류가 있다는 비판이 있다. 대체 방법으로 "다국적 기업 사업전체는 서로 연결되어 통합되어 있다."는 접근방법을 적용할 수 있다. 범위를 확장하여 말하면, 통합사업은 사업체들이 공통의 통제 하에 있고, 유사한 사업활동을 수행하는 것을 말한다. 대체접근방법(즉, 통합사업 접근방법)의 찬성론자는 "특수관계인이 시장원칙을 기준으로 특수관계인 간에 거래를 할 것으로 전제할 수 없다."는 것이다. 이 비판론은 "특수관계인이 제3자 거래와는 다르게 사업활동을 할 것이기 때문에, 특수관계인 간에 개별거래가 시장원칙에 지배받는 제3자 거래와 유사할

---

223. Surrey, Reflections on the Allocation of Income and Expenses Among National Tax Jurisdictions, 10 Law and Policy in International Business 409, 414(1978)

224. Id. at 414

것이라고 전제하는 것은 논리에 맞지 않는다."는 것이다. 이러한 비판론의 배경에는 특수관계 간의 소득배분은 정부가 정한 일정한 공식에 의해서 되어야 한다는 것이다.

여기서는 이러한 대체접근방법과 통합사업에 적용될 수 있는 정상가격원칙에 대하여 논의한다. 결론적으로 시장접근방법에 의한 정상가격 방법이 이론적으로 가장 합리적인 배분방법이다.

2) 통합사업에 대한 정상가격원칙의 적용(이론)

시장접근방법은 경제적 활동을 수행하는 당사자에게 경제적 활동에 대한 이익을 배분하기 위한 목적으로 적용된다. 시장접근방법에 대한 비판론은 이 방법으로는 정상가격을 산출할 수 없다는 것이다. 관련된 실무상의 문제로는 '얼마나 근접한 가격을 구할 수 있는가?'이며, '그러한 가격을 산출하는 것이 비용상 효율적인가?'라는 것이다.

어느 논평자는 현 규정의 행정상 어려움은 실무상의 문제가 아니고, 통합사업에 시장접근방법을 적용하는 근본적 문제에 있다고 지적한다.[225] 특히, 정상가격원칙이 회사(또는 조직) 전체의 이익을 고려하지 않기 때문에 문제가 발생한다. 즉, 통합사업은 대체적으로 좀 더 효율적이기 때문에 통합사업을 운영함에 있어 그렇지 않은 제3자보다 좀 더 비용 효율적으로 운영할 수 있다. 이러한 오류는 제3자 간 개별거래를 결합하여 산출한 이익이 통합사업을 운영하는 특수관계 이익보다 적게 되는 연속가격문제("continuum price problem")를 야기한다. 이러한 비판은 다국적 기업의 존재 이유를 설명하는 학술보고서로부

225. Langbein, supra n. 205, at 627.

터 시작되었다.[226]

다국적 기업은 사업의 통합을 위해 존재할 수 있다. 그러나, 이러한 개별 기업의 특수한 사항이 정상가격원칙을 반드시 배제하지는 않는다. 이전가격은 어떤 지역에 위치한 기업의 기능 및 자산의 기여도를 경제적 이익으로 표시한 것이다. 따라서, 대체적인 접근방법에서도 각 기업은 적어도 제3자가 실현했을 정도의 이익을 실현하여야 한다.

더구나, 대체접근방법(시장접근방법에 대한 대체적인 방법)에 보편적으로 적용되는 현 정상가격원칙에 의한 분석을 배제할 필요도 없다. 미국 어느 한 기업이 특별한 제약관련 특허권을 보유하고 있고, 이를 통해 제품을 새로운 시장에 판매하기를 원한다고 가정해보자.(특허권은 그것 자체로 상당한 가치가 있고 마케팅 기능은 중요한 요소가 아니다) 이 기업은 제3자와 특허권 사용에 대한 라이선스 계약을 체결하여 새로운 시장에서 제품을 생산할 수 있다. 또는, 이 기업은 특수관계인과 합작회사를 설립하여 제품을 새로운 시장에서 생산할 수 있다. 어느 한 제약회사가 합작회사와 거래를 한다고 가정하면, 이 기업은 관련 무형자산의 기여도를 감안하여 상당한 정도의 이익을 획득하려고 협상할 수 있다. 이러한 이유는, 그 시장에 많은 회사들이 약품을 섞거나 포장하는 단순 노동 및 자본을 제공할 수 있기 때문이다.

따라서, 이 경우 다음과 같은 2가지 정상가격 거래가 있다. 그 하나는 제3자와 거래를 하는 방법이고 둘째는 특수관계인과 기업합병, 합작회사설립 또는

226. R. Caves, Multinational Enterprise and Economic Analysis(1982). Caves는 다국적 기업이 존재하는 이유는 무형자산의 시장실패에 있다고 말한다. 핵심적으로 관계기업 간에 내부거래는 외부거래보다 수익성이 높다. 이러한 이유는 외부거래인 경우 계약을 체결하기 위한 추가비용이 발생하고 계약을 체결한다고 하더라도 관계기업간과 같이 관련된 노하우나 지식을 이전 받기 어렵기 때문이다.

단순히 자회사를 통해 필요한 노동 및 자본을 사용하는 방법이다. 따라서, 만약 분석의 핵심을 거래당사자 거래에만 제한하고 그러한 거래가 특수관계거래의 실질은 정확히 반영하지 않는 경우, 각 당사자에게 수익의 기여도만큼 이익을 배분하려는 목적을 달성할 수 없게 된다.

정상가격 거래를 설명하는 다른 방법은 만약 당사자 간에 특수관계 기업의 비용(즉, 특수관계 기업의 기술을 사용하는 것)을 부담할 선택권한이 있다면, 이 거래가 제3자가 했었을 거래와 동일하게 되는 것을 말한다. 일반적으로 세법은 생산효율을 저해하지 않기 위하여 당사자 간의 결정에 개입하는 것을 최소한으로 한다. 이전가격 규정은 가장 효율적인 생산을 지지한다. 즉, 비용이 일정하다면, 이전가격 규정은 거래가 특수관계든 제3자든 동일한 세금부담을 의미한다. 따라서, 만약에 특수관계 기업이 어떤 이유로 다른 특수관계 기업의 기술을 사용하게 된다면, 그러한 거래의 결과로 부담해야 할 총 세액은 제3자의 경우와 동일하여야 한다. 시행단계에서 어려운 것은 실무적 적용에 있어, 어떻게 정상가격원칙을 해석하는가에 있다.

3) 통합사업에 대한 정상가격원칙의 적용(실무)

미시경제 이론을 적용하면, 정상가격 접근방법을 통합사업거래에 좀 더 정확히 적용할 수 있다. 연속가격문제는 수직적 또는 수평적 제품기술이 통합되어 있어 다국적 기업이 좀 더 낮은 비용으로 사업활동을 할 수 있는 경우에 문제가 된다. 어떻게 하면 제3자의 거래가 이러한 문제를 해결할 수 있을까?

첫 번째 단계로 산업 내에 특수관계 간이든 제3자 간이든 비용에 차이가 없다고 가정한다. 즉, 제품생산에 있어 한 가지 제조기술만 존재하고 이것이 특수관계인이건 제3자이건 모두에게 사용가능한 상태이다. 따라서, 이 경우 연속가격문제는 없고, 전통적인 해석방법으로도 정상가격규정이 적용될 수 있다. 이 경우, 특수관계거래이든 제3자 거래이든 모두 시장원칙에 따라 결정될 것이고, 특수관계 기업의 소득결정을 제3자의 거래가격으로 하는 것이 가능하게 된다.

이 절차는 특수관계인 간에 소득을 배분하기 위해 제3자 간에 정상가격으로 거래한 정보를 이용하다는 위 '2)통합사업에 대한 정상가격원칙의 적용(이론)'의 목적을 달성할 수 있게 한다. 중간재를 판매하는 특수관계 기업의 경우에도 제3자와 동일한 총매출을 실현하게 될 것이다. 특수관계 기업이 제3자 기업과 동일한 원가로 제품을 구매할 것이기 때문이다. 또한, 동일한 산업 내에서 사업활동을 하는 위 두 거래는 동일한 비용구조를 가지고 있다. 따라서, 외부가격과 내부비용이 같아지게 된다. 결국 특수관계 기업은 제3자와 동일한 과세소득을 실현하게 될 것이고 경쟁자인 제3자와 동일한 세부담을 지게 될 것이다.

다음으로 다국적 기업에게만 허용된 기술이 수직적·수평적으로 통합되어 있고, 이 기술이 지배적인 위치에 있는 경우이다. 만약 다국적 기업이 더 낮은 비용으로 제품을 생산할 수 있다면, 규모가 작은 기업은 시장에서 사라질 것이다. 따라서, 정상가격은 시장에서 찾을 수 없게 된다. 적절한 이전가격 결정은, 만약 제3자 거래가 특수관계 기업과 비용구조가 동일하고 특수관계거래와 비교될 수 있는 제3자의 소득이 있다면, 이것을 적용해야 할 것이다.

이러한 경우에 미시경제 논리는 제3자가 실현했을 소득에 대해 명확한 설명을 제공하고 있다. 그것은 분석대상 산업이 경쟁적이고, 제품생산의 요소가 균등하며, 분야("sector") 간에 이동이 자유롭다면, 경제적 초과 이익 또는 비정상("above-normal")이익은 장기적으로 "0"이 될 것이다.[227] 즉, 각 회사는 제품생산에 사용된 토지, 노동, 자본 그리고 다른 요소들의 비용을 차감하고 약간의 이익을 향유하게 된다는 것이다.

그러나, 제로 경제이익 논리는 과세소득이 "0"라는 것을 의미하지 않는다. 만약 회사의 소유주가 자본 그리고 다른 생산요소를 제공하였다면, 그 기업은 주주들에 대한 대가를 감당할 수 있을 만큼 소득이 있어야 한다. 그렇지 않은 경우, 주주들은 다른 투자처를 알아보게 될 것이기 때문이다. 다른 말로, 제로이익 개념은 "경쟁적인 산업 하에서는 각 기업은 투자한 생산요소를 통하여 유사한 총매출과 시장이익을 실현하게 된다."는 것이다. 만약 총매출이 이 기준보다 높은 경우, 그 기업은 비정상("above-normal")이익을 실현하게 되고 비정상이익이 존재하는 경우 이 비정상이익이 사라질 때까지 다른 많은 기업이 당해 산업에 들어오는 것을 유인하게 된다. 만약 총매출이 이 기준보다 낮은 경우에는 이 기업은 투자된 요소보다 낮은 이익을 실현하게 되어 시장에서 사라질 것이다.

매출과 각 요소들의 수익률 간의 상관관계는 다국적 기업 내의 특수관계 기업 간의 수익을 배분하는 데 적용될 수 있다. 특히 시장독점과 무형자산에 대해 아래 '4)실무적 문제들'에서 논의한 것과 같이, 각 특수관계인의 생산요소를 측정하여 시장원칙에 가장 근접한 대체방법으로 관련 특수관계인의 이익을 산출한다. 이렇게 산출된 총이익은 각 특수관계인이 제3자라면 실현했을 투하요소 이익과 동일하게 될 것이다. 또한, 이 총이익은 다국적 기업이 동일한 투하

227. 제로이익에 대한 자세한 내용: Lipsey and P. Steiner, Economics 229-231(6th ed. 1981). For a mathematical presentation of the implications of this condition, see J. Henderson and R. Quandt, Microeconomic Theory 107-110(3d ed. 1980)

요소와 기술을 사용했을 경우, 제3자가 동일한 생산을 하는 데 지급하였을 금액과 일치할 것이다. 이렇게 산출된 총이익("gross income")을 각 특수관계인에게 배분하면, 이들의 과세소득은 가상으로 계산된 제3자가 실현하였을 과세소득과 일치하게 된다. 따라서, 부담하는 세액은 제3자와 동일하게 된다. 결론적으로, 이 방법을 적용하게 되면 특수관계자 간에 세액을 절약하려는 유인 또는 방해요소는 사라질 것이다.

상기 이론은 경쟁 위치에 있는 기업의 총매출은 그 제품의 가격에 생산량을 곱한 것과 동일하게 되며, 또한 시장에서 투하된 생산요소가 실현하는 이익과 동일하게 된다는 것이다. 전통적인 정상가격방법은 상기 이론의 총매출 쪽의 이론을 감안한 것이고, 대체 방법은 생산요소 쪽의 이론을 감안한 것이다. 생산요소를 감안하는 방법은 기업이 생산을 위해 투하한 생산요소를 확인하고, 이러한 생산요소가 시장에서 얻게 될 이익을 계산하여 총합계를 산출한다. 요약하면, 전통적인 방법은 기업이 시장에서 제품에 적용할 가격에 중점을 두고 있고, 대체 방법은 기업이 시장에서 생산요소로부터 실현할 이익에 중점을 두고 있다. 이 두 방법은 모두 정상가격원칙과 일치하며 특수관계 기업 간 소득을 배분하기 위한 정상가격에 대한 제3자 정보를 제공한다.

4)실무적 문제들

통합사업인 경우, 정상가격원칙을 적용하기 위해서는 독점과 무형자산 가치평가와 같은 추가 문제가 있다.

(1)독점적 위치

어느 한 기업 또는 몇몇이 시장을 지배하고 있어, 다른 잠재적 경쟁자가 시장에 진입할 수 없는 경우에는 비정상이익("above-normal")이 시간이 지남에 따라 사라지지 않는다. 이러한 경우, 상기에서 논의한 총매출과 생산요소 이익의 상관관계는 더 이상 지켜지지 않는다.

그러나, 경제학 기본개념은 계속적으로 적용 가능할 것이다. 일례로, 한 기업이 특수한 제품의 전 세계 특허권을 사용할 수 있는 권한이 부여되었다고 가정하자. 그 기업은 특허권을 관계기업 또는 제3자에게 선택하여 사용하게 할 수 있다. 그러한 경우, 기업은 관계기업 또는 제3자를 선택함에 있어, 그러한 결정이 이전가격규정에 부합하도록 고려할 것이다. 제3자를 제품 또는 서비스를 제공하는 것으로 선택한다면, 그 기업은 투하된 생산요소 이익의 총합계 금액을 제3자에게 지급할 것이다. 따라서, 이러한 경우에도 대체방법을 특수관계 기업 간 소득을 결정하는 데 적용하는 것이 적절할 것이다.[228]

(2) 무형자산의 평가

정상가격을 산출하기 위한 대체방법의 첫 번째 단계는 특수관계인 간에 투하된 생산요소를 확인하고, 시장에서 그러한 생산요소가 실현할 이익을 산출하는 것이다. 만약 생산요소가 확인가능하고 측정가능한 경우, 이러한 절차는 비교적 간단할 것이다.

228. 좀 더 복잡한 사례는 관계기업 간 거래와 잠재적으로 참여가능한 제3자 모두가 시장지배적 위치에 있어 정상이익(normal profit)보다 높은 이익을 획득할 수 있는 경우이다. 만약 제3자와 거래하고자 한다면, 기업은 제3자와 협상에 있어 고려할 사항을 고심할 것이다. 게임이론(game theory)에 의하면, 위와 같이 양당사자가 시장지배적 위치가 있는 경우, 기업은 제3자의 거래에서 획득할 수 있는 이익이 예측되는 상황에서는 그러한 거래를 관계기업 간 거래에 적용할 것이다. 또한, 기업은 이러한 과정을 세금의 양이 불리하게 변하지 않는 한 계속해서 할 것이다. 따라서, 이러한 절차를 분석에 반영하기 위해서는 게임이론에 의한 협상이 미치는 영향을 추가로 분석하여야 할 것이나, 본 사안은 현재 내용과 관련이 없어 포함하지 않는다.

그러나, 생산요소 중에 가치평가가 어려운 무형자산이 있는 경우가 있다. 이러한 자산은 특별하기 때문에, 만약 이러한 자산이 시장에서 개별적으로 사용되는 경우, 실현했을 이익을 산출하는 것이 어렵다.

그러나, 이러한 평가하기 어려운 자산이 있다는 것만으로 대체방법 적용이 불가능하다고 가정하여서는 안 된다. 경우에 따라 한쪽만이 이러한 자산에 상당한 정도의 관여를 하고 있을 수 있기 때문이다. 이러한 경우 측정가능한 자산을 보유하고 있는 한쪽의 배분이익을 먼저 산출하고, 나머지 잔여이익을 그 특별한 자산에 관여하는 거래당사자에게 배분한다. 만약 거래당사자 모두가 특별한 자산에 관여를 하는 경우, 자산의 가치평가는 매우 어려울 것이나, 이것이 불가능한 것은 아니다.

2. 무형자산거래에 대한 정상가격산출방법

1)개요

여기서는 무형자산에 정상가격원칙을 적용하기 위한 방법을 제시한다. 이전가격에서 가장 어려운 분야와 관련하여 향후 고려해야 할 이슈들을 검토하고, 이러한 문제에 대한 이론적 배경을 제시하고자 한다.

2)비교가능거래의 역할

동일한 무형자산을 거래한 정확한("Exact") 비교가능거래는, 만약 제3자라면 동일한 특수관계거래를 어떻게 하였을지 제시하는 가장 좋은 입증자료가 된다. 다른 제품을 거래했지만, 경제적 환경이 유사한 그러나, 정확하지 않은

("Inexact") 비교가능거래의 입증자료 측면에서 중요성은 명확하지 않다. 정확하지 않은 비교가능거래가 정상가격원칙에 의해 정당화될 수 있는 최후의 해결방법인지도 명확하지 않다. 여기서는 정확한 비교가능거래의 기준에 대해 논의할 것이며, 이후 정확하지 않은 비교가능거래의 역할에 대해서 다시 논의할 것이다.

(1) 정확한 비교가능거래("Exact Comparables")의 2가지 사례

정확한 비교가능거래("Exact Comparables")는 일반적으로 휴대용 계산기, 전자시계 또는 전자레인지와 같이 한때는 특별한 기술이었으나, 현재는 공개된 기술을 적용하여 생산되는 공공의 제품을 거래하는 하는 경우에 찾을 수 있다. 이 경우 공개되어 많은 사람이 이용가능한 기술을 적용하는 제품의 비교가능성은 쉽게 입증될 수 있다.

그러나, 특별한 무형자산에 대한 정확한 비교가능거래는 거의 존재하지 않는다. 다국적 기업이 미미한 금액의 현금 및 기계를 보유하고 있고, 새로운 기술발명을 하기 위해 필요한 기술을 보유하고 있는 제3자를 합병하였다고 가정하자. 만약 상기 합병거래 이후 즉시 다국적 기업이 이러한 권리를 자회사에게 양도한다면, 본 거래는 이전가격 상 아무런 문제를 야기하지 않을 것이다. 합병 전 제3자가 보유하고 있던 현금과 기계장치금액을 차감한 금액이 무형자산 거래금액("acquisition price")이 될 것이기 때문이다. 따라서, 이 거래에서 다국적 기업이 제3자와 거래한 비교가능거래가 존재하기 때문에, 무형자산과 관련된 다른 거래는 고려대상이 되지 않을 것이다. 또한, 자회사와 모회사가 최초 연도 및 그 이후 다른 거래를 하지 않았다고 가정하고, 자회사가 최초 무형자산 양도거래 시 정상가격을 모회사에게 지불하였다고 가정하면, 자회사의 소득은 그 무형자산으로 인해 미래에 실현할 이익을 모두 포함하고 있을 것이다.

다른 사례로, 미국기업이 보유하고 있는 무형자산 중 하나를 유용하고자 한다고 가정하자. 또한, 그 미국기업이 멕시코시장을 고려하여 멕시코 자회사를 설립하고, 동양시장을 고려하여 한국에 제3자 기업과 라이선스 계약을 하였다고 가정하자. 동양시장과 멕시코시장은 유사하고, 그 미국기업이 한국 제3자 기업과 멕시코 자회사와 거래한 중요 내용이 모두 비교가능 하다고 가정하자. 이 경우, 한국기업과의 라이선스거래는 멕시코 자회사와 거래한 무형자산거래에서 멕시코 자회사의 소득을 배분할 수 있는 비교가능거래가 될 것이다.

(2) 정확한 비교가능거래의 기준

상기 사례에서 전제하고 있는 "잠재적 비교가능거래가 진실로 일치("exact")하는지 어떻게 알 것인가?" 하는 중요한 문제점이 있다. 첫 번째 전제 조건은 거래된 무형자산이 유사한 환경에서 거래된 동일한 것이어야 한다는 것이다. 따라서, 정확한 비교가능거래는 특허권, 제품디자인, 생산방법, 상표 또는 특수관계 기업에 양도된 기타 무형자산과 동일한 것이어야 한다.

그러나, 이러한 라이선스 계약에는 독점권을 허여하기 때문에, 동일한 시장에서 동일한 사용 권리를 거래하는 동일한 무형자산거래를 찾는 것은 일반적으로 불가능하다. 따라서, 정확한 비교가능거래가 되기 위한 조건이 모두 동일해야 하다는 엄격한 조건을 부여하면 안 된다.

반대로, 다음에 말하는 2가지 요구조건을 만족하여야 한다. 그 첫 번째는 비교가능거래와 특수관계거래는 경제적으로 상당히 유사한 환경에서 거래되어야 한다.(이 요구조건은 '외부요건'이다) 두 번째 요건은 두 거래의 계약조건이 상당한 정도로 유사하여야 한다.(이러한 요구조건은 '내부요건'이다)

그러나, 어느 정도로 유사하여야 하는지, 그 정도에 대한 객관적인 기준은 정하기 어려울 것이다. 이전가격과 관련된 문제가 사실관계와 환경에 따라 각각의 사건에 개별적으로 검토될 것이기 때문이다. 다음은 이러한 사항과 관련된 유용한 지침이다.

①"외부적" 기준요건

외부 비교가능요건을 검토하기 위해서는, 문제가 되는 특수관계거래와 경제적 환경이 유사한지 먼저 검토하여야 한다. 다른 말로, 상당히 유사한 거래에서 제3자가 상당히 유사한 이익을 실현하는지를 검토하여야 한다. 예를 들어, 시장의 규모 및 개발정도가 상당히 유사하여야 한다.[229] 만약 한쪽의 시장이 너무 크거나, 또는 제품이 이미 시장에 진입했거나, 그 반대인 경우, 이 두 시장에서 제3자는 동일한 거래를 하지 않을 것이다. 다른 예로는, 한쪽이 상당한 기간 동안 해당 제품으로 인해 독점지위를 유지할 수 있는 경우이다. 즉, 시장의 요건이 다른 경우, 제3자는 다른 거래를 할 것이다.

외부 비교가능요건 중 주의해야 할 것은 특허권 권리허여자와 실시권자가 양도거래에 다른 조건을 포함하는 경우이다. 만약 한쪽 거래에서 거래당사자들이 상당한 정도의 제3자 거래(예를 들어, 교환 라이선스거래, "cross-licensing arrangement")가 개입되어 있고, 다른 거래는 그렇지 않는 경우, 이 두 거래는 외부 비교가능요건을 만족하지 못한다. 만약 거래당사자들이 추가적인 거래조건을 체결하였다면, 그렇지 않은 경우보다 제3자는 다른 결과를 얻을 것이라는 것이 명확하기 때문이다. 예를 들어, 단독으로 독립된 계약거

229. Rev. Rul. 87-71, 1987-2 C.B. 148.

래는 계속적으로 연속되는 계약거래에 비교가능거래가 되지 못한다. 실제로 U.S. Steel 판결에서 동일한 논리가 적용되었다.

마지막으로, 경제적 위험 및 수행한 기능이 유사하여야 한다. 특수관계거래에서 한쪽이 단순히 제품 제조기능을 수행하고 있는데, 제조 및 마케팅기능까지 수행하는 제3자 거래는 비교가능거래 요건을 만족하지 못한다.

②"내부" 기준요건

내부 비교가능요건을 만족시키기 위해서는 계약과 관련된 중요 요소가 모두 유사하여야 한다. 가장 중요한 요건은 계약금액과 양도대가의 수취방법이다. Appendix D에서 설명한 바와 같이 가장 일반적인 대가관계는 판매된 제품의 금액 또는 수량을 기준으로 일정 로열티 금액을 받는 것이다. 만약 제3자 라이선스거래에서 로열티 금액이 매출액의 증가와 감소에 따라 가속 또는 가감하는 조항이 있다면, 특수관계거래에도 동일한 요건이 있어야 한다. 다른 요건들도 제3자가 실현했을 소득에 중대한 영향을 줄 수 있다. 정확한 비교가능거래가 되기 위해서는 이러한 요건들도 상당한 정도로 유사하여야 한다. 예를 들어, 만약 제3자 거래에서 계약에 따라 상당한 정도의 기술지원 또는 교육을 제공받는다면, 특수관계거래에서도 동일한 조건이 있어야 한다. 만약 거래에서 실시권자가 상당한 정도의 마케팅 및 제품개발 기능을 수행하는 조건이고, 다른 거래에서는 허여자가 그러한 기능을 수행한다면, 두 거래는 내부 비교가능요건을 만족하지 않는다.

(3)정확한 비교가능거래와 시기 조정

최초에 정확한 비교가능거래로 분류된 거래는 시간이 지남에 따라 정확한 비교가능성이 떨어질 것이다. 따라서, 시간경과에 따라 비교가능성을 유지하기 위해서는 아래의 두 가지 요건이 필요하다. 첫째, 계약상 환경의 변경으로 인한 선택가능한 권리조항 및 조건의 변경조항은 시간이 지나도 금액 및 유형에서 상당한 유사성 및 일관성을 가지고 있어야 한다. 둘째, 특수관계거래에서 거래당사들이 제3자가 유사한 환경에서 하는 것처럼 시기 조정을 하지 않는 경우, 비교가능거래는 시간이 지남에 따라 비교가능성이 떨어질 것이다.

정확한 비교가능조건이 매우 엄격하여 제3자와 특수관계거래가 반드시 동일해야 하는지에 대한 문제가 있다. 미국기업이 제3자와 두 개의 라이선스거래(한 개는 아시아와 또 다른 하나는 남미와 체결함)를 체결하였다고 가정하자. 만약 경제적 환경이 유사하다면 두 라이선스거래는 유사할 것이다. 그러나, 미국기업이 이 두 개의 거래에서 같은 소득을 매년 실현하지는 않을 것이다. 예를 들어, 사업순환과 같은 요인은 지역마다 시기적으로 차이가 있기 때문이다. 아시아 라이선스거래는 상당한 이익을 실현할 수 있고, 반대로 남미거래는 그렇지 않을 수 있다.

그러나, 만약 장기적으로 제3자 거래와 특수관계거래가 비교가능하다면, 이 두 거래가 매년 동일한 결과를 유지해야 하는 것은 아니다. 제3자가 권리를 행사하지 않는다면, 특수관계에서도 그러하기 때문이다.

(4) 정확하지 않은 비교가능거래("Inexact Comaprables")의 역할

여기서는 정확한 비교가능거래가 되기 위한 몇몇의 조건을 만족하지 못한 제3자 거래의 역할에 대하여 논의할 것이다. 과거 비교가능성이 떨어지는 또는 정확하지 않은 비교가능거래("Inexact Comparables")의 결과가 예측 가능하지 않았기 때문에, 이러한 거래를 적용하지 말자는 의견도 있었다. 그러나,

Appendix A의 자료가 제시하는 바와 같이, 정확하지 않은 비교가능거래를 적용하는 것이 적절하다는 의견도 있다. 국제거래 조사관은 이전가격 과세조정 중 75%가 비교가능거래를 통해서 이루어졌다고 보고하였다.[230] 무형자산거래에 대한 비교가능거래의 사용이 낮다고 보고되었으나, 실제로 무형자산거래에 비교가능거래를 사용하는 빈도는 76.5%로 높았다.[231] 국제거래조사국(IE)이 최종결정을 내림에 있어 비교가능거래만을 의존하지는 않지만, 비교가능거래를 조사 과정에 어떤 이유에서든지 사용하고 있었다. 따라서, 실무상 무형자산거래에 대해서도 비교가능거래를 사용하고 있는 것은 분명하다.

정확하지 않은 비교가능거래가 필요 없다거나, 그 적용에 오류가 있는 것은 아니다. 오히려, 이러한 거래가 그 중요성이 과도하게 강조되었거나, 또는 잘못 사용되어 왔다. 결국 정확하지 않은 비교가능거래를 사용하는 것은 적절하나, 이러한 거래만을 근거로 이전가격을 결정하는 것은 바람직하지 않다. 이러한 결론은 정상가격원칙과도 일치한다. 정확한 비교가능거래가 존재하는 경우, 정상가격원칙은 이 거래를 근거로 소득의 배분이 이루어져야 할 것을 규정하고 있다. 즉, 정확하지 않은 비교가능거래는 정확한 비교가능거래가 없는 경우에만 적용되어야 한다. 또한, '3)정상가격이익방법'에서 설명하고 있는 대체방법보다 우선하여 적용되지 않아야 한다.

230. Appendix A, infra.

231. Id.

(5)유효한 비교가능거래의 선택

정확한 비교가능거래가 존재하는 않은 경우, 정확하지 않은 비교가능거래를 찾기 위해 다음과 같은 절차가 필요하다. 가장 중요한 요소는 상기에서 논의한 외부 또는 내부 비교가능요건이 만족되어야 한다. 예를 들어, 잠재적으로 비교가능한 제3자가 경제적으로 상당한 차이가 있는 환경에서 사업을 운영하는 경우(시장이 너무 작거나 또는 특수관계거래가 더 넓은 범위의 거래를 하는 경우), 이러한 거래는 특수관계거래를 정당화하기 위하여 적용될 수 없다. 또한, 거래에 관련된 무형자산의 개발정도에 상당한 차이가 있거나, 다른 제품 또는 다른 서비스를 제공하는 경우에도 비교가능거래로서 적절치 않다.

전통적인 구분방법으로 만약 제3자 거래와 특수관계거래 간에 차이가 조정가능하고 이러한 조정의 결과가 예측 가능한 경우, 제3자 거래는 정확하지 않은 비교가능거래로 사용되어야 한다. 현 제482조가 무형자산거래와 관련된 이러한 문제에 대하여 언급하고 있지 않고 있어, 무형자산거래에 대해서 상당히 조심스러운 것은 사실이다. 또한, 제482조가 운반비 또는 물리적인 수정("physical modification")을 포함한 사업규모의 조정은 적절하다고 제시하고 있으나, 상표권이 있는 경우와 없는 경우를 조정하는 것은 적절치 않다고 규정하고 있다.[232]

이러한 규정은 무형자산거래 전반으로 적용되어야 한다. 예를 들어, 제3자 계약에서는 종종 권리허여자가 특정 교육 또는 전문지식 지원활동을 실시권자에게 제공할 의무가 있다.[233] 따라서, 이러한 특정 조항이 없는, 또는 상당히 미

232. Treas. Reg. §1.482-2(e)(2)(ii)

233. 참조 infra Appendix D for further discussion of unrelated party licenses.

약한 계약을 제3자 계약과 비교하기 위해서는 상기 비교가능성 조정이 필요하다.

과도한 예를 들면, 제3자 라이선스 계약에서 당사자가 수행하는 기능이 특수관계거래와 다른 경우에도 이 두 계약을 비교할 수 있다. 예를 들어, 제3자는 상당한 정도의 마케팅 활동의무를 가지고 있고, 특수관계는 그렇지 않은 경우이다. 이러한 기능 차이로 인한 결과는 예측불가능하고 수치로 환산하기 어려울 것이다. 따라서, 이러한 차이를 조정하는 것은 추상적이고 적절하지 않다.

현행 법규는 정확하지 않은 비교가능거래의 적정성을 분별하기 위해 12가지 내부 및 외부 비교가능 요건을 나열하고 있다. 그러나, 대다수의 의견이 주어진 조건에 각 12가지 조건의 중요도를 평가할 수 없기 때문에, 이런 조건으로부터 유용한 결과를 얻는 것은 힘들다고 평가하고 있다. 예를 들어, 무형자산으로부터 실현되는 미래소득 조건은 12가지 조건의 마지막 부분에 나열되어 있다. 따라서, 1986년 세법개정 이후에는 이 조건의 순서는 다시 검토되어야 한다. 반대로 가장 먼저 나열된 조건이 주요 사업 적용율이다. 그러나, 이 조건은 거래가 되는 무형자산이 다른 많은 사례와 비교하여 산업평균에 근접하지 않는 경우, 우선적으로 고려되어서는 안 된다.

정확하지 않은 비교가능거래를 적용하기 위한 다른 접근방법은 기능분석("functional analysis")이다. 비록 법규상에는 규정되지 않으나, 기능분석은 미국 과세관청 매뉴얼에 나와 있고, 적용결과 이전가격분석을 시작하기에 적절한 방법으로 알려져 있다.[234] 기능분석의 목적은 특수관계거래 또는 제3자 거래에서 거래 당사자가 실제로 수행한 또는 수행할 경제적 활동을 파악하는 데

234. I.R.M. §600 et seq.

유용하다. 가장 적절한 비교가능거래는 제3자가 특수관계거래와 상당히 유사한 경제적 활동을 수행하는 거래를 파악하여 선택한 것이다. '3)정상가격이익방법'에 정상가격 수익률을 설명하기 위하여 자세한 기능분석의 내용이 제시되어 있다. 기능분석은 거래에서 당사자들이 수행한 경제적 활동의 유사성을 검토하는 데 그 유용성이 확인된 방법이다.[235]

(6)비교가능거래의 적용과 시기 조정

거래가 발생한 시점에 단지 제3자와 유사성을 분석했다는 이유로, 특수관계거래를 정확하지 않은 비교가능거래로 계속해서 정당화하는 것은 적절치 않다. 예를 들어, 특수관계거래에 적용된 15% 로열티율을 정당화할 수 있는 정확하지 않은 비교가능거래가 있다고 가정하자. 또한, 이 비교가능거래가 향후 2년간 고정된 로열티율을 정당화할 수 있다고 가정한다. 그러나, 처음 2년간 아무런 조정이 필요 없다고 하더라도, 재검토 이후 비교가능거래가 유효하지 않는 한 3번째 연도부터 납세자는 당초 정확하지 않은 비교가능거래에 계속적으로 의존하지 않을 것이다.

라이선스 계약기간 동안 중요한 변화가 있었다고 가정하자. 예를 들어, 납세자가 특수관계인에게 제품디자인 관련 무형자산을 라이선스 했다고 가정한다. 그 무형자산이 거래된 시점에 납세자가 제품이 대중적일 것이고, 10~25% 시장점유율을 확보할 수 있다고 진실하게 예상했다고 가정한다. 이런 상황에서 납세자는 비교가능거래에 대한 정보를 수집했고, 그 비교가능거래 모두는

235. Appendix D에서 강조한 바와 같이 비교가능 라이선스거래를 획득하기 위하여 로열티율만 반복하는 것은 충분하지 않다. 예를 들어 권리허여자(licensor) 입장에서는 제공된 기술이 이익에 더 큰 영향이 있을 수 있다.

정확한 비교가능조건을 만족하지 못하였다. 납세자는 정보를 통해 매출금액의 10%가 로열티율로 적절하다는 결론을 내렸다. 비교가능거래는 상당히 넓은 범위의 계약기간과 우발조항을 보유하고 있다. 3번째 연도에 문제가 되는 제품디자인이 특별한 인기를 얻게 되었고, 95%의 시장점유율을 차지하게 되었다. 이러한 경우라면, 과거연도에 적용한 정확하지 않은 비교가능거래는 더 이상 10% 로열티를 정당화하는 데 사용되지 않을 것이다.[236]

일어날 가능성은 낮지만, 납세자는 현재와 같이 95% 시장점유율은 가지면서 10% 로열티를 정당화할 수 있는 정확하지 않은 비교가능거래를 찾을 수 있을지도 모른다. 실제로는 시장점유율 95%에 해당하는 제품은 더 높은 로열티를 받을 것이고, 또는 이러한 유사한 거래를 찾을 수 없을 것이다. 이러한 경우, 변경된 환경에 대응하도록 '3)정상가격이익방법'에서 논의한 정상가격수익률방법을 현 로열티율의 정당성을 입증하기 위해 또는 조정 금액을 산출하기 위해 사용되어야 한다.

3)정상가격 이익방법

여기에서는 수익률을 기준 하는 정상가격산출방법(정상가격 자체와는 본질적으로 다른)이 왜 적절한지 그리고, 어떻게 이러한 방법이 운영되어야 하는지 논의한다. 사용되는 단어가 생소한 것이 있지만 그 자체의 기술적 방법은 과거부터 사용되었던 것이다. 수익률을 기준으로 하는 정상가격산출방법을 검토해야 하는 가장 큰 이유는 납세자, 과세관청 및 법원 모두 대체적인 방법의 필요

236. 납세자가 정확하지 않은 비교가능거래를 계속적으로 사용하는 다른 이유가 있을 수 있다. 참조 discussion infra 제II장. 3. "시기 조정"

성을 느끼고 있고, 특히 완전하지 않은 방법으로 이러한 정상가격방법을 사용해 왔다는 것이다. 그리고, 미래에도 이러한 방법을 계속적으로 적용할 가능성이 높기 때문이다. 따라서, 여기서는 이러한 방법의 근본적인 방법론을 제시하여 향후 좀 더 일관되고 효과적인 결과를 도출할 수 있는 방법을 모색한다.

(1) 기본이익률 방법(the Basic Arm's Length Return Method-the BALRM)

①개요

고도기술을 적용하여 인공위성과 과학장비에 사용되는 핵심 부품에 대한 전세계 특허권을 소유하고 있는 Widgetco가 있다고 가정하자. Widgetco는 해외특수관계 기업과 라이선스 계약을 체결하고, 그 해외특수관계 기업은 부품을 제조할 것이다. 라이선스 계약 이외에 Widgetco와 특수관계 기업은 다음과 같은 거래를 할 것이다. Widgetco는 일부는 제3자로부터 구매한 여러 종류의 microchips, seals와 filters를 그 특수관계 기업에게 판매할 것이다. 해외특수관계 기업은 이러한 부품을 구매하여 부품을 제조하고 다시 Widgetco에게 판매하면, Widgetco는 구매한 부품에 대한 마케팅 및 도매활동을 수행할 것이다. Widgetco는 부품의 연구개발 활동과 지속적인 개발 활동을 수행하기 위하여 연구개발 직원을 보유하고 있다.

이러한 순환구조적 이전가격 거래인 경우, 전통적인 관행과 같이 비교가능거래만을 의존하여 거래당사자 간에 이익을 적절하게 배분하기 어려울 것이다. 다음과 같이 3가지 개별 비교가능거래를 찾아야 한다. 첫째, 모회사가 특수관계 기업에게 판매하는 원자재에 거래에 대한 비교가능거래, 둘째, 라이선스 계약에 따라 특수관계 기업이 모회사에게 지급하는 로열티에 대한 비교가능거래, 셋째, 완성부품(Widget) 판매거래에 대한 비교가능거래가 필요하다.

경우에 따라, 원자재 구매 거래에 대한 정확한 비교가능거래를 찾을 수 있을 것이다. 그러나, 이러한 3가지 거래를 모두 설명할 수 있는 비교가능거래를 찾는 것은 어려울 것이다. 더구나, 한 거래에 대해서만 가격관련 문제를 해결할 수 있는 방법은 특수관계 기업 간 전체 소득을 배분하는 데 그리 크게 도움이 되지 않는다.

따라서, 대체방법으로 Widget과 유사한 제품을 취급하며 위에서 설명한 거래와 유사한 거래를 하는 제3자 거래를 검색하는 것이다. 이 방법은 정확하지 않은 비교가능거래와는 거리가 있을 것이다. 언뜻 보기에는 특수관계 기업 간 거래는 그 사업형태, 위험부담 및 계약 당사자 간에 의무관계 등에서 제3자 간 계약제조거래("contract manufacturer transaction")와는 다른 것으로 보일 것이다. 그러나, 무엇보다 해외특수관계 기업은 원자재, 중간재 및 완성품을 소유하고, 제조설비 및 재고자산의 투자와 관련하여 제조과정에서 부담해야 되는 위험 및 투자한 자산을 고려하여 일반적인 시장수익율("normal market return")을 실현해야 한다. 상기에서 논의한 바와 같이, 특수관계거래는 그 거래형태와 계약조건에서 제3자와는 다르기 때문에 상기 계약제조거래에서 정확하지 않은 비교가능거래는 외부 및 내부 비교가능조건을 만족하지 못할 것이다. 이러한 정확하지 않은 비교가능거래를 모두 분석에서 제외할 이유는 없다.(추후 이러한 비교가능거래는 유용한 정보를 제공할 수 있다) 그러나, 이러한 비교가능거래만을 가지고 상기 이전가격문제를 해결할 수 없다.

따라서, 수익률 기준 정상가격산출방법은 다른 기준으로부터 출발한다. 이 방법은 먼저 특수관계거래에서 사업부별로 시장수익률을 적용하기 위해 사용된 자산 및 기타 다른 생산요소를 파악한다.

사업부별 수행하는 기능요소를 파악하기 위하여 기능분석을 첫 번째로 수행한다. 다음으로 파악된 기능 중 어떤 생산기능이 측정 가능하고 시장수익률을 적용할 수 있는지 검토한다. 많은 경우에서 측정가능한 기능을 파악하면, 기능 중 기존에 존재하는 무형자산을 상당한 정도로 사용하는 것과 그렇지 못한 것을 구별할 수 있다. Widgetco의 경우에서 Widgetco는 특허권, 제조무형자산, 연구진의 기업적 가치 및 마케팅 무형자산을 포함하여 여러 종류의 자산을 소유하고 있다. 반대로, 제조과정이 일반적이라고 가정하는 경우, 해외특수관계 기업은 측정 가능한 생산요소를 사용하고 있을 것이다. 특히 특수관계 기업은 노동, 설비, 기계, 운영자본 및 일반적인 제조무형자산(즉, 대부분의 제조업자가 경험을 통해 알 수 있는 제조 효율성을 높이는 노하우)을 보유하고 있다. 해외특수관계 기업이 보유하고 있는 생산요소를 분석·평가하는 것이 쉽기 때문에 시장수익률 분석은 해외특수관계 기업에게 그 초점을 맞추게 된다. 해외특수관계 기업의 수익률에 초점을 맞추는 것은 넓은 범위에서 정상가격원칙과 일치한다.

다음으로 측정가능한 각 기능에 수익을 배분한다.(이 경우, 해외특수관계 기업이 수행한 기능) 측정가능한 기능에 초점을 맞추는 이유는 특수관계 기업의 측정가능한 기능은 일반적으로 제3자 간에도 수행되기 때문에, 제3자 수익률 정보를 획득하는 것이 가능하기 때문이다. 이 경우, 시장수익률은 제3자가 측정가능한 기능을 모두 수행하기 때문에 제3자 수익률과 일치하는 시장수익률을 특수관계 각 기능에 배정한다. 수익률이 모두 특수관계거래에 배정되면 나머지 잔여이익은 모두 Widgetco로 배분한다.

이러한 방법은 Widgetco의 해외특수관계 기업이 제조기능을 수행하고 있으며, 이 제조기능은 해외특수관계 기업이 개발하였거나 제3자로부터 구매한 무형자산을 상당한 정도로 사용하지 않는 다는 것을 전제로 한다. 수익률 방법 하에서는 해외특수관계 기업의 자산은 유동성 운영자산("liquid working capital")과 그렇지 않은 자산(즉, 생산자산–"production assets")으로 구분한다. 유동성 운영자산에 대한 실제 수익률을 파악하여 해외특수관계 기업에 배분한다. 유사한 제조활동과 위험을 부담하는 생산자산에 대한 수익률을 파악하고 분석한다. 해외특수관계 기업의 제조활동에 대한 대가로 파악된 생산요소 수익을 적용하고, 그 금액을 해외특수관계 기업에 배분한다. 이 수익률은 일반적으로 제조업자가 소유하고 있는 일반 제조무형자산에 대한 대가와 제조업자가 제조설비 및 재고자산에 투자함에 따르는 일반적인 위험에 대한 대가이다.[237] 이 이후, 나머지 잔여이익은 모두 Widgetco에 배분한다.

만약 해외특수관계 기업이 Widgetco에게 제품을 판매하지 않고, 다른 해외특수관계 기업에게 판매하였다면 같은 작업을 반복한다. 그러나, 해외특수관계 기업이 배분 받을 소득은 양쪽 모두 동일하다.

②정상가격 정보의 사용

Widgetco 해외특수관계 기업의 활동과 관련한 소득배분을 위하여 정상가격 정보는 다음과 같이 두 가지 방법으로 사용될 수 있다. 첫 번째 방법은 앞에서 설명한 바와 같다. (분석대상 사업과 관련하여 수행하는 기능에 대한 비유동성 자산을 고려하여 분석대상 기능과 관련한 자산에 대한 제3자 수익률을 검색하기 위한 목적) 만약 특정 기능에 대한 제3자 자산수익률이 존재하는 경우, 각 기능에 대한 적절한 수익률은 산출할 수 있고, 특수관계인이 특정기능에 사용한 자산에 적용할 수 있다.

237. 참조 infra 5) "특수관계의 위험부담"

정상가격정보가 사용될 수 있는 두 번째 방법은 자산수익률 이외에 사용되는 기준에 대한 추가정보를 제공한다. 가장 일반적으로 적용되는 대체기준은 영업비용에 대한 이익율이다. 예를 들어, Dupont 사례에서 전문가 증인으로 나온 Dr. Charles Berry는 DISA(Dupont 스위스 특수관계 기업)와 상당수의 유사한 기능을 수행하는 제3자의 영업비용 대비 매출총이익 비율을 산출하였다.(영업비용은 이자비용 차감 전 비용이다) 이 분석방법은 서비스에 대한 수익률을 산정하는 데 유용하다. 또한, 자산에 대한 일관성 있는 측정이 어렵거나, 수익과 비용의 관계가 수익과 자산의 관계보다 더 신뢰성 있고 쉬운 측정이 가능할 때 유용하다. 자산의 관계에서와 같이, 전체비용을 단순히 사용하는 것이 아니라, 비용의 종류와 수익과의 관계를 파악하는 것이 중요하다. 예를 들어, 몇몇의 분석에서는 서비스제공 비용("above-the-line 비용") 대비 매출총이익 비율을 사용하였다. 만약 제3자가 광고선전비 등 서비스제공 비용 이외의 비용("below-the-line 비용")을 특수관계보다 많이 부담하고 있는 경우 이러한 방법을 적용하는 것은 적절하지 않다.

상기 정상가격 정보를 이용하는 2가지 방법은 모두 정상가격 수익률 방법의 근본적인 목적과 일치한다. 그 근본적인 목적은 특수관계거래가 정상가격으로 거래되었다면 실현했을 수익률을 결정하기 위하여 정상가격정보를 사용하는 것이다. 따라서, 두 방법 모두 획득 가능한 자료가 있고, 이러한 자료가 특정사례에 사용하는 것이 적정한 경우, 사용 가능하다.

③BALRM의 적용

정확한 또는 정확하지 않은 비교가능거래가 없는 경우 BALRM(the "basic arm's length return method") 방법의 사용은 모든 경우가 아니더라도 권장되어야 할 것이다. 그러나, 거래당사자와 특수관계인 모두가 사업의 성패를 좌우하는 중요한 무형자산을 소유하는 경우에는, BALRM 방법만으로는 충분하지 않다. 예를 들어, Widgetco의 해외특수관계 기업이 자신이 개발하고 사업에 중요한 마케팅을 무형자산을 사용하여 제품을 제조하고, 적극적으로 그 제품을 홍보 및 판매하는 경우이다. 이러한 경우에는 특수관계인이 소유하고 있는 무형자산과 동일한 형태 및 가치를 가지는 무형자산을 제3자 거래로부터 찾기 어렵기 때문이다. 따라서, 이러한 경우에는 거래 당사자 모두에게 귀속될 소득을 결정하기 위한 정상가격정보를 찾기 어렵다.

그러나, 상기 논의된 내용은 해외특수관계 기업이 무형자산을 소유하는 모든 경우에 BALRM 방법을 전혀 고려하지 않는다는 것이 아니다. 제조활동이 아무리 간단하여도 일정의 무형자산을 소유하고 있는 것이 일반적이다. 제조활동을 수행하는 특수관계 기업은 훈련된 노동력을 고용하고 있을 수 있고, 그 특수관계 기업이 수행하는 고용활동과 교육관련 활동은 무형자산 소유와 관련된 문제를 야기할 수 있다. 또한, 특수관계 기업이 모회사가 제공한 제품디자인을 기초로 수행하는 제조활동 및 그에 따른 제조경험은 일정수준의 노하우 문제를 야기할 수 있다. 그러나, 이러한 이유만으로 BALRM 방법의 적용을 제한하여서는 안 된다. 앞에서 논의한 활동을 수행하는 제3자도 일반적인 무형자산을 소유하고 있을 수 있기 때문이다. 따라서, 유사한 활동을 수행하고 유사한 위험을 부담하는 제3자의 수익률은 일반적인 무형자산에 대한 대가를 자동적으로 포함할 것이고, 이에 따라서 특수관계 기업에 배분될 적정한 소득을 산출할 수 있다. 특수관계 기업이 사업에 중요한 무형자산을 소유하는 경우에는 제3자가 이러한 무형자산을 소유하고 있는 사례가 거의 없기 때문에 BALRM 방법만을 사용할 수 없다.

BALRM 방법은 아마도 대부분 해외 제조관계기업의 사례에 적용가능 할 것이다. 유사한 위험과 무형자산을 보유하는 유사한 제조활동을 수행하는 제3자 거래를 검색하는 것이 가능할 것이고, 이 자료를 통해 제3자의 자산수익률 또는 비용 대비 이익의 비율을 검토할 수 있다. 그러나, 다음과 같은 예외적인 사례도 있다. 유럽에 복잡한 제조절차에 대한 개발 활동을 하기 위하여 상당한 정도의 엔지니어와 숙련된 기술자를 보유하는 특수관계 기업이 있다고 가정하자. 만약 제3자가 이러한 개발 활동과 비교가능한 활동을 수행하지 않거나 극히 드물다면, BALRM 방법만을 적용하는 것은 충분하지 않을 수 있다.

상기와 유사하게 BALRM 방법은 도매 또는 마케팅 관계기업에게 적용될 수 있다. 유통망을 구축하거나 관리하는 관계기업은 문제가 되는 무형자산을 소유한다. 또한, 산업고객에게 제품의 홍보 및 판매를 위해 판매행사에 참여하고, 영업직원을 보유하고 있는 특수관계 기업은 노하우를 보유하고 있다. 그러나, 제3자들도 일반적으로 이러한 유사한 활동을 수행하기 때문에 문제가 되는 무형자산이나 노하우를 보유하고 있다. 따라서, 특수관계 기업의 활동과 관련된 일반적이 무형자산에 대한 대가를 포함하는 정상가격 자산수익률을 결정할 수 있다. 그러나, 상기 설명한 활동과 다른 활동을 수행하거나 무형자산을 소유하는 경우에는 그렇지 않다.

(2) BALRM에 이익분할방법의 적용

BALRM 방법이 다양한 사례에 적용되어야 할 것이나, 이 방법만으로는 적절하지 않을 경우가 있다. 대규모 다국적 기업은 연구, 마케팅, 계획, 제조 그리고 규모가 큰 미국회사가 수행하는 기능을 수행하는 해외 자회사를 보유하고 있을 수 있다. 따라서, 이러한 자회사는 복합한 기능을 수행하거나, 상당한 정도의 위험을 부담할 수 있고, 모회사가 보유하고 있는 무형자산을 가지고 있을 수 있다. 이런 경우, 정확한 또는 정확하지 않은 비교가능거래가 존재하지 않고, 상기 복잡한 기능에 대한 수익률이 없기 때문에, BALRM 방법은 적용될 수 없다.

교육용 장난감을 전 세계적으로 디자인하고 생산하는 Teachem을 예로 들면 다음과 같다. 당해 회사는 프랑스 판매 관계기업인 Enseignerem을 통해 유럽사업을 수행한다. Teachem은 Enseignerem과 새로운 디자인 관련 라이선스 계약을 체결할 것이다. Enseignerem은 라이선스 계약에 따라, 제품설명서를 번역하는 등 그 디자인에 약간의 변경을 할 것이며, 이를 위해 지역 계약제조업자를 고용하여 제품을 생산하게 할 것이다. Enseignerem은 소유하고 있는 Enseignerem의 상표를 이용할 것이고, 유럽 내 마케팅 및 도매활동에 대한 전반적인 책임을 부담할 것이다. Enseignerem는 어떤 장난감 제품을 자신의 사업라인에 포함할 것인가를 결정할 것이고, 자체적인 광고예산, 새로운 제품을 선전하기 위한 광고디자인, 그리고 Enseignerem 상표 디자인과 관련하여 독립적인 결정을 할 것이다. 관계기업은 자체 연구개발 직원을 보유하고 있지 않으나, Enseignerem은 새로운 제품개발을 위하여 자체 연구개발 직원을 보유하고 있다.

Teachem은 디자인 관련해서는 제3자와 라이선스 계약을 하지 않는다는 정책을 가지고 있다. 이러한 경우, 당연히 정확한 비교가능거래는 존재하지 않는다. 또한, 정확하지 않은 비교가능거래를 찾는 것도 상당히 어려울 것이다. 이런 경우, Enseignerem이 Teachem의 무형자산을 사용하는 대가로 지불하는 로열티에 대해서 어떻게 BALRM 방법을 적용할지가 문제가 된다. 첫 번째 단계는 디자인 라이선스와 관련하여 모회사와 자회사가 수행한 기능을 검토하는 것이다.(유럽시장에서 새로운 장난감 제품의 판매 관련) 모회사는 디자인 관련한 기본수익을 배분 받고 자회사는 상표, 마케팅활동 유통네트워크 및 제품수정과 관련된 무형자산에 대한 기본수익을 배분 받는다.

그 다음 단계는 측정가능한 요소에 대한 기능(상당한 정도의 무형자산과 관련되지 않는 활동)을 검토한다. 이러한 활동은 BALRM 방법을 적용하여 검토한다. Enseignerem의 도매 및 제조활동이 그 예가 될 것이다. 이러한 종류의 활동과 유사한 위험을 부담하는 제3자를 찾을 수 있을 것이다. 따라서, 각 특수관계 활동에 대한 정상가격 자산수익률 또는 비용 대비 이익비율을 산출할 수 있고, 산출된 정상수익률을 특수관계 요소에 적용한다. 그리고, 각 특수관계 활동을 수행하는 거래당사자에게 소득을 배분한다. 상기의 사례에서 도매와 제조활동에 대한 소득은 Enseignerem에게 배분한다. 만약 모회사가 이러한 일반적인 활동을 수행하는 경우, 모회사의 기능을 BALRM 방법을 적용하여 분석한다.

상기 두 단계를 거치고 나면 중요한 무형자산과 관련한 소득은 배분되지 않고 남게 된다. 상기 두 단계를 검토하는 중요한 목적은 전체그룹회사가 소유하는 있는 중요한 무형자산에 대한 소득을 일반소득과 구분하는 데 있다.(즉, Teachem이 소유하고 있는 디자인 관련 무형자산과 Enseignerem이 소유하고 있는 마케팅과 상표에 대한 무형자산)

이 이후 단계의 중요한 목적은 무형자산소득을 구분하고, 그 소득을 거래당사자가 특수관계가 없었다면 시장에서 정했을 가격을 기준으로 거래당사자의 상대적 기여도에 따라 배분한다. 무형자산 소득은 관련 사업에서 실현한 전체소득에서 앞의 두 단계에서 확인한 소득을 차감한 금액과 동일하다.(즉, 잔여 총순소득으로 BALRM 방법상 측정가능한 요소에 대한 소득을 차감한 금액) 이 잔여소득을 배분하기 위하여 각 거래당사의 무형자산에 대한 특정기준을 적용한다. 이때 기준은 상대적 기준을 적용한다. 그러나, 이러한 방법을 실무적으로 적용하는 것이 말로만 하는 탁상공론 보다 훨씬 더 어렵다는 것을 이해한다. 많은 경우에서 정상가격 환경에서 관련 이익을 어떻게 배분해야 하는지를 제시하는 제3자 정보가 없거나 극히 미미하다는 것을 알고 있다. 더구나, 전 세계로 보호되는 무형자산인 경우, 개발과 관련된 비용이 가치창출과 관계가 없을 수 있다는 것이 문제이다. 이러한 경우, 개발관련 비용은 특수관계자 소득을 배분하는 데 사용되어서는 안 된다. 따라서, 이러한 경우 소득을 배분하는 것이 상당히 주관적으로 된다. 그러나, 다음과 같이 2가지 경우에는 정상가격 정보가 있을 수 있다.

첫 번째는 유사한 무형자산을 소유하면서 유사한 기능을 수행하는 제3자를 찾을 수도 있다. 부담하는 경제적 위험은 물론이고 제3자는 경제적으로 유사한 활동을 수행하고 있어야 한다. 만약 제3자의 무형자산 소득이 너무 크거나 작은 경우에는 사용해서는 안 된다. 또한, 특수관계자는 소비자에게 제품을 판매하고 있으나, 제3자는 도매업자에게 제품을 판매하고 있는 경우, 이러한 자료를 소득 배분에 사용되어서는 안 된다. 제3자 이익배분에 대한 분석은 파악된 이익배분과 무형자산의 전체적인 소득관계를 상당한 정도로 정확하게 설명할 수 있어야 한다. 또한, 제3자 라이선스거래에서 권리허여자와 실시권자가 수행한 기능 및 부담한 위험을 분석하여야 한다.

두 번째는 몇몇의 경우에서 납세자가 자사의 무형자산 또는 관계기업의 무형자산에 대한 정상가격 정보를 가지고 있을 수 있다. 예를 들어, 납세자가 근래에 관계기업을 합병했고 합병대가에 무형자산의 가치평가에 대한 자료가 있을 수 있다.

(3) 시기 조정

시기 조정과 관련된 문제는 정상가격 수익률 방법을 적용하는 경우에 비교가능거래를 찾아 적용하는 것보다 좀 더 수월하다. BALRM 방법이 거래당사자들이 사용한 생산요소에 그 초점을 맞추고 있기 때문에, 그러한 요소가 변경되는 경우 소득배분도 같이 조정되어야 한다. 따라서, 특수관계자의 시설, 기계 및 기타 측정가능한 요소가 최초 예상한 것과 다르게 변경되는 경우, 배분되는 소득도 변경되어야 한다. 유사하게, 이익배분율은 거래당사자가 소유하고 있는 무형자산의 상대적 가치를 반영한다. 따라서, 거래당사자가 소유하고 있는 무형자산의 상대적 가치가 변경되면, 배분되는 소득도 변경되어야 한다. 예를 들어, 급격한 매출액 증가는 제품의 개발 또는 적극적인 마케팅활동에 의해 실현된 것일 수 있다. 이런 경우, 더 많은 소득이 그 매출액 증가에 기여한 (제품개발 또는 마케팅활동) 관계기업에게 배분되어야 한다.

그러나, 앞에서 논의한 내용은 반드시 매년("year-to-year") 소득배분조정을 하여 이상적인 결과를 매년 산출해야 한다는 것은 아니다. 앞에 논의된 장기적인 평가와 연도별 평가에 대한 문제는 여전히 유효하다. 예를 들어, 제3자가 생산시설과 기계만 소유하고 있다고 가정해 보자. 그 제3자는 시장평균 소득률 정도를 실현하여야 하나, 경쟁적인 시기("lean time")에는 낮은 수익을 실현하거나 결손을 보고할 수 있고, 사업순환의 다른 시기에는 높은 수익을 실현할 수 있을 것이다. 따라서, 상당한 정도가 아니니 소득의 변동은 장기적으로 평균에 수렴하는 경향이 있다. 법에서 허용하는 한도 내("corollary of the rule") 미미한 소득 변경이 있는 경우에는 시기 조정을 하지 않는다.

4) 우선순위 및 다른 정상가격산출방법과의 관계

앞에서 무형자산을 분석하기 위한 2가지 방법을 논의했다.(하나는 비교가능거래를 기준으로 분석하는 방법과 다른 하나는 생산요소에 대한 방법이다) 어떤 경우에 이러한 방법을 사용해야 하는지는 다음의 사례와 같다. 정확한 비교가능거래가 존재하는 경우, 이 거래만을 사용하여 이전가격 상 소득을 배분한다. '정확한'에 대한 정의는 제3자가 정상가격 상황에서 정했을 가격정보보다 더 정확한 정보가 없는 경우를 기준으로 결정한다.

그러나, 정확한 비교가능거래를 찾는 것은 매우 힘들다. 따라서, 많은 경우, 특히 고도수익 무형자산을 사용하는 경우, 정확하지 않은 비교가능거래를 적용하거나, BALRM 방법을 적용한다. 주어진 사실관계와 환경에 따라 사례에 맞는 방법을 적용한다.

다음과 같이 4가지 기본적인 사례가 있다. 첫 번째는 제482조 검토 대상 무형자산이 제3자가 사용하는 무형자산과 비교가능 하고, 각 특수관계 기업이 중요하고 복잡한 무형자산을 사용하는 경우에는 정확하지 않은 비교가능거래 방법을 적용한다.

두 번째 방법은 제482조 검토 대상 무형자산이 특수하고 무형자산을 유용하는 관계기업이 측정가능한 생산요소를 사용하고 일반적인 정도의 무형자산을 사용하는 경우에는 BALRM 방법을 적용한다.

세 번째 방법은 제482조 상 무형자산에 대하여 많은 경쟁자가 존재하고 무형자산을 유용하는 관계기업이 비교적 간단한 기능을 수행하는 경우에는 정확하지 않은 비교가능거래 방법과 BALRM 방법이 모두 적용 가능하다. 이론적으로 보면 두 방법의 결과는 유사하여야 한다. 실무적으로 보면 납세자가 가장 쉽게 정상가격을 산출할 수 있고, 정부와 마찰을 피할 수 있다.

마지막 방법은 제492조 검토 대상 무형자산이 특이하고 거래 양 당사자 특수관계인이 중요한 무형자산을 한 개 이상 보유하고 사용하고 있는 경우이다. 이 경우가 가장 어려운 사례이며 이익분할방법과 BALRM 방법을 혼용하는 대체방법을 적용한다.

5)특수관계의 위험부담

경제적인 환경은 많은 기업을 불확실성에 직면하게 한다. 따라서, 이러한 사실관계가 소득을 배분하는 모든 방법에 투영되어야 한다. 일반적으로 부담하는 위험에 대한 시장의 대가 정도를 그 특수관계인에게 배분한다.

기업은 시장에서 관련 위험을 부담하고 이에 따라 이익을 실현한다. 이러한 위험 중에 몇몇은 특수관계라는 특이성으로 인해 제3자 거래에서는 나타나지 않는다. 1986년 세법개정 법역사는 다음과 같이 설명하고 있다.

> *더불어, 모회사가 잠재적으로 가치 있는 자산을 자회사에게 이전하는 경우에는 제3자가 일반적으로 부담하는 위험요소는 없다. 특수관계인 간 공통된 이해관계는 자회사가 당사자 간에 거래에 적용한 가격과 관계없이 미래 기대*

소득 및 기대하지 않은 소득에 대해서도 무한한 권리를 가지게 된다.[238]

따라서, 어떻게 특수관계인 간에 부담한 위험을 고려할지가 문제가 된다. 좀 더 많은 위험을 부담하면 시장에서 좀 더 높은 위험에 처해질 수 있다. 따라서, 거래당사자 중 더 많은 위험을 부담한 당사자에게 더 많은 소득이 배분되어야 한다. 이러한 소득의 배분은 반드시 특수관계인이 부담한 실제 경제적 활동을 분석하여 결정되어야 하는 것이며, 그룹 기업 간에 위험부담을 기계적으로 이전한 것을 기준으로 분석하지 말아야 한다.

상기 문제는 비교가능거래 방법 및 BALRM 방법 모두에 적용되어야 한다. 첫째 적합한 비교가능거래를 검색할 때 제3자가 특수관계인이 부담한 정도와 유사한 위험을 부담하면서 경제적 활동을 하는 계약을 체결하는지 고려하여야 한다. 따라서, 비교가능 제3자 거래는 특수관계거래에서 부담하지 않는 상당한 정도의 위험을 부담하지 말아야 한다. BALRM 방법을 적용할 경우에는 제3자 수익률은 검색된 제3자가 특수관계인과 유사한 위험을 부담하고 있을 경우에만 적용한다. 그러나, 단순히 제3자 거래가 특수관계거래와 동일한 위험을 부담하여야 한다는 추상적인 규정은 특수관계인이 어떤 위험을 어떻게 부담해야 하는지에 대한 추가적인 문제를 야기한다. 특수관계인이 어떤 기능을 수행하는지를 고려하여 각 거래당사자에게 적합한 위험부담방법을 결정한다.

238. 985 House Rep., supra n. 149, at 424(1985). 제482조와 직접적인 관계가 없는 판례에서도 유사한 결정을 하였다. Carnation과 이후 판례애서 관계기업에게 주로 그룹 차원의 위험에 대한 보험료를 지급한 것에 대하여 세법상 손금에 해당하지 않는다고 판시하였다. 법원은 이러한 위험은 현실적으로 실재하는 위험이 아니기 때문에 이에 대해 관계기업 간에 지급한 보험료는 손금에 해당하지 않는다고 판시 하였다. Carnation Co. v. Comm'r, 71 T.C. 400 (1979), aff 'd, 640 F.2d 410(9th Cir. 1980), cert, denied, 454 U.S. 965(1981)

이러한 경우에만 제3자 거래를 검색하여 정확하지 않은 비교가능거래를 기준으로 제3자 수익률을 결정할 수 있다.

Widgetco 경우에 제조회사인 해외특수관계 기업이 제조설비와 기계 및 재고자산에 대한 투자관련 위험을 부담하고 있다고 가정하자. 만약 제조설비와 기계를 추가비용을 들이지 않고 다른 목적으로 사용할 수 없는 경우, 해외특수관계 기업의 제조설비와 기계에 대한 투자위험은 상당히 문제가 될 수 있다. 만약 시장에서 예상하고 있는 품질을 만들지 못하여 시장에서 성공하지 못할 위험이 존재한다면 이러한 위험은 제조무형자산(특허권)을 소유하고 있는 모회사인 Widgetco가 부담하여야 한다. 따라서, 이러한 위험은 해외특수관계 기업의 정상수익률에 반영되지 말아야 한다. 또한, 해외특수관계인은 시장에서 이러한 위험을 부담하고 있는 제조업자에게 합리적으로 기대되는 수익정도를 실현하여야 하기 때문에, 높지 않은 일반적인 수준의 수익을 실현하여야 한다. 유사하게, 제품이 시장에서 광고 및 선전이 안 되어 성공하지 못할 위험이 존재하는 경우, 해외특수관계인은 이러한 마케팅 위험을 전적으로 부담하여서는 안 되며 제조무형자산을 소유하고 있는 거래당사자와 마케팅활동을 수행하는 거래당사자간에 합리적으로 배분되어야 한다. 배분되는 위험의 정도는 예상되는 수익에 제조무형자산과 마케팅활동이 기여하는 수준을 기준으로 결정한다.

반대로, 위험요소가 상기 논의한 제품의 예상되는 품질, 기능 또는 시장에서 소비자 반응과 관련되어 있지 않다고 가정하자. 대신에 위험요소가 제품이 경쟁적인 가격으로 생산될 수 있는지 또는 제품이 시험실에서 시험한 것과 같은 품질로 생산될 수 있다는 것에 관련되어 있다고 가정하자. 이러한 위험요소는 제품의 제조기능에 있어 내재적으로 존재하는 위험이고, 제조 무형자산 소유자와 제조기능을 수행하는 관계기업 간에 적절하게 배분되어야 한다. 만약 해외특수관계 기업이 저비용으로 생산하고 또는 품질의 일관성을 유지하기 위한 제조과정 개발 활동을 수행하는 경우, 그 관계기업에게는 그러한 위험을 부담한 대가로 상당한 정도의 수익이 배분되어야 한다.(위와 같이, 제조관계기업이 제조과정 무형자산을 개발하는 경우에는 이익분할법과 BALRM 방법을 동시에 적용하는 방법을 적용한다) 또한, 만약 제조무형자산을 소유하는 회사(모회사)가 제조과정 무형자산을 개발하는 경우에는 제조무형자산 이외에 별도의 독립적인 제조과정 무형자산이 만들어진 것이므로, 이러한 무형자산의 소유자가 정상가격 수익을 배분 받는다. 제조 관계기업은 시장에서 합리적으로 예상되는 일반적인 위험을 부담하여야 한다.

6) 기타 이전가격세제와의 관계

여기에서는 무형자산과 관련된 소득의 배분을 위한 적절한 방법의 적용 원칙에 대하여 논의하였다. 따라서, 서비스 제공 또는 유형자산과 관련된 소득 배분방법은 본 장의 논의 범위 밖이다. 그러나, 너무 당연한 이유로 무형자산과 관련된 규정은 서비스 및 유형자산 규정과 조화를 이루어야 한다. 유형자산의 이전과 서비스의 제공은 종종 무형자산거래와 함께 이루어지기 때문이다.(이러한 세 가지 유형이 일반적으로 동시에 거래된다) 또한, 만약 어떤 한 가지 유형의 거래가 납세자에게 유리 또는 불리하게 적용되면, 납세자는 이러한 불균형으로 생기는 법의 허점을 이용하기 위하여 조직을 개편할 것이다.

따라서, 만약 여러 가지 유형의 거래가 동시에 일어나는 경우, 어떤 거래에 우선순위를 두어 규정을 적용할 것인지 고민하여야 한다. 예를 들어, 라이선스 계약 거래에서 권리허여자는 종종 실시권자에게 교육 또는 서비스를 제공한다. 또한, 유형자산의 이전의 경우에도 무형자산거래가 관련되어 있다. 이러한 이유는 거래되는 제품의 가치가 그 제품의 상표권 또는 특허권의 가치에 의존하기 때문이다. 이러한 경우, 무형자산에 대한 기본소득배분과 관련된 문제가 반드시 해결되어야 한다.

Ⅳ. 원가분담약정("Cost Sharing Agreement")

1. 원가분담의 역사

1)개요

여기에서는 원가분담약정("Cost sharing agreement")의 정의를 설명한다. 다국적 기업 그룹 내 관계기업들 간에 무형자산개발과 관련한 비용과 위험을 공동으로 부담하고, 개발된 무형자산의 권리를 기여도에 따라 배분하는 약정이다. 중요한 것은 미국의회가 '대응소득원칙'을 신의성실한 연구·개발 활동에까지 적용할 의도가 없었으나, 이러한 신의성실한 거래도 위 원칙에 적용을 받는 다는 것이다. 즉, 미국의회는 신의성실한 연구개발 활동에 대응소득원칙을 적용하여 'Super royalty' 또는 과대한 수익조정 과세가 되는 것은 불합리하다고 보았다.

원가분담거래는 제3자 간에 오래전부터 있었다. 이러한 거래가 제3자 거래(정상가격 거래)이기 때문에 미국과세관청은 이러한 거래에 풍부한 지식이 없었다.

2) 1966년 제482조 세법개정안

1966년 8월 2에 발표된 § 1.482-2(d)(4) 수정안은 원가분담계약에 대한 자세한 규정을 담고 있다. 특히, 무형자산을 창출하는 사업 또는 거래하는 사업을 제외하고, 모든 기업이 원가분담계약을 할 수 있게 하였고, 다수의 프로젝트를 병합한 계약과 계속적인 프로젝트도 원가분담계약에 대상이 될 수 있게 하였다.

참여대가("Buy-in")에 대한 규정은 없었다. 그러나, 분담계약에 중요한 무형자산을 제공하는 참여 당사자에게 그에 대한 정상가격 대가를 지급하도록 하였고, 그룹 관계기업이 분담계약에 서비스를 제공하여 발생한 비용은 분담계약원가에 포함하도록 하였다.

결론적으로 수정안은 현재 § 1.482-2(d)(4)상 보다 간단한 원가분담규정에 포함되는 내용으로 대체되었다.

3) 현재 규정

현재 규정상 원가분담계약의 원칙은 동일하나, 신의성실("bona fide")한 계약의 정의를 추가로 규정하였다. 규정상 신의성실한 계약은 제3자가 유사한 환경에서 했을 것이라고 보이는 계약을 말한다.[239]

239. 그때까지 482규정은 사실에 입각한 규제대상 거래만을 파악했을 뿐, 거래가 신의성실하게 체결되었는지 판단하지 않았다. 미국의 일부 특정거래대상 예규(private rulings)가 신의성실의 대한 원론적인 판단만을 하였을 뿐 거래의 특성에 대해 판단한 사례는 없었다.(참조 Priv. Ltr. Ruls. 8111103, 8002001, 8002014, and 7704079940A)

4) 외국의 원가분담 사례

1979 OECD report on 'Transfer Pricing and Multinational Enterprises'[240]는 "원가분담계약이 흔한 사례는 아니지만, 일부 대형 다국적 기업이 원가분담계약을 체결하고 있다."고 언급하고 하고 있다. OECD는 특히 원가분담계약에 의해 지급하는 비용이 세무상 손금으로 인정되는 것보다 원가분담계약에 참여한 다국적 기업 그룹관계기업이 무형자산으로부터 혜택을 받고 있다는 것에 우려를 표했다. 따라서, 특정 관계법인의 요구에 의해 발생한 개발비용은 원가에 마진("profit mark-up")을 더하여 청구하는 것을 권장하였고, 원가분담 약정금에 대한 원천징수는 없는 것으로 보았다. 이 당시에는 미국 이외에 그 어떤 국가도 원가분담 규정이 없었다.

OECD가 관련 보고서를 발표한 이후 독일정부는 원가분담 규정을 신설하였다.

5) 1984 재정적자 감축 법률

1984년에 공표된 제367(d)조는 외국법인에게 무형자산을 양도하는 경우, 이를 매매거래로 보아 매년 생산량, 사용량 또는 자산의 감소량 등을 고려하여 합리적인 금액을 지급받도록 하였다. 이 지급받은 금액은 미국 수취인에 대한 미국 원천소득으로 보아 외국법인의 세무상 이익("foreign entity's earning and profits")에서 차감하도록 하였다. 그러나, 해설서(Blue Book)에서는 제367(d)조는 원가분담계약에 적용되지 않는다고 설명하였다.

240. OECD, Transfer Pricing and Multinational Enterprises, at 55-62.

6) 제936(h)조 상 원가분담

원가분담계약을 체결한 경우, 미국 모회사와 해외특수관계 기업 간에 지급되는 원가분담금에 대한 세무상 처리방법을 설명한다. 미국세법 및 그 세법이 미치는 조세조약의 관계는 자세히 다룰 분야가 아니기 때문에 여기에서는 간략한 설명만을 하기로 한다.

1982년 이후 제936(h)조에 의해 미국법인이 일정 조세특례지역에 법인을 소유하는 경우 세액공제를 받을 수 있었다. 그러나, 이러한 공제된 세액은 원가분담계약 또는 종합과세소득의 50%를 선택하지 않는 경우에는 각 주주의 소득으로 구성된다. 따라서, 주주의 소득처분을 피하기 위해서는 법에서 인정하는 원가분담계약이 있어야 한다. 또한, 모회사가 분담하는 원가분담액은 프로젝트별 부담금액이 아닌 생산량을 기준으로 했어야 했고, 일정 사업의 생산량을 산출하기 위하여 미국 재무성이 공표한 세 자리 표준산업분류코드(SIC 코드)의 의해 분류하도록 하였다. 이에 따라 모회사가 지급하는 원가분담액은 수취인의 소득으로 보지 않고, 미래 유보된 손금을 감소하는 것으로 하였다.[241]

1986년 규정에 따라 세액공제 대상 법인은 1986년 이전에 원가분담액에 110% 이상을 지급하여야 하거나, 대응소득원칙 규정에 따른 로열티금액을 지불하여야 했다. 그러나, 이러한 거래 이외에는 1986년 규정은 다른 원가분담거래에 대한 규정은 없었다.

241. 현재는 Section 936: 일반적인 사항, Section 30A: 계산방법, Section 936(h): 원가분단 및 50% 종합소득에 대한 상세규정으로 구성된다.

2. 1986년 세법개정안 상 원가분담

1)개요

1986년 세법개정 보고서(the "Conference Report")[242]는 미국의회가 원가분담거래를 인정하기로 하였으나, 이러한 거래는 제482조에 따른 대응소득원칙 규정에 규합하여야 한다고 제시하였다. 즉, "특수관계인 간의 소득의 배분은 이들의 실제 경제 활동을 반영하여야 한다."는 것이다. 그러나, 위원회 보고서(the "Committee Report")는 § 1.482-2(d)(4)의 세 가지 주요 문제점을 제시하였다.

첫 번째 문제는 고수익 무형자산에 대해서 특별한 취급을 하는 조항이라는 문제점이다. 두 번째 문제는 기여도를 측정하는 원칙에 대한 문제점이다. 세 번째는 참여대가를 측정하는 문제이다.

여기에서는 신의성실한 원가분담계약이 되기 위한 조건을 제시한다. 만약 거래가 신의성실한 거래인 경우, 미국 과세관청에 의한 조정액은 기여도에 한하여 제한된다. 그러나, 신의성실한 거래가 아닌 경우, 대응소득원칙에 따라 한계 없이 조정한다.

2)제품의 범위

제936(h)조 상 표준산업분류표(SIC 코드 3 digit)에 따라 분류되는 연구개발 활동을 기준으로 대략적인 제품의 정의를 규정하고 있다. 1986년 세법개정안은 적정한 모든 제품에 대한 연구개발 활동을 원가분담조항에 적용하고자 하

242. 1986 Conf. Rep., at 11-638

였다. 그러나, 1966 세법은 단일 연구개발 프로젝트에 대해서만 명시적으로 원가분담계약을 인정하였다.(당해 세법은 다중 연구개발 프로젝트를 명시적으로 인정하지 않았고, 또한 명시적으로 이를 법에서 배제하지도 않았다)

이러한 대략적인 제품의 정의는 미국 납세자가 적정한 이익에 대한 원가분담비용을 지불하는지에 대한 문제를 야기한다. 이러한 이유는, 미국 납세자는 원가분담비용을 세액계산에 있어 손금으로 처리할 수 있기 때문이다.[243]

사실, 미국 다국적 기업의 해외법인이 연구개발 활동비용을 수반하지 않는 낮은 수익을 창출하는 무형자산을 구매하는 것과 연구개발 활동이 실패하였을 때가 문제가 된다. 따라서, 해외법인이 원가분담거래의 주도적인 역할을 수행하는 경우, 단일 프로젝트 조항은 실제상황을 적절하게 잘 반영하고 있다.[244]

3-digit 제품군의 정의는 대략적인 제품범위로 한정하기 때문에 대부분의 연구개발대상 제품을 그 범위로 한다. 그러나, 과세관청 또는 납세자는 원가분담계약의 대상이 되는 제품을 좀 더 상세히 한정할 필요가 있다. 특히, 납세자가 미국 납세자 또는 세율이 높은 지역에 위치한 해외법인에게 단순히 비용을 전가할 의도가 없다는 것을 보여주기 위해서라도, 대상 제품을 좀 더 상세히 할 필요가 있다. 예를 들어, 다국적 식음료 회사가 이미 제품이 다각화 되어 단맛에만 집중할 필요가 없는데도 불구하고, 다중 목적으로 사용될 단맛을 내는 원료를 개발하기로 한 경우 문제가 된다. 이 경우, 아마도 단일 프로젝트에

243. 공동연구개발을 진행하여 실제적으로 원가분담거래를 수행하는 법인이 당해 거래가 원가분담거래로 처리되는 것을 피하고자 로열티 거래로 신고하는 경우가 있다. 이 경우 법인이 로열티와 관련한 원천징수가 없거나 또는 아주 낮은 지역(국가)에 위치하고 역외 로열티 수입을 세액계산에서 면제해 주는 지역(국가)에 위치에 있는 경우가 있다. 대부분 멕시코의 경우를 말한다.

244. 참조 Lilly, supra n. 151, at 1150.

대한 연구개발 규정이 이 상황에 더 합리적일 것이다. 따라서, 대략적인 제품 정의를 제시하는 납세자는 이러한 연구개발이 미래에 합리적인 기대이익 없이 연구개발 활동을 하는 것이 아니라는 증명해야 한다.

3) 원가분담과 혜택

1986 개정안의 주요내용은 원가분담에 참여하는 당사자들이 미래에 개발될 무형자산으로부터 누리는 혜택에 비례하여 비용을 분담하여야 한다는 것이다. 이러한 수익비용 대응원칙은 적절한 제품의 정의(13.2), 비용의 정의(13.4), 기대이익의 계산과 이외 문제들과 관련이 있다.

(1) 지역적 독점권리

일반적으로 비용의 계산은 합리적인 기대수익의 계산을 근간으로 한다. 비용계산에 어려운 점은 참가자들이 지역을 나누어 기대수익에 대한 비용을 계산하지 않는 이상, 미래에 예상되는 합리적인 이익을 계산하기가 어렵다는 것이다. 이 경우, 무형자산에 대한 지역적 독점권리는 미국 내 판매되는 제품의 제조무형자산, 유럽시장에 판매되는 제품의 무형자산에 대한 아일랜드 법인의 권리, 중동지역에 판매에 대한 싱가포르 법인의 권리 등으로 나누어질 것이다. 이러한 경우, 미국 해외법인이 제조한 제품이 미국시장에 판매되는 것과는 별개로, 해외법인은 미국시장 판매를 가정하여 개발한 무형자산에 귀속되는 이익을 발생시킬 것이다.(이 경우, 해외법인은 제조활동을 독립적으로 수행하여야 한다)

또는, 전 세계를 대상으로 개발한 무형자산에 각기 다른 종류의 권리를 배정할 수도 있다. 이러한 경우, 기대이익에 대한 비용산출에 있어 특별한 주의를 기울여야 한다.[245] 또한, 원가분담계약에 대상이 되는 여러 무형자산을 개발하는 경우, 각 종류의 무형자산을 구분하여 개별 특수관계 기업의 각각의 비용을 산출하여야 한다. 예를 들어, 제품의 구성품을 제조하는 경우에 특히 이러한 현상이 두드러지게 나타난다. 따라서, 이러한 경우에는 원가분담계약 대상 거래에 포함하지 말아야 할 것이다.

다음과 같은 경우에는 제367(a)조에 따라 지역을 구분하여 무형자산 권리를 배분하는 것을 금지하고 있다.

①참가자가 미국 모회사의 해외관계법인인 경우

②대부분이 연구개발 활동이 미국에서 이루어지는 경우

③미국 납세자가 원가분담계약에 참여하는 경우

따라서, 외국납세자가 미국 무형자산을 소유할 수 있는 방법은 해외 다국적 기업이 소유한 회사가 연구개발 활동을 수행하며, 미국의 해외법인이 거래에 참여하지 않는 경우 이어야 한다.[246]

(2) 명확하지 않은 계약조항

원가분담계약 대상 제품 또는 참가자의 범위가 너무 넓은 경우에는 다음과 같은 문제가 발생할 수 있다. 예를 들어, A 제조회사가 gadgets만을 제조하는

245. 다음에서 설명한 바와 같이 미국 내 무형자산을 사용한 소득은 미국 해외법인에 귀속되어야 한다.

246. 다국적 기업의 해외법인 'foreign-owned multinational group'과 미국 해외법인 'U.S. affiliates'은 미국법상 또 다른 의미일 것이나 시간이 오래되어 정확히 알 수 없다.

경우처럼, 다국적 기업 그룹회사 중 일부가 widgets과 gadgets 2종류 모든 제품을 제조하지 않는 경우, 원가분담계약 대상 제품을 너무 넓게 정의하게 되면 widgets 제조관련 연구개발비용이 너무 많게 되는 불합리성이 나타난다. 이 경우, A 제조회사는 widgets를 제조하는 관계기업에게 보조금을 지급하는 것과 같이 된다. 원가분담계약 참가자가 개발하는 모든 무형자산으로부터 반드시 이익을 획득해야 하는 것은 아니지만, 원가분담비용은 미래의 합리적인 이익과 일치하여야 한다. 위의 경우에는 widget와 gadget에 대한 별도의 원가분담계약을 체결하든지, 또는 A 제조회사를 원가분담계약에 포함하지 말아야 한다.

(3)참여자의 대상 무형자산에 대한 직접적인 사용 권리

따라서, 수익비용 대응원칙은 원가분담계약에 참가할 수 있는 참가자를 제한하게 된다. 일반적으로 원가분담계약으로 받는 혜택은 제품제조와 관련한 무형자산의 사용 권리이다. 따라서, 참가자들은 제품제조 무형자산을 사용할 수 있는 위치에 있어야 한다. 그러나, 모든 참가자들이 비용지급 당시 제조활동을 수행할 수 있는 능력이 있어야 하는 것은 아니며, 추후 무형자산이 개발된 이후 제조활동 능력을 갖추면 된다.[247]

247. 다른 경우에서는 참가자가 원가분담계약으로 창출된 무형자산에 대한 직접적인 사용 권리가 없을 경우도 있다. 예를 들어, 독일 현지의 규정으로 인해 독일에서 제품을 판매하기 위해서는 독일 현지에서 설립된 법인이 있어야 하는 경우 등이 있다. 독일과 관련된 무형자산이 자본의 출자를 원인으로 양도되었거나 또는 과세가 면제되는 경우를 제외하고, 독일 무형자산은 라이선스 되거나 양도되어야 한다. 라이선스 되거나 양도된 경우에도 독일에 설립된 지주회사의 수익은 Subpart F 규정에 규제를 받는다.

(4) 참여자의 혜택 측정 방법

기대수익을 측정하기 위해 유사한 종류의 무형자산에 대한 생산량, 개발될 무형자산으로부터 생산 또는 판매될 제품의 수량 대 전체수량 비율 등을 사용할 있다. 그러나, 기대 생산량이 일반적으로 사용된다. 이러한 이유는 생산량은 통일된 일정 기준으로 측정할 수 있기 때문이다. 만약에 통일된 생산량 기준이 없는 경우, 판매량이 측정에 유용하게 사용될 수 있다.(이러한 경우, 측정 시점은 동일한 생산 또는 유통단계여야 한다)

비용분담액은 연구개발 활동 이전에 결정된 이익과 일치하여야 한다. 만약 제품 간 이익 수준에 상당한 차이가 있는 경우(또는 이러한 차이가 계약체결기간 동안 알려진 경우), 생산량 또는 판매량으로 기대이익을 측정하는 것은 합리적이지 않다. 만약 지역(시장) 간 생산비용에 있어 차이가 상당한 경우, 시장 진입장벽 또는 이익에 중대한 영향을 주는 다른 요소가 있는 경우에도 동일하다. 이러한 경우 매출총이익("gross profit") 또는 당기순이익("net profit") 등이 더 유용할 수 있다.

그러나, 모든 납세자에게 매출총이익 또는 당기순이익으로 미래 기대이익을 측정하게 강제하는 것은 바람직하지 않다. 이러한 이유는 미래 생산량 또는 매출량을 예상하는 것이 실무상 상당히 어려운 일이기 때문이다.

(5) 시기 조정

원가분담계약은 1986년 개정세법의 요구사항과 일치하여야 한다. 따라서, 원가분담액은 미래 기대수익의 변경(측정기준 변경 사항도 포함)에 규합하기 위하여 정기적 또는 미래지향적 기준에 따라 조정되어야 한다. 원가분담계약이 신의성실("bona fide")한 계약이 아닌 것으로 판명될 수도 있고, 미래 수익과 원가부담액에 차이가 너무 극심하여 신의성실원칙에 따라 계약이 체결된 것이 아니라고 부인될 수 있는 위험이 존재한다. 따라서, 시기 조정은 이러한 위험을 줄여주는 역할을 한다.

4)분담할 비용의 계산

일반적으로 대상이 되는 비용은 원가분담계약 대상 연구개발 활동에 직·간접비용을 모두 포함한다. 직접비용은 급여, 원료개발비용 및 시설비용이다. 그러나, 미국세법상 감가상가대상 자산에 대한 비용은 일정금액으로 한정하여야 한다. 간접비용은 미국세법규정에 따라 연구개발 활동에 배분된 이자비용이다. 특정요청에 따라 수행한 연구개발비용과 정부 보조금이 지급되는 연구개발비용은 이 비용에서 차감된다.[248]

5)참여대가(Buy-in) 규정

1986년 이전에 규정은 초기 원가분담계약에 자금을 제공하거나 무형자산개발 위험을 부담한 경우, 다른 참가자들이 초기 참여당사자에게 이를 보상하여야 했다.(즉, 참여대가 지급 규정을 말한다) 원가분담규정을 법제화하는 이유는 추후 무형자산 평가와 관련된 복잡한 문제를 피하고자 하는 취지가 있었다. 그러나, 원가분담계약의 대상이 된 무형자산이 이미 개발 완료된 경우에는 참여대가 지급액을 결정하기 위하여 무형자산을 평가하여야 한다.

248. 원가분담계약에 있어 이익(수익-비용)이 항상 존재해야 하는 규정은 없다. 이익규정은 다국적기업(Multinational Enterprises)이 특정 관계기업에게 특정 연구개발활동을 의뢰한 경우에 필요하다.(OECD 이전가격지침, p.119) 위 원가분담계약 또는 특정 개발활동으로부터 지급받은 소득은 배분할 비용에서 차감한다. 참가자들 간에 배분될 비용에 포함되지 않는 항목은 특정 참가자가 이미 개발한 무형자산을 다른 참가자들에게 양도하여 발생하는 buy-in 비용이다.

참여대가 지급규정에는 다음과 같은 3가지 무형자산 종류가 있다. 참가자들이 미완성된 무형자산을 원가분담계약 이전에 소유하는 경우, 또는 어느 한 참가자 이미 기본적인 연구활동을 수행한 경우가 있다. 또한, 참가자들의 연구개발 시설 및 능력에 문제가 있는 경우가 있다.

완성된 무형자산은 로열티 지급거래 대상이 되며, 원가분담계약의 대상이 되는 것은 바람직하지 않다. 따라서, 기존에 이미 개발 완성된 무형자산의 로열티를 원가분담에 포함하는 것은 합리적이지 않다. 또한, 이러한 무형자산은 대응소득원칙 규정에 따라 과세되어야 한다. 무형자산 개발 이후 소득의 추이가 변경하여 참가자들의 이해관계를 조정을 해야 하는 경우가 있기 때문에 소득의 흐름과 이미 완성된 무형자산에 대한 로열티를 구별하는 것은 상당히 중요하다. 많은 경우, 이미 개발된 무형자산을 개선하고자, 또는 차세대 무형자산을 개발하고자 연구개발을 수행한다.(예를 들어 소프트웨어를 개선하기 위해서 등) 만약 원가분담계약 이후 수행된 연구개발 활동이 무형자산의 개선 목적으로만 수행된 경우, 무형자산에 지급된 로열티 조정규정은 적용되지 않는다.

참여대가 지급액은 단순히 현재까지 발생한 연구개발 비용을 근거하여 산출하는 것이 아니라 계약에 포함된 모든 무형자산의 시장가치로 평가한다. 만약 참여대가 지급액을 관련비용을 기준으로 산출하게 되는 경우, 현재 제367(d)조가 특정무형자산의 면제규정과 무형자산을 원가로 양도할 수 있는 규정이 모두 있기 때문에 규정상 충돌이 발생한다.[249] 참여대가 지급액은 일시불 지급("lump sum") 또는 무형자산의 잔존기간 동안 분할지급 방법을 택할 수 있다.

249. 1986년 이전 Section 367(d)규정은 Section 482규정에 대상이 되는 무형자산의 판매(양도)거래는 적용에서 배제하도록 하였다. S. Rep. No.169, 98the Cong., 2nd Sess., vol.1 at 368(1984), 367(d) 그러나, 법역사가 무형자산이 원가에 양도될 때도 Section 367(h) 규정에서 배제되는지는 고려하지 못하였다.

분할지급방법은 당연히 시간에 따른 가치변동을 반영할 것이다.

탈퇴보상("buy-out")은 참가자들 일부가 계약을 종료하고 떠날 때 지급하는 것이다. 계약을 종료하는 참가자는 다른 참가자들부터 현재까지 발생한 비용뿐만 아니라 모든 계약상 권리에 대한 대가를 지급받는다.

2차 참여대가는 원가분담계약이 체결된 이후 새로운 참가자가 참여할 때 발생한다. 만약 새로운 참가자 또는 기존 참가자의 지역권리 일부를 획득하는 경우, 지역권리에 감소가 발생한 참가자는 감소한 권리에 대한 대가를 참여대가로 보상을 받는다. 이러한 새로운 참가자의 참여대가가 정상가격이 되기 위해서는 그 지급액 산출방식이 원가분담계약이 체결된 시기에 참가자들 간에 적용된 유사한 방법을 적용해야 하며, 단순히 비용이 아닌 모든 무형자산 가치를 반영하여야 한다.

6) 마케팅 무형자산

1986 개정세법은 무형자산의 정의는 제936(h)(3)(B)조에 따른다고 하였고, 제936(h)(3)(B)조는 마케팅 무형자산을 포함하고 있었다. 그러나, 이러한 규정은 마케팅 무형자산이 당초 제조 무형자산 개발을 의도한 원가분담계약의 대상 무형자산이라는 것은 아니다.

일반적으로 마케팅 비용은 향후 그로 인한 수익을 창출하기 때문에 관련이익이 관계기업에게 귀속되고 제482조 서비스 조항에 따라 청구된 마케팅 비용은 손금으로 인정된다.[250] (제조 무형자산에 대한 개발비용은 이익을 창출하는 것은 아니지만 제174조에 따라 손금으로 인정된다) 마케팅 비용은 제482조 서

250. Treas. Reg. §1 .482-2(b)(2)

비스 조항이 잠재적 혜택 수혜자를 찾아 적절한 비용을 결정하는 등 원가분담 계약거래를 규제하는 것과 같은 역할을 수행한다. 따라서, 마케팅 무형자산과 관련된 추가적인 원가분담조항은 필요하지 않을 것 같다.

7) 원가분담 지급액의 세법상 규정

제936(h)조에 따라 원가분담지급액은 수취자의 소득으로 보지 않고 미래 유보 손금에서 차감한다.[251] 일반적으로 비용이 지급되었으나 이를 다시 수취하기로 하였다면, 이는 수취인의 소득으로 보지 않고 대여금으로 본다.[252] 따라서, 원가분담액은 수취자의 소득으로 보지 않고 과세소득을 구성하는 손금의 차감항목으로 본다. 원가분담액이 수취자의 소득이 아니기 때문에 미국세법상 미국 납세자가 해외 거주자에게 원가분담액으로 지급하여도 원천징수 대상이 되지 않는다.

이러한 비용의 처리방법은 § 1.861–8 규정에 따라 개발 활동을 수행하는 법인에게 배분될 연구개발비용을 차감하는 역할을 하고, 원가분담계약에 따라 참가자들에게 배분될 금액을 증가시킨다.[253] 연구개발 활동을 수행하는 법인이 원가분담금을 수취한 경우, 이를 소득으로 보지 않기 때문에 미국법인이 원가분담금액을 해외법인으로부터 수취한 경우에도 미국법인이 수취한 해외원천

---

251. Section 936(h)(5)(C)(i)(IV)(a); Treas. Reg. 936-6(a)(5)

252. Boccardo v. U.S., 12 Cl. Ct. 184 (1987)

253. Section 1.861-8은 미국원천소득과 해외원천소득 간에 배분 및 적절한 손금산출에 적용된다. 특별 조항은 해외원천소득과 관련한 비용임에도 불구하고 미국 연구개발비용에 더 적은 금액을 배분하도록 하였다. Treas. Reg. §1.861-8(e)(3)(B)(ii). 1986 개정세법은 미국 내 손금 대상 연구개발비용 중 50%는 미국의 원천소득에 배분하도록 하였고, 나머지 50%는 해당 연구개발로부터 혜택을 보는 다른 기업의 총매출 또는 총소득에 배분하도록 하였다.

소득으로 보지 않는다.

제41조에 따라 손금으로 인정되는 연구개발비용을 산출하기 위하여 그룹의 권한을 가진 법인이 관계기업 간 지급된 연구개발비용을 무시할 수 있다.[254] 이러한 규정은 특정 미국법인이 제482조에 따라 원가분담금을 지급받은 경우에도 미국 내에서 수행한 연구개발비용 100%를 손금으로 인정받을 수 있게 된다.

어떤 납세자 그룹은 만약 외국정부가 자국 세금 혜택을 받기 위해서는 라이선스거래를 요구하거나, 또는 자회사의 법률적 손해를 줄이기 위해 라이선스 거래를 해야 하는 경우에는 원가분담계약을 지역적으로 독점적이고 로열티를 지급하지 않는 영원한 라이선스 계약으로 보아야 한다고 주장한다. 만약 참가자들이 원가분담계약에 따라 혜택을 받을 것이 확실한 경우, 이러한 원가분담 거래를 '라이선스'라고 명명하더라도 세법상 다른 취급을 받지 않는다. 거래의 명칭이 법률상 무형자산 권리의무에 상당한 영향을 주는 경우가 아닌 이상 명칭을 달리 하는 것은 세법상 큰 차이가 없다.

8) 보유법인("Possessions Corporations")

제936(h)(5)(i)조에 따라 원가분담거래의 특별조항을 선택한 보유법인("possession corporation")은 원가분담금 지급 시 계약적 조항에 따라 규제되지 않고, 관련법에 따라 규제되어야 한다. 제936(h)조 원가분담조항은 참가들의 원가분담금 지급액은 계약에 따른 원가분담금을 줄이지 않는다고 명시적으로 표기하고 있다.[255] 제936(h)조 규정상 보유법인은 개정된 대응소득원칙과

254. Treas, Reg. §1.44F-6(e); Priv. Ltr. Rul. 8643006(July 23, 1986)

255. Section 936(h)(5)(c)(i)(I); Treas. Reg. §1.936-6(a)(3)

1986년 개정세법 이전에 지급했어야 할 금액 중 큰 금액을 지급해야 한다. 대응소득 기준에 따라 지급할 원가분담금액은 만약 제조무형자산이 라이선스 된 경우 로열티로 지급하는 시장가격과 같거나 커야 한다.(이 경우 제351조에 따라 무형자산이 이전에 양도된 경우를 포함한다)

제936(h)조에 따라 지급할 금액은 보유법인이 이전에 개발한 제조 무형자산의 소유자로 보고 산출한 금액이다. 보유법인이 미래 무형자산을 개발을 위해서 원가분단계약을 체결하고 이전보다 적은 금액을 지급하는 경우에도, 당해 금액은 제936(h)조에 의해 지급해야 될 금액에 영향이 없다. 제936(h)조가 이미 개발된 무형자산의 대가를 산출하는 것이고, 제482조가 원가분담계약에 의한 대가를 산출하는 것이기 때문에 두 방법에 의한 2가지 산출금액은 모두 지급되어야 한다.(즉, 법률에 따라 선택한 혜택조항과 계약의 의무에 따른 지급액) 따라서, 제482조에 따라 무형자산이 개발된 경우, 중복지급을 피하기 위해 보유법인이 제936조에 따라 지급해야 할 금액만큼 감소하여야 한다고 주장도 있지만 현재 법안은 이를 고려하지 않고 있다.

9)결론

①만약 원가분담계약이 제482조에 따른 대응소득원칙을 준수하는 경우 미국의회는 원가분담거래를 허가할 의도가 있다.

②3자리 산업코드에 의한 제품분류는 합리적인 것 같다. 그러나, 과세관청과 납세자는 필요에 따라 이 범위를 넓히거나 줄일 수 있다.

③1986년 개정세법 이전에 법률의 원가분담계약의 기본적인 취지는 원가분담계약에 참가한 참가자들이 시기와 각자 혜택에 정도에 따라 분담금을 합리적으로 배분하여야 한다는 것이다. 이러한 취지는 다음과 같이 적용한다.

• 납세자가 성실하게 미래 수익을 예측하기 위해서 참가자 권리를 지역에 따라 독점적으로 배분할 수 있다. 또한, 미국 지역권한은 외국인에게 허가되어서는 안 된다.
• 만약 일부 참가자가 계약상 개발된 무형자산의 좁은(일부) 범위만을 사용한다면 원가분담계약의 제품이 너무 광범위하게 정의된 것이다.
• 원가분담계약에 의해 배당되는 권리가 일반적으로 특정제품을 제조하는 무형자산이기 때문에 참가자는 그러한 제품을 제조할 능력이 있어야 한다.
• 참가자들의 기대 이익률에 상당한 차이가 있는 경우를 제외하고 기대이익을 산출하는 데 생산량 또는 매출액을 적용할 수 있다. 이러한 차이가 있는 경우 조정을 하거나 다른 이익지표를 적용한다.
• 측정기준의 변경을 포함하여 참가자들 상대적 혜택이 변경되기 때문에 원가분담금액은 미래를 향해 정기적 조정을 실시한다.

④미국세법기준 및 배분 기준에 따라 원가에 배분되는 비용은 직접비용과 간접비용을 모두 포함한다.

⑤무형자산 개발 초기에 자금이나 위험을 부담하는 참가 당사자는 참가자들로부터 참여대가명목으로 적정한 대가를 받는다.(이러한 대가에는 기초연구개발 활동 및 계속적인 개발자원 보유에 대한 대가를 포함한다)
• 완전히 개발 완성된 무형자산은 무형자산에 대한 적절한 대가를 산출하기 어렵기 때문에 이러한 무형자산은 로열티 거래로 한다.
• 기존 참가자가 탈퇴하거나 새로운 참가자가 참여하는 경우 제2차 참여대가를 산출하여 지급 또는 수수한다.

⑥마케팅 무형자산관 관련한 비용은 현재 제482조 서비스 조항에 따라 규제된다. 따라서, 마케팅 무형자산과 관련된 비용은 제조 무형자산을 다루는 원가

분담계약의 대상이 될 필요는 없어 보인다.

⑦원가분담액은 수취자의 소득으로 보지 않고 미래 유보 손금을 줄이는 것으로 처리한다. 따라서, 원가분담액이 해외로 지급되는 경우에도 미국세법상 원천징수 대상이 되지 않는다.

⑧제936(h)조에 의한 원가분담금액은 이미 이전에 개발된 무형자산에 대한 대가이고 제482조에 의한 금액은 새로운 무형자산 개발을 위한 대가이기 때문에 만약 보유법인이 제936(h)조에 따른 특혜조항을 선택한 경우 위 두 금액을 사업 초기에 지급하여야 한다. 따라서, 제936(h)조에 의해 지급된 금액은 제482조 지급금과 상계되지 않는다.

⑨납세자는 원가분담계약을 체결하기 위해서 공식적인 신고를 하여야 한다.

⑩1987년 이전에 5년 이상 존속한 원가분담계약은 개정된 규정에서 제외된다. 이 경우를 제외하고 다른 거래는 새로운 규정에 부합하지 않는 이상 신의성실한 거래로 보지 않는다.

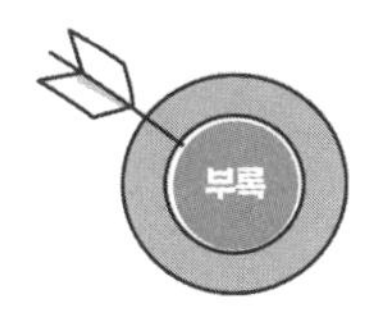

붙임자료

1. 이전가격 특성 요약
2. 정상가격산출방법

1. 이전가격 특성 요약

아래 내용은 저자의 업무경험을 통해 일반적인 사례에서 공통적으로 나타나는 특징을 요약한 것이다. 따라서, 각 기능 및 위험의 특징을 이해하는 데 도움을 주는 것으로 실제 사례는 아래에서 표시하는 내용과 항상 다르기 때문에 실제거래에서 조사된 사실관계에 따라 분석을 해야 한다.

구분	도매업자			
분류	완전도매업자 (Full risk distributor)	제한적 위험부담 도매업자 (Limited risk distributor)	판매 에이전트 및 커미션업자 (Sales agent/ Commissionaire)	판매보조 서비스 (Sales support service)
수행기능	• 상품의 구매와 판매활동 수행에 따른 재고 보유 • 수출입 통관 • 시장에서 상품의 인지도 형성과 관련한 적극적인 마케팅 활동 및 비용부담 • 때로는 지역시장에 맞게 상품을 변형 • 다수의 영업사원과 제품별로 특화된 영업부서 보유 • 적극적인 광고활동 • 상품판매 후 일부 품질보증활동	• 완전도매업자와 유사한 상품의 구매와 판매 활동 • 일반적으로 적극적인 마케팅 활동을 수행하지 않음 • 다국적기업인 경우 다양한 모회사 또는 관계기업의 지원 또는 지침에 따라 판매활동 수행	• 상품의 구매 및 판매활동을 직접 하지 않기 때문에 재고자산을 보유하지 않음 • 해외공급업자가 직접 고객에게 상품 판매 • 상품판매와 관련된 보조적인 마케팅 및 영업활동 수행 • 커미션 (상품판매 금액의 일정비율로 계산된 수수료)을 수익으로 실현	• 상품을 직접 판매 및 구매하지 않기 때문에 커미션업자와 유사한 판매 및 마케팅 활동 • 일반적으로 커미션 업자보다 낮은 판매 및 마케팅 기능수행(시장진입 또는 탐사 시 이런 유형의 기업을 해외에 설치) • 발생한 비용에 일정비율을 수익으로 실현 (Cost + Markup)
부담위험	• 일부 시장위험 • 일부 품질보증위험 • 일반적인 재고위험 • 일반적인 신용위험 • 일반적인 환율위험	• 시장위험 없음 • 품질보증위험 없음 • 일반적인 재고위험 • 일반적인 신용위험 • 제한적인 환율위험	• 시장위험 없음 • 품질보증위험 없음 • 제한적인 재고위험 • 제한적인 신용위험 • 환율위험 없음	• 시장위험 없음 • 품질보증위험 없음 • 재고위험 없음 • 신용위험 없음 • 환율위험 없음

구분	제조			
분류	완전제조업자 (Full risk manufacturer)	라이선스제조업자 (Licensed manufacturer)	계약제조업자 (Contract manufacturer)	임가공업자 (Toll manufacturer)
수행기능	• 제품 제조 및 판매에 있어 적극적인 기능수행 • 제조 무형자산 보유 • 판매된 제품의 최종적인 품질 보증 • 독자적인 원재료 구매 및 관리	• 라이선스 된 제조기술 사용 • 독자적으로 보유하는 제조기술 없음 • 일부 제품변경에 대한 노하우 보유 • 권리허여자 지시에 따라 제품제조 • 원재료 구매도 일정부분 권리허여자의 지시에 따름 • 판매활동도 단독으로 수행하지 않고 권리허여자의 통제 및 지시에 따라 수행	• 라이선스 제조업자 보다 더 낮은 독자적인 제조활동 수행 • 거의 전적으로 권리허여자의 제조기술 사용 • 독자적인 제조기술 없음 • 독자적인 판매 및 마케팅 활동 없음	• 전적으로 권리허여자의 지시 및 통제 따라 제품 제조 • 제조된 제품의 소유권을 보유하지 않음
부담위험	• 시장위험 • 품질보증위험 • 재고위험 • 신용위험 • 환율위험	• 일부 시장위험 • 일부 품질보증위험 • 일반적인 재고위험 • 제한적인 신용위험 • 제한적인 환율위험	• 시장위험 없음 • 일부 품질보증위험 • 일반적인 재고위험 • 제한적인 신용위험 • 제한적인 환율위험	• 시장위험 없음 • 일부 품질보증위험 • 재고위험 없음 • 신용위험 없음 • 환율위험 없음
소유자산	• 대규모 제조시설 • 복잡한 연구개발시설	• 제한적인 제조시설 • 제한적인 연구개발시설	• 제한적인 제조시설 • 연구개발시설 없음	• 제한적인 제조시설 • 연구개발시설 없음

2. 정상가격산출방법

아래 내용은 일종의 예시에 불과하며 실제 적용 사례가 아니기 때문에 실제 거래에서 조사된 사실관계에 따라 분석을 해야 한다.

분류	분석기준/적용분야	산출방법
비교가능 제3자 가격방법	분석기준: 가격 비교가능성요소: (I)제품의 물질적 특성과 품질 (II)거래량 (III)거래 시기 (IV)배송조건 및 시기 (V)배송 및 보험 방법 (VI)결제조건 및 결제환 (VII)거래지역 적용분야: 국제시장(선물시장)에서 공시되는 가격이 있는 경우 (석유, 철·비철, 알루미늄/백금 등) 국제실제 이자 (LIBOR 등을 통해 이자를 산출하는 경우) 사용료 (비교가능계약서 검색)	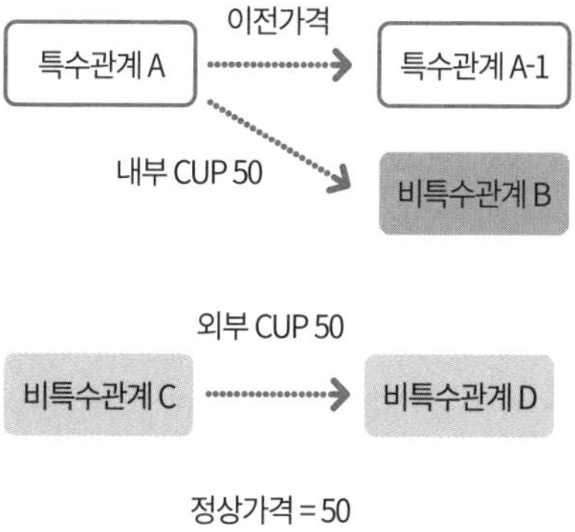 이전가격 특수관계 A → 특수관계 A-1 내부 CUP 50 특수관계 A → 비특수관계 B 외부 CUP 50 비특수관계 C → 비특수관계 D 정상가격 = 50

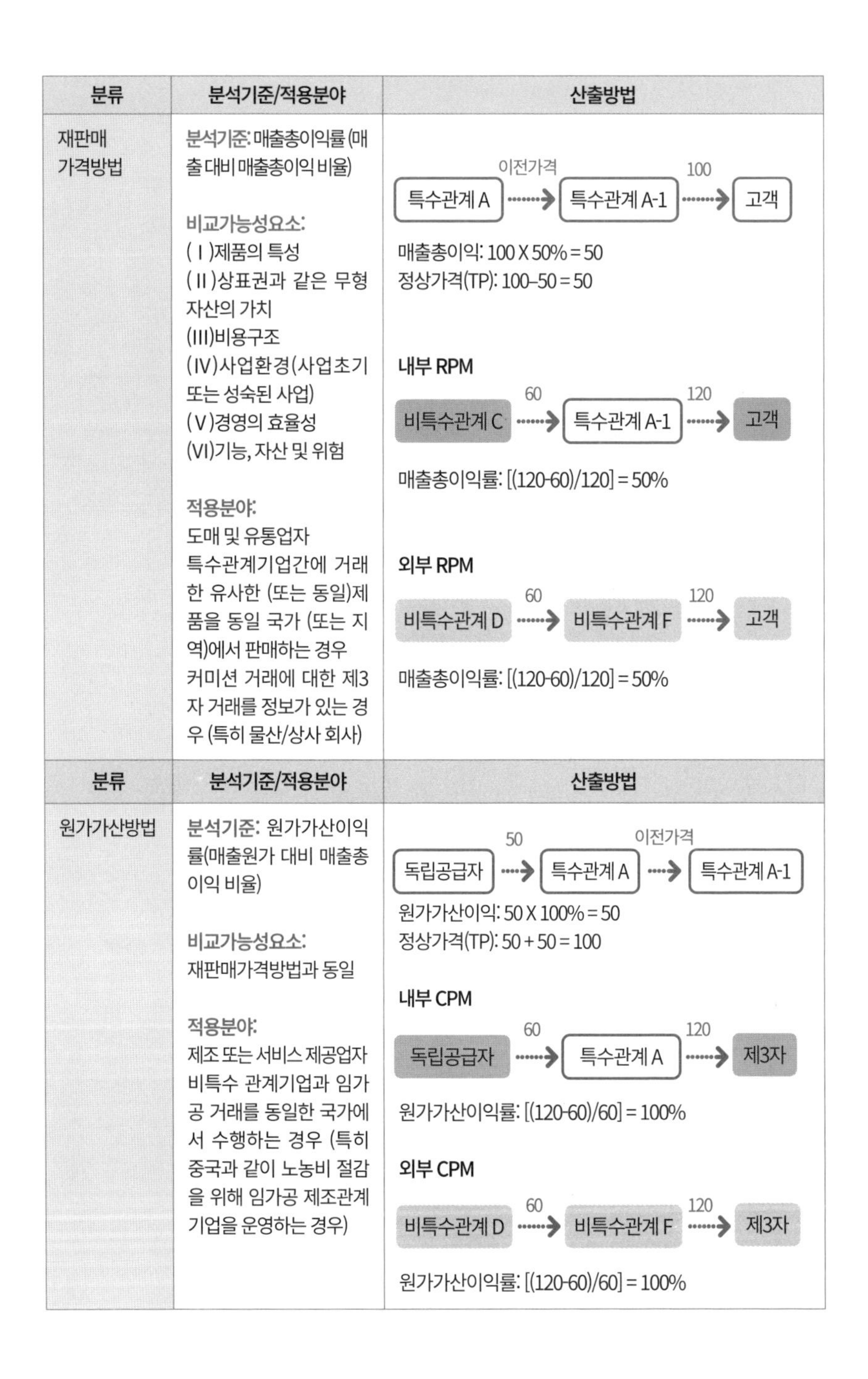

분류	분석기준/적용분야	산출방법
재판매 가격방법	분석기준: 매출총이익률(매출 대비 매출총이익 비율) 비교가능성요소: (I)제품의 특성 (II)상표권과 같은 무형자산의 가치 (III)비용구조 (IV)사업환경(사업초기 또는 성숙된 사업) (V)경영의 효율성 (VI)기능, 자산 및 위험 적용분야: 도매 및 유통업자 특수관계기업간에 거래한 유사한 (또는 동일)제품을 동일 국가 (또는 지역)에서 판매하는 경우 커미션 거래에 대한 제3자 거래를 정보가 있는 경우 (특히 물산/상사 회사)	이전가격 / 100 특수관계 A → 특수관계 A-1 → 고객 매출총이익: 100 X 50% = 50 정상가격(TP): 100–50 = 50 **내부 RPM** 60 / 120 비특수관계 C → 특수관계 A-1 → 고객 매출총이익률: [(120-60)/120] = 50% **외부 RPM** 60 / 120 비특수관계 D → 비특수관계 F → 고객 매출총이익률: [(120-60)/120] = 50%
분류	**분석기준/적용분야**	**산출방법**
원가가산방법	분석기준: 원가가산이익률(매출원가 대비 매출총이익 비율) 비교가능성요소: 재판매가격방법과 동일 적용분야: 제조 또는 서비스 제공업자 비특수 관계기업과 임가공 거래를 동일한 국가에서 수행하는 경우 (특히 중국과 같이 노농비 절감을 위해 임가공 제조관계 기업을 운영하는 경우)	50 / 이전가격 독립공급자 → 특수관계 A → 특수관계 A-1 원가가산이익: 50 X 100% = 50 정상가격(TP): 50 + 50 = 100 **내부 CPM** 60 / 120 독립공급자 → 특수관계 A → 제3자 원가가산이익률: [(120-60)/60] = 100% **외부 CPM** 60 / 120 비특수관계 D → 비특수관계 F → 제3자 원가가산이익률: [(120-60)/60] = 100%

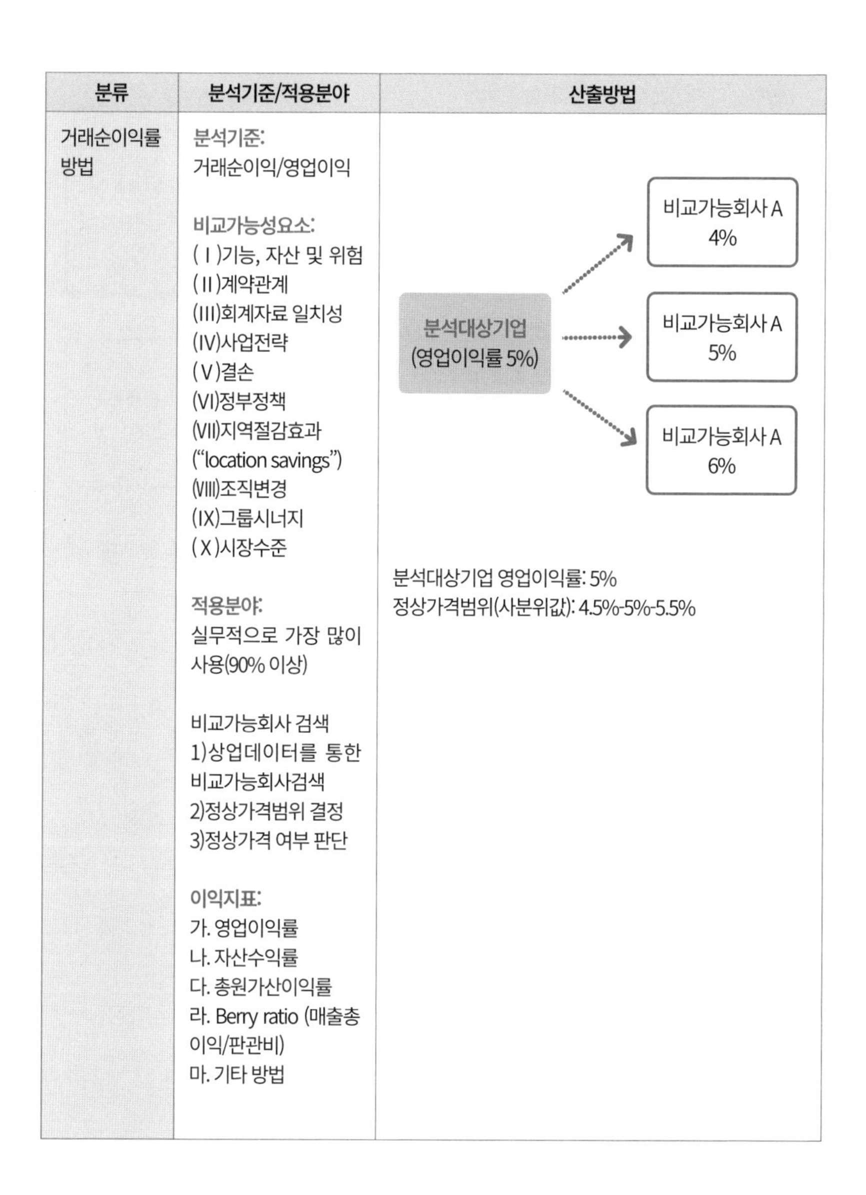

분류	분석기준/적용분야	산출방법
거래순이익률 방법	분석기준: 거래순이익/영업이익 비교가능성요소: (I)기능, 자산 및 위험 (II)계약관계 (III)회계자료 일치성 (IV)사업전략 (V)결손 (VI)정부정책 (VII)지역절감효과 ("location savings") (VIII)조직변경 (IX)그룹시너지 (X)시장수준 적용분야: 실무적으로 가장 많이 사용(90% 이상) 비교가능회사 검색 1)상업데이터를 통한 비교가능회사검색 2)정상가격범위 결정 3)정상가격 여부 판단 이익지표: 가. 영업이익률 나. 자산수익률 다. 총원가산이익률 라. Berry ratio (매출총이익/판관비) 마. 기타 방법	분석대상기업 (영업이익률 5%) → 비교가능회사 A 4% → 비교가능회사 A 5% → 비교가능회사 A 6% 분석대상기업 영업이익률: 5% 정상가격범위(사분위값): 4.5%-5%-5.5%

분류	분석기준/적용분야	산출방법
이익분할방법	분석기준: 매출총이익/영업이익 비교가능성요소: 일반적인 비교가능성 요소 공헌도 배부기준: 산술적 기준인 자산, 비용, 매출, 직원 수, 투입시간 등. 상대적 기준, 마케팅활동의 직원 또는 분석대상기업의 기여 정도.	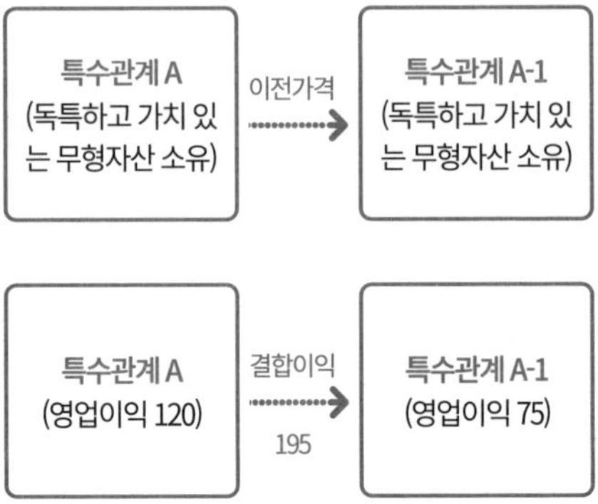 특수관계 A (독특하고 가치 있는 무형자산 소유) → 이전가격 → 특수관계 A-1 (독특하고 가치 있는 무형자산 소유) 특수관계 A (영업이익 120) → 결합이익 195 → 특수관계 A-1 (영업이익 75) 결합이익: 195를 A와 A-1의 공헌도 비율에 따라 배분

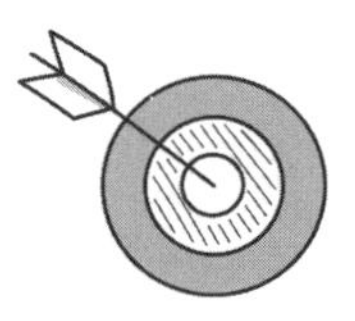

참고문헌

참고문헌

AVI-Yonah, R.S. (2012) 'Transfer Pricing Disputes in the United States.' In Resolving Transfer Pricing Disputes: A Global Analysis. [online] UnIVersity of Michigan Law School Scholarship Repository. New York: Cambridge UnIV. Press. Available at: [Accessed 13 Sep. 2021].

Bunn, D. (2019) Summary and Analysis of the OECD's Work Program for BEPS 2.0. [online] Tax Foundation. Available at: https://taxfoundation.org/research/all/global/oecd-work-program-beps-analysis/ [Accessed 6 Aug. 2022].

Burnett, S. and Pulliam, D. (2014) Transfer pricing seven years after Glaxo Smith Kline. Journal of Business and Economics Research, 12(2), pp.99-108. doi: https://do I .org/do I .org/10.19030/jber.v12i2.8498.

Eden, L. (2016) The Arm's Length Standard: Making It Work in a 21st-Century World of Multinationals and Nation States. academic.oup.com. [online] doi: https://do I .org/10.1093/acprof:oso/9780198725343.003.0007 in Thomas Pogge, and Krishen Mehta (eds), Global Tax Fairness (Oxford, 2016; online edn, Oxford Academic, 24 Mar. 2016)

Finan, W.F. and Launiau, S. (2011) Valuation of Intangibles for Transfer Pricing Purposes. Presentation to Working Party No. 6 of the Committee on Fiscal Affairs. [online] OECD. Paris: OECD. Available at: https://www.oecd.org/tax/transfer-pricing/47429988.pdf.

Gottfried, T.K. (2023) Intangible Asset Valuation for Tax Purposes Under Fair Market Value and Arm's-Length Standards | Tax ExecutIVe. [online] taxexecutIVe.org. Available at: https://taxexecutIVe.org/intangible-asset-valuation-for-tax-purposes-under-fair-market-value-and-arms-length-standards/ [Accessed 7 Jan. 2024].

국세청 (2023) 2022 APA 연차 보고서 (2022 APA Annual Report)[online] 서울, 대한민국: 국세청 Available at: https://taxlaw.nts.go.kr/el/USEELA002P.do?ntstPlcnBkId=510000000000000006&ntstPlcnBkTtl=APA%EC%97%B0%EC%B0%A8%EB%B3%B4%EA%B3%A0%EC%84%9C&ntstFleId=300000000000920624&pageNum=1 [Accessed 17 Jun. 2024]. 발 간 등 록 번 호 11-1210000-000459-10.

Hamaekers , H. (1995) AN INTRODUCTION TO TRANSFER PRICING THE AMERICAN VERSUS THE EUROPEAN APPROACH. [online] repositorio.cepal.org. Santiago, Chile: IBFD. Available at: https://

repositorio.cepal.org/server/api/core/bitstreams/964f978d-7f31-4e40-aa63-b9be01d4dcf0/content [Accessed 14 Jun. 2022].

Hammer, R.M., Lowell, C.H., Burge, M. and Levey, M.M. (1999) International Transfer Pricing (OECD Guidelines) Valhalla, NY 10595: Warren, Gorham & Lamont.

홍범교 (2007) 무형자산의 국제이전가격세제에 대한 소고. 재정포럼, [online] 2007년7월(133) Available at: https://www.kipf.re.kr/cmm/fms/FileDown.do;jsessionid=327CFED5AFFCDE5B0B4453BA7AF94157?atchFileId=FILE_000000000005952&fileSn=0 [Accessed 13 Sep. 2022].

IMF, OECD, UN and WBG (2017) A Toolkit for Addressing Difficulties in Accessing Comparables Data for Transfer Pricing Analyses. [online] Paris: OECD Publishing. Available at: https://www.oecd.org/tax/addressing-difficulties-in-accessing-comparables-data-for-transfer-pricing-analyses.htm.

Interna Revenue Service (2006) IRS Accepts Settlement Offer in Largest Transfer Pricing Dispute. [online] Washington D.C.: IRS. Available at: https://www.irs.gov/pub/irs-news/ir-06-142.pdf.

Internal Revenue Service (1994) Intercompany Transfer Pricing Regulations Under Section 482. USA: DEPARTMENT OF THE TREASURY. TD 8552; RIN 1545-AL80, 59 FR 34971 (the 1994 final regulation)
Internal Revenue Service (2017) Memorandum: POSTN-123864-06 [PDF file]. [online] IRS. IRS. Available at: www.irs.gov/pub/irs-utl/am2007007.pdf.

International Monetary Fund (IMF), Organisation for Economic Co-operation and Development (OECD), United Nations (UN), World Bank Group (WBG) (2017) A Toolkit for Addressing Difficulties in Accessing Comparables Data for Transfer Pricing Analyses. [online] OECD. Paris. Available at: https://www.oecd.org/tax/toolkit-on-comparability-and-mineral-pricing.pdf [Accessed 6 Sep. 2021].

Langbein, S. I . (1986) THE UNITARY METHOD AND THE MYTH OF ARM'S LENGTH. | Tax Notes. [online] www.taxnotes.com. Available at: https://www.taxnotes.com/tax-notes-federal/unitary-method-and-myth-arms-length/1986/02/17/22y4l [Accessed 20 Jul. 2022].

MSCI (2024) MSCI ACWI Index (USD)[online] MSC I . Available at: https://www.msc I .com/documents/10199/8d97d244-4685-4200-a24c-3e2942e3adeb [Accessed 24 Apr. 2024].

New York State Bar Association (1992) Comments on proposed section 482 and cost sharing regulations (Tax Report No. 738)[online] One Elk Street, Albany, NY 12207: New York State Bar Association. Available at: https://www.nysba.org/Sections/Tax/Tax_Section_Reports/Tax_

Reports_1992/Tax_Section_Report_738.html.

Nolan, J.S. (1996) U.S. Final Transfer Pricing Regulations. UnIVersity of Miami Law Review, 50(3), pp.537-575.

OECD (1979) Transfer Pricing and Multinational Enterprises. OECD eBooks. Organization for Economic Cooperation and Development. doi: https://do I .org/10.1787/9789264167773-en.

OECD (1995) Transfer Pricing Guidelines for Multinational Enterprises and Tax Administrations 1995. [online] OECD Library. Paris, France: OECD. Available at: https://www.oecd-ilibrary.org/docserver/g2g7fa2a-en.pdf?expires=1723295968&id=id&accname=guest&checksum=A7F8B83695AB245978489A32F0942A0D [Accessed 10 Aug. 2022].

OECD (2008) Report on the Attribution of Profits to Permanent Establishments. [online] Paris: OECD Publishing. Available at: https://www.oecd.org/ctp/transfer-pricing/41031455.pdf.

OECD (2010) Report on the attribution of profits to permanent establishments. [online] Paris: OECD Publishing. Available at: https://www.oecd.org/ctp/transfer-pricing/45689524.pdf.

OECD (2015) Addressing the Tax Challenges of the Digital Economy, Action 1-2015 Final Report. Paris: OECD Publishing. doi: https://do I .org/10.1787/9789264241046-en.

OECD (2017a) Model Tax Convention on Income and on Capital 2017 (Full Version)[online] Paris: OECD Publishing. Available at: https://do I .org/10.1787/g2g972ee-en.

OECD (2017b) OECD Secretary-General's Report to the G20 Leaders 2017. [online] Hamburg, Germany: OECD Publishing. Available at: https://www.oecd.org/g20/topics/international-taxation/oecd-secretary-general-tax-report-g20-leaders-july-2017.pdf.

OECD (2018) Revised Guidance on the Application of the Transactional Profit Split Method: Inclus IVe Framework on BEPS: Action 10,. [online] Paris: OECD Publishing. Available at: http://www.oecd.org/tax/beps/revised-guidance-on-the-application-of-the-transactional-profit%02split-method-beps-action-10.pdf OECD/G20 Base Erosion and Profit Shifting Project.

OECD (2019) Base erosion and profit shifting-OECD BEPS. [online] Oecd.org. Available at: https://www.oecd.org/tax/beps/ [Accessed 7 Aug. 2023].

OECD (2022) OECD Transfer Pricing Guidelines for Multinational Enterprises and Tax Administrations 2022. [online] OECD Transfer Pricing Guidelines for Multinational Enterprises and Tax Administrations. Paris: OECD Publishing. doi: https://do I .org/10.1787/0e655865-en.

PwC (2015) International Transfer Pricing 2015/16. [online] PwC. PwC. Available at: https://www.pwc.com/gr/en/publications/assets/international-transfer-pricing-guide-2015-2016.pdf [Accessed 21 Sep. 2023].

Raunio, M. (2023) Navigating the arm's length principle in transfer pricing. [online] Roschier. Available at: https://www.roschier.com/newsroom/navigating-the-arms-length-principle-in-transfer-pricing [Accessed 5 Jan. 2024].

Rollinson, B.L. and Frisch, D.J. (1988) Recent issues in transfer pricing (OTA Paper 61) in U.S. Department of the Treasury, Office of Tax Analysis. [online] U.S. Department of the Treasury. Available at: https://home.treasury.gov/system/files/131/WP-61.pdf.

The White Paper (1988) A Study of Intercompany Pricing (Discussion Draft) U.S. Treasury Department & Internal Revenue Service. Notice 88-123, 1988-2 C.B. 458.

통계청 (2012) 통계분류포털. [online] Kostat.go.kr. Available at: https://kssc.kostat.go.kr:8443/ksscNew_web/index.jsp [Accessed 25 May. 2024].

TP News (2023) Transfer Pricing Reform in Brazil and 'Options Realistically Available': New Tax Disputes Ahead? [online] International Tax News, Transfer Pricing News-TP News. Available at: https://transferpricingnews.com/transfer-pricing-reform-in-brazil-and-options-realistically-available-new-tax-disputes-ahead/ [Accessed 11 Sep. 2023].

UN (2021) Practical Manual on Transfer Pricing for Developing Countries 2021. [online] New York: United Nations. Available at: https://www.un-ilibrary.org/content/books/9789210561372.

Uribe, S. (2023) Maquiladora Program As A Strategy To Attract Investment | TaxConnections Maquiladora Program As A Strategy To Attract Investment. [online] TexConnections. Available at: https://www.taxconnections.com/taxblog/maquiladora-program-as-a-strategy-to-attract-investment/ [Accessed 9 Aug. 2023].